Ausführliches Verzeichnis der

Guttentag'schen Sammlung

Deutscher Reichs- und Preußischer Gesetze

Text-Ausgaben mit Anmerkungen — Taschenformat

welches alle wichtigeren Gesetze in absolut zuverlässigen Gesetzestexten und in mustergültiger Weise erläutert enthält, befindet sich hinter dem Sachregister.

Guttentag'sche Sammlung
Nr. 22a. Deutscher Reichsgesetze. Nr. 22a.
Text-Ausgaben mit Anmerkungen.

Patentgesetz

vom 7. April 1891.

Nebst

Ausführungsbestimmungen, völkerrechtl. Verträgen und der Patentanwaltsordnung,

unter eingehender Berücksichtigung der Rechtsprechung des Reichsgerichts und der Praxis des Patentamts.

Erläutert von

Professor Dr. jur. R. Stephan,
Geh. Regierungsrat, Abteilungs-Vorsitzendem im Kaiserl. Patentamt.

Sechste vermehrte Auflage.

Berlin 1904.
J. Guttentag, Verlagsbuchhandlung,
G. m. b. H.

Inhalt.

Abkürzungen.

B.G.B. = Bürgerliches Gesetzbuch.
B.G.Bl. — R.G.Bl. = Bundes- — Reichsgesetzblatt.
C.P.O. = Civil-Prozeß-Ordnung.
H.G.B. = Handelsgesetzbuch.
Kom.Bericht = Bericht der Kommission des Reichstags.
O.H.G. = Entscheidung des Reichs-Ober-Handelsgerichts.
O.T. = Entscheidung des Preuß. Ober-Tribunals.
P.A. = Entscheidung des Patentamts, die hier beigefügten Zahlen bedeuten den Jahrgang des Blattes für Patent-, Muster- und Zeichenwesen und die Seite des Jahrgangs; deckt sich die Zahl des Jahrgangs mit dem Jahr der Entscheidung, so ist nur die Seitenzahl angegeben.
P.B. = Patentblatt = Blatt für Patent-, Muster- und Zeichenwesen.
R.G. = Reichsgericht.
R.T.D. = Reichstags-Drucksachen.
St.G.B. = Strafgesetzbuch.
St.P.O. = Strafprozeßordnung.

Einleitung.

Das Patent- und das Musterrecht sowie das Warenzeichen(Marken)recht bilden die Gruppe derjenigen Urheberrechte, welche man als gewerbliche bezeichnet. Unter Urheberrecht versteht man das Recht des Schöpfers an dem Erzeugnis seiner geistigen Tätigkeit. Letztere kann sich auf verschiedenen Gebieten, dem literarischen, künstlerischen oder gewerblichen, entfalten. Unter gewerblicher Tätigkeit ist diejenige Tätigkeit zu verstehen, welche sich zum Ziel gesteckt hat, aus den rohen, ursprünglichen Erzeugnissen der Natur durch ihre Bearbeitung und Verarbeitung wirtschaftliche, den materiellen Bedürfnissen der Menschheit dienende Güter zu schaffen. Beruht der Gedanke, ein solches Gut zu schaffen, auf der Feststellung einer durch Benutzung der Naturkräfte hervorgebrachten eigenartigen Wirkung, so ist im Falle der Lösung einer solchen gestellten Aufgabe eine Erfindung gegeben. Gesetzlichen Schutz erlangt aber die Erfindung erst durch ihre Anerkennung als solche und die ausdrückliche Erteilung eines Patents auf dieselbe. Die Lehre von den materiellen und formellen Voraussetzungen für die Erlangung, Aufrechthaltung und auch Wiederaufhebung des Patents behandelt das Patentrecht.

Ist die Idee, welche der Schaffung eines wirtschaftlichen Gutes zugrunde liegt, zu geringfügig und unbedeutend, als daß sie als Erfindung in patentrechtlichem Sinne betrachtet und behandelt werden könnte, erscheint sie aber gleichwohl eines Schutzes würdig, so ist hierfür erst neuerdings das Gebrauchsmusterrecht gesetzlich anerkannt und geregelt.

Liegt die Erfindung nicht sowohl auf gewerblichem als vielmehr auf kunstgewerblichem Gebiete, d. h. soll sie mehr den Geschmack oder das ästhetische Empfinden befriedigen, als wirtschaftliche Zwecke erfüllen, dann kann ihr, sofern sie in einem neuen und eigenartigen Muster oder Modell verkörpert wird, der Schutz als sog. Geschmacksmuster zu teil werden.

Das Warenzeichenrecht endlich hat mit dem Urheberrecht insofern nichts gemein, als es eine Geistesschöpfung zu schützen weder bestimmt noch geeignet ist. Da aber immerhin das Warenzeichen zur Unterscheidung der Ware des Einen von der Ware anderer dienen und somit auch den Geschäftsbetrieb seines Inhabers kennzeichnen soll, so spielt es im gewerblichen Leben eine bedeutende Rolle und ist auch in seiner gesetzlichen Regelung den gewerblichen Urheberrechten nachgebildet.

Dem Altertum und auch dem Mittelalter war der Begriff des Urheberrechts überhaupt und insbesondere ein Schutz desselben unbekannt. Erst seit Erfindung der Buchdruckerkunst, die zunächst den

Nachdruck der Schriftwerke und somit ihre weitere Verbreitung ermöglichte, konnte ein Urheberrecht an Schriftwerken entstehen, dem bald ein solches an Kunstwerken und an Erfindungen folgte.

In Deutschland entstand ein gesetzlich einheitlich geregelter Schutz der Urheberrechte erst infolge der Neubegründung des Deutschen Reichs. Nach Art. 4 der Reichsverfassung unterliegen der Beaufsichtigung und der Gesetzgebung des Reichs der Schutz des geistigen Eigentums, insbesondere die Erfindungspatente.

Hierbei ist jedoch die Gesetzgebung nicht auf einmal und von einem einheitlichen Gedanken aus an die Regelung dieses Schutzes gegangen, sondern sie hat nur allmählich, je nach dem Andrängen der Interessenten und nach den jeweilig maßgebenden Anschauungen über eine zweckmäßige Ausgestaltung, die einzelnen Schutzrechte festgestellt. Was den Patentschutz betrifft, so war ein solcher in den einzelnen Bundesstaaten bereits seit geraumer Zeit teils im Wege der Landesgesetzgebung, teils vermittelst einer, freilich wenig ausgebildeten Verwaltungspraxis anerkannt. Im Gebiete des Zollvereins hatte man sogar einige Grundsätze vereinbart, welche für die Landesrechte maßgebend sein sollten. Die Frage, ob an die Stelle der unübersichtlichen Landesrechte ein reichsgesetzlicher Schutz treten solle, wurde im Reichstag im Jahre 72 zum ersten Male Gegenstand der Erörterung (R.T.D. 48); diese führte unter dem 10. Mai. 72 zu dem Ersuchen,

baldigst eine einheitliche Patentgesetzgebung herbeizuführen,

jedoch ohne eine Erklärung darüber, ob dies im Sinne des Patentschutzes geschehen solle (R.T.B. 304ff.). Inzwischen entfalteten die industriellen Kreise eine lebhafte Agitation für die Einführung des Patentschutzes. Unter diesen Einflüssen sah sich die preußische Regierung im Jahre 75 veranlaßt, bei dem Bundesrate eine Vernehmung von Sachverständigen in Antrag zu bringen. Nach Beschluß des Bundesrats fand die Vernehmung im Spätsommer 76 statt. Ihr Ergebnis war so entschieden im Sinne eines ausgebildeten Patentschutzes ausgefallen, daß unverweilt der Entwurf eines Patentgesetzes aufgestellt, demnächst veröffentlicht, unter Beachtung der laut gewordenen Erinnerungen umgearbeitet und unter dem 24. Febr. 77 dem Reichstag vorgelegt wurde (R.T.D. 8). In den von einem schriftlichen Kommissionsberichte (R.T.D. 144) begleiteten Verhandlungen erhielt der Entwurf, unter vielfachen Abänderungen in Einzelheiten, die Zustimmung des Reichstags (R.T.B. 25ff, 915ff. 1011ff.). Als Patentgesetz wurde er unter dem 25. Mai 77 erlassen (R.G.B. 501). Das Gesetz stand nicht auf dem Boden der Gesetzgebung vom 11. Juni 70. Es hat die Frage nach dem geistigen Eigentum der Erfindungen umgangen, sein Schutz ist enger als der der sogen. Urheberrechte, auch sind, abweichend von diesen, seine Ziele, ohne das Interesse des Erfinders außer Betracht zu lassen, in erster Reihe doch darauf gerichtet, die Entwickelung der Industrie durch die gesteigerte Verwertbarkeit der Erfindungen zu begünstigen.

Wenngleich das Gesetz diesen Zweck in der Folgezeit erfüllte, so wurden doch nur zu bald nach seinem Inkrafttreten angesichts des ungeahnten Aufschwungs, welchen die gerade durch das Patentgesetz zu schützende Industrie nahm, Klagen über seine Unzulänglichkeit laut. Dieselben äußerten sich namentlich dahin, daß die rechtschutzsuchende Industrie für die Ergebnisse ihrer Forschungen nicht den genügenden Schutz seitens der zuständigen Behörde finde, auf welchen sie Anspruch erheben müsse. Tatsächlich ergab auch eine statistische Erhebung, daß zwar im allgemeinen die Zahl der Patenterteilungen von Jahr zu Jahr gestiegen, daß aber, wenn auch nicht die Mehrzahl, so doch immerhin ein verhältnismäßig großer Bruchteil der Patenterteilungen nicht schon in erster, sondern erst in der Beschwerdeinstanz, also erst auf Grund wiederholter, eingehender Prüfung, erteilt wurde. Nicht zu Unrecht glaubte man aus dieser Tatsache den Schluß ziehen zu dürfen, daß sowohl die im allgemeinen für bewährt befundene Vorprüfung, als auch die an dieselbe sich anschließende weitere Prüfung, erschöpfender gehandhabt werden müsse. Eine derartige Prüfung und

Untersuchung der Patenanmeldung sei aber andrerseits nur durch mit ihr betraute Mitglieder der Behörde, die der letzteren nicht nebenamtlich angehören, sondern ihren Lebensberuf mit dieser Tätigkeit erfüllen, geboten.

Die Bestrebungen und Vorschläge aus technischen und wirtschaftlichen Kreisen, welche unter anderen auch die genannten Gesichtspunkte zur Sprache brachten, veranlaßte die Reichsregierung auf Veranlassung des Bundesrats 86, eine Versammlung hervorragender Sachverständiger auf dem Gebiete der Technik, der Industrie und der Wissenschaft einzuberufen, welche die in ein bestimmtes Programm zusammengefaßten Abänderungsvorschläge, sowie eine Reihe aus ihrer Mitte selbst hervorgegangener Anregungen beriet und begutachtete. Nicht unerwähnt darf hier bleiben, daß die Versammlung sich einstimmig für Beibehaltung des Vorprüfungssystems erklärte. Unter tunlichster Berücksichtigung der Vorschläge der Enquete, andererseits auf Grund der vom Patentamt selbst entnommenen Erfahrungen wurde der Entwurf zu einem neuen Patentgesetz ausgearbeitet und im Frühjahr 90 durch Veröffentlichung im Reichsanzeiger zur öffentlichen Kenntnis gebracht. Auf diese Veröffentlichung sind seitens dem Patentwesen nahestehender Vereine und Personen zahlreiche Meinungsäußerungen erfolgt, welche wiederum gleich den Enquetevorschlägen möglichst angängige Berücksichtigung gefunden haben. Der nunmehr fertig gestellte Entwurf wurde mit der Begründung am 25. Nov. 90 dem Reichstage vorgelegt (R.T.D. 152) und vom letzteren in der Sitzung am 30. dess. Mon. einer Kommission überwiesen. Diese unterwarf den Entwurf einer eingehenden Beratung, traf jedoch nur rücksichtlich des Prüfungsverfahrens einige nicht unerhebliche Abänderungen, während sie dem gesamten übrigen Teile des Entwurfes, namentlich hinsichtlich der Neugestaltung des Patentamts, rückhaltslos zustimmte.

Mit nur geringen Abänderungen wurde der Entwurf vom Reichstag und auch vom Bundesrat genehmigt und als neues Patentgesetz unter dem 7. April 91 mit Gesetzeskraft vom 1. Oktober dess. Jahres erlassen (R.G.B. 79).

Der gewerbliche Rechtsschutz ist auch nach seiner endgültigen Erteilung ein nur territorialer, d. h. er bewegt sich nur innerhalb der Grenzpfähle desjenigen Staates, welcher ihn verliehen hat. Soll daher der Schutz auch in anderen Staaten gelten, so bedarf es immer der ausdrücklichen Anerkennung und Verleihung desselben seitens der letzteren. Während im Patentrecht die internationale Gegenseitigkeit allgemein verbürgt ist, d. h. jedem Ausländer das Recht zusteht, ein Erfindungspatent nachzusuchen und zu erlangen, sofern er nur die auch für den inländischen Patentsucher vorgeschriebenen Bestimmungen erfüllt, werden der Muster- und der Marken-(Warenzeichen-)Schutz nur dann dem Ausländer gewährt, wenn auch sein Land dem Fremden den gleichen Schutz zukommen läßt. Diese Gegenseitigkeit ist denn auch in den meisten Handelsverträgen ausdrücklich verbürgt. Wie aber auf den Gebieten der Wissenschaft und der Kunst, so sind auch die Ideen, welche der Technik entströmen, international, d. h. sie beherrschen, sofern sie von epochemachender Bedeutung sind, den ganzen Erdball; es liegt daher im Interesse sowohl des Erfinders als auch der ganzen, namentlich gewerblich tätigen Menschheit, daß die Erfindung allgemein zugänglich wird, und es erscheint billig, ihr den gebührenden Schutz allgemein zu gewähren. Um jedoch diesen Schutz zu erlangen, muß der Erfinder seine Erfindung in all' denjenigen Ländern zum Patent anmelden, in welchen der erweiterte Schutz bestehen soll. Mit der Anmeldung muß er sich beeilen, damit ein anderer, der dieselbe Erfindung vielleicht gleichzeitig gemacht oder ihm gar entlehnt hat, ihm nicht zuvorkomme. Andererseits kann aber die Anmeldung in dem anderen Staate entbehrlich werden, wenn die Erfindung bei ihrer ersten Prüfung aus irgend welchen Gründen für nicht oder nicht mehr patentfähig erachtet wird und der Erfinder auf jeden Patentschutz verzichten muß. Es lag daher, je mehr der Patentschutz an internationaler Bedeutung gewann, sehr nahe, internationale Bürgschaften zu schaffen, auf Grund deren dem Erfinder wenigstens das wichtigste Recht der Priorität gewährt werden sollte.

Zu diesem Zwecke bedurfte es besonderer völkerrechtlicher Übereinkommen. Hierbei können zwei Wege eingeschlagen werden: entweder es werden zwischen einzelnen Staaten Sonderabkommen getroffen oder es bildet sich ein großer Staatenverband, deren beider Bestreben und Zweck dahin geht, die Angehörigen der vertragschließenden Staaten in dem andern bezw. in den übrigen Staaten des Verbandes dieselben gewerblichen Schutzrechte in gleicher Weise wie in ihrem Heimatstaate genießen zu lassen.

Welcher Weg von beiden der gangbarere ist, möge dahingestellt bleiben; zweifellos bewahrt sich beim Abschluß von Sonderabkommen jeder der vertragschließenden Staaten namentlich in handelspolitischer Hinsicht eine größere Freiheit und Selbstständigkeit als durch den Eintritt in einen allgemeinen Staatenverband.

Von letzterem Grundsatz wohl ausgehend wählte das Deutsche Reich zunächst den erstgedachten Weg und schloß, während eine große Zahl anderer Kulturstaaten zu einem internationalen Vertrage zum Schutze des gewerblichen Eigentums der sog. Union,[1] bereits unter dem 20. März 1883 zu Paris zusammengetreten war, mit Österreich-Ungarn,[2] Italien,[3] der Schweiz,[4] und Serbien Sonderabkommen, wobei

[1] S. S. 191.
[2] S. S. 220.
[3] S. S. 223.
[4] S. S. 240.

jedoch unter Würdigung der Bedeutung der Union deren Grundsätze tunlichst berücksichtigt wurden. Was zunächst die vorerwähnte Union betrifft, so sei hierüber folgendes angeführt.

Bereits gelegentlich der Wiener Weltausstellung wurde am 4. August 1873 der sog. erste internationale Patentkongreß eröffnet, an welchem u. A. Österreich-Ungarn, Italien, die Schweiz, Rumänien, Nordamerika, Schweden, Brasilien teilnahmen,[1] und auf dem man sich einstimmig für die Notwendigkeit gesetzgeberischer Gewährleistung des Erfindungsschutzes in allen Kulturstaaten aussprach. Dem ersten Kongreß folgte bald ein zweiter, und zwar wiederum in Veranlassung einer Weltausstellung, nämlich der Pariser im Jahre 1878. Derselbe tagte im September.[2] Hier ging man schon weiter, insofern als man außer dem Erfindungsschutz auch den Muster- und Markenschutz international gesichert wissen wollte und auch bereits einen Entwurf vorlegte, der von der gleichzeitig eingesetzten „permanenten internationalen Kommission" weiter geprüft, später auf der ersten internationalen Konferenz zum Schutze des gewerblichen Eigentums durchberaten und als internationaler Vertrag zum Schutze des gewerb-

---

[1] Der Konferenz wohnte auch der damalige Regierungsrat, jetzige Staatssekretär des Reichsjustizamts Nieberding bei.

[2] Als Delegierte Deutschlands fungierten Geh. Räte Klostermann und Reuleaux.

lichen Eigentums unter dem 20. März 1883 von den Vertretern Belgiens, Brasiliens, Spaniens Frankreichs, Guatemalas,[2] Italiens, der Niederlande, Portugals, San Salvadors,[2] Serbiens und der Schweiz genehmigt und unterzeichnet wurde. Später sind der Union noch Großbritannien und Irland Tunis, Republik San Domingo, Schweden und Norwegen und die Vereinigten Staaten Nordamerikas, Dänemark und Japan beigetreten. Durch die späteren Konferenzen zu Rom (29. April—11. Mai 1886), zu Paris (3.—10. August 89) und zu Madrid[1] (14.—15. April 91) sind zu dem Unions-Vertrage teils Interpretations-, teils Ausführungsbestimmungen noch aufgestellt worden.

Der Inhalt des Unions-Vertrages ist in kurzen Zügen folgender: die Angehörigen der einzelnen Vertragsstaaten, als welche auch solche angesehen werden, die in letzeren auch als Ausländer nur wohnen oder eine gewerbliche oder Handelsniederlassung haben, sollen in den fremden Staaten dieselben Rechte genießen wie in ihrem Heimatstaate. Für die Anmeldung eines im Inlande erteilten Patents oder eines angemeldeten Muster- oder Warenzeichens (Marke) in einem andern Vertragsstaat wird eine Prioritätsfrist von 6 bezw. 3 Monaten gewährt, die nicht durch Vorbenutzung oder

[1] Dieser Konferenz wohnte auch der damal. Präsident des Kaiserl. Patentamts v. Bojanowski im amtlichen Auftrage bei. [2] Wieder ausgetreten.

Veröffentlichung seitens eines andern verletzt werden kann. Jedes im Ursprungslande eingetragene Warenzeichen (Marke) soll in jedem anderen Vertragsstaate unbeanstandet zugelassen werden. Die Handelsfirmen sind in jedem anderen Unionsstaate auch ohne dortige Eintragung geschützt. Jedes widerrechtlich mit einer Marke oder Firma versehene Erzeugnis unterliegt bei seiner Einführung in einen Unionsstaat der Beschlagnahme. Gelegentlich öffentlicher Ausstellungen ausgestellte Erfindungen, Muster oder Marken genießen zeitweiligen Schutz. Für die Verwaltung des internationalen gewerblichen Schutzes wird ein internationales Amt errichtet, welches seinen Sitz in Bern hat und der Aufsicht der schweizerischen Regierung unterstellt ist.[1]

Späterhin traten in gewerblichen Kreisen, namentlich denen der chemischen Industrie, lebhafte Bestrebungen hervor, welche einem Anschlusse Deutschlands an die Union entschieden das Wort redeten, und nach einer von dem berufenen Vertreters der verbündeten Regierungen im Januar 1900 im Reichstage getanen Äußerung war der Annahme Raum zu geben, daß das Deutsche Reich, sofern seine Wünsche auf der späterhin in Brüssel stattfindenden internationalen Konferenz berücksichtigt würden, der inter-

[1] Einen dem angef. ähnlichen Unions-Vertrag haben die südamerikanischen Staaten Argentinien, Bolivia, Brasilien, Chile, Paraguay, Peru und Uruguay am 16. Januar 1889 in Montevideo abgeschlossen.

nationalen Union zum Schutze des gewerblichen Eigentums beitreten würde.

Hierbei handelte es sich namentlich um die für Nachsuchung des Patentschutzes in den anderen Ländern festgesetzten Fristen sowie um den sog. Ausführungszwang. In ersterer Hinsicht entsprach die im Unionsvertrage (Art 4) vorgeschriebene sechsmonatige Frist, binnen welcher eine im Heimatstaate zum Patent angemeldete Erfindung in den anderen Unionsstaaten noch anzumelden sei, ohne daß inzwischen erfolgte Veröffentlichungen, Benutzungen oder Anmeldungen der Schutzgewährung entgegenständen insofern nicht dem deutschen patentrechtlichen Verfahren, als hier die Vorprüfung der Anmeldung in der Regel sieben Monat etwa in Anspruch nehme, die im Unionsvertrage festgesetzte Frist demnach schon abgelaufen sei, bevor der Anmelder in Deutschland an der Hand einer behördlichen Entschließung sich über die Anmeldung in anderen Staaten entscheiden könne. Rücksichtlich des Ausführungszwanges verpflichtete der Unionsvertrag den Patentinhaber die Erfindung tatsächlich in jedem Lande, in welchem er den Schutz seiner Erfindung nachgesucht und erteilt erhalten habe, zur Ausführung zu bringen, eine Bestimmung, die gerade für den deutschen Erfinder wegen der auf den Export angewiesenen deutschen Industrie eine schwere Schädigung enthalte.

Zur Behebung dieser beiden für den deutschen Erfinder (Anmelder) sich ergebenden Übelstände wurde von den Unionsstaaten auf der Brüsseler Konferenz vom 14. Dezember 1900 einerseits die ersterwähnte Frist auf zwölf Monat einstimmig festgesetzt, andererseits (im Art. 2 der Zusatzakte) bestimmt, daß der Verfall eines Patents wegen Nichtausübung der patentierten Erfindung in jedem Unionsstaate nicht vor Ablauf von drei Jahren seit der Hinterlegung (Einreichung) des Patentgesuchs und auch nur dann ausgesprochen werden könne, wenn der Patentinhaber für die Unterlassung der Ausführung triftige Gründe nicht dartue.

Im Hinblick auf diese Abänderungen des Unionsvertrages konnte das Deutsche Reich seinen Beitritt zu letzterem vollziehen, der auch tatsächlich unter dem 1. Mai 1903 erfolgt ist.

Infolge des Beitritts des Reichs zur Union erwies sich auch eine Abänderung der von ihm mit Italien und der Schweiz abgeschlossenen obenerwähnten Sonderabkommen nötig, die durch die Abkommen vom 4. Juni[1] und 26. Mai 1902[2] getroffen worden sind.

Berlin-Friedenau, Pfingsten 1904.

Dr. Stephan.

---

[1] Siehe Seite 237.
[2] Siehe Seite 247.

I.

(Nr. 1947.) # Patentgesetz.

Vom 7. April 1891.

(R.G.Bl. 1891 Nr. 12, S. 79—90.)

Wir Wilhelm, von Gottes Gnaden Deutscher **Kaiser, König** von Preußen ꝛc.

verordnen im Namen des Reichs, nach erfolgter Zustimmung des Bundesrats und des Reichstags, was folgt:

Artikel I.

An Stelle der §§. 1 bis 40 des Patentgesetzes vom 25. Mai 1877 (Reichs-Gesetzbl. S. 501) treten folgende Bestimmungen.

Das neue Patentgesetz stellt keine Ergänzung, sondern einen Ersatz des früheren dar. Hieran ändert die stillschweigende Übergehung der §§. 41—44 des früheren Gesetzes nichts; dieselben betrafen die Behandlung der damals noch bestehenden Landespatente und haben mit deren allmählichem Erlöschen in der Folgezeit ihre praktische Bedeutung verloren. Vgl. dazu Art. III. Die Vorschriften des neuen Gesetzes erstrecken sich ohne Einschränkung auf die Behandlung auch der vor seinem Inkrafttreten endgültig erteilten Patente, namentlich auch rücksichtlich der Gebührenzahlung. (Vgl. dazu § 8 Abs. 3.)

Erster Abschnitt.

Patentrecht.

§ 1.

Patente[1] werden erteilt[2] für neue[4] Erfindungen,[3] welche eine gewerbliche Verwertung gestatten.[5]

Ausgenommen sind:

1. Erfindungen, deren Verwertung den Gesetzen oder guten Sitten zuwiderlaufen würde;[6]
2. Erfindungen von Nahrungs-, Genuß- und Arzneimitteln,[7] sowie von Stoffen, welche auf chemischem Wege hergestellt werden,[8] soweit die Erfindungen nicht ein bestimmtes Verfahren zur Herstellung der Gegenstände betreffen.

Das Patentgesetz zerfällt in vier Teile: 1. das materielle Patentrecht, d. h. die materiellen Voraussetzungen für die Erlangung und Aufrechterhaltung sowie andererseits die Wiederaufhebung, Vernichtung und Zurücknahme des Patentschutzes (§§. 1—12); 2. die Bestimmungen über die die Patente erteilende und verwaltende Behörde (Patentamt) (§§ 13—19); 3. das formelle Patentrecht, d. i. das Verfahren in Patentsachen behufs Erlangung, sowie andererseits Vernichtung oder Zurücknahme des Patents (§§ 20—34); 4. die zivil- und strafrechtliche Verfolgung des Patentschutzes (§§ 35—40). Den Schluß bilden die Vorschriften für die Überleitung des alten Patentgesetzes (vom 25. Mai 77) in das neue Gesetz. (Art. II u. III.)

[1] Unter Patent (litera patens, offene, öffentliche Urkunde) versteht man das auf besonderen Antrag eines Patentsuchers staatlich anerkannte Recht an einer Erfindung. Die Bedeutung hat sich verallgemeinert, so

daß man unter Patent auch die über den Patentschutz ausgestellte obrigkeitliche Urkunde und dann auch eine obrigkeitliche Bestallung versteht.

[2] Die Erteilung des Patents stellt im Gegensatz zu ehedem keinen Ausfluß einer Vergünstigung, keinen Gnadenakt mehr dar, sondern eine öffentliche Verwaltungshandlung, auf welche jeder Patentsucher, sofern er nur die vom Gesetz vorgeschriebenen Voraussetzungen und Bedingungen erfüllt, einen gesetzlichen Rechtsanspruch hat.

[3] Zur Patentfähigkeit gehören: eine Erfindung, Neuheit der Erfindung, Möglichkeit ihrer gewerblichen Verwertung. Auch das frühere Patentgesetz hatte eine Bestimmung des Begriffs „Erfindung" nicht gegeben, weil eine solche nicht in das Gesetz gehöre, sondern der Wissenschaft und Rechtsprechung überlassen bleiben müsse. (Motive.) Eine Begriffsbestimmung wird etwa dahin zu geben sein: Erfindung ist die erstrebte oder auch nur zufällige Feststellung einer durch Benutzung der Naturkräfte hervorgebrachten eigenartigen Wirkung auf technischem Gebiete, während Entdeckung die Auffindung einer neuen Eigenschaft an einem vorhandenen Körper oder eines neuen Körpers überhaupt ist; dieselbe erlangt erst die Bedeutung einer Erfindung, sobald menschliche Tätigkeit angewendet wird, um vorhandene Körper zu bearbeiten und infolge dieser menschlichen Arbeit ein Naturgesetz in die Erscheinung tritt, welches vor der Arbeit und ohne dieselbe sich nicht betätigte. (Vgl. hierzu R.G. 20. März 89 (209).)

Es können übrigens nicht allein in der Lösung der technischen Aufgabe, sondern namentlich schon in der Stellung der später gelösten Aufgabe, an welche zuvor niemand gedacht hat, die Voraussetzungen für eine Erfindung bestehen. Wird dagegen nur die Aufgabe und nicht zugleich das Mittel der Lösung angezeigt, so ist die Erfindung nicht fertig und deshalb nicht patentierbar. Vgl. R.G. 15. Mai 89 (339), 30. Nov. 95 (96, 5).

Dagegen kann in der Anwendung eines Mittels, das zur Beseitigung der Jahrhunderte lang empfundenen Nachteile eines (chemischen) Verfahrens anscheinend bereit lag, aber lange Zeit nicht angewendet worden ist, eine (neue) Erfindung erblickt werden. P.A. 25. Nov. 01 (02, 222)

Auch in der Kombination bereits bekannter Mittel kann eine Erfindung enthalten sein, sofern durch dieselbe ein eigentümlicher Erfolg erzielt wird, auch wenn letzterer nur darin besteht, daß die bisherige Wirkung der Vorrichtung durch Anwendung eines bisher nicht angewendeten Mittels vollkommen erreicht wird. R.G. 17. April 80 (89).

Ein aus mehreren Teilen zusammengesetzter patentierter Apparat stellt dann ein Kombinationspatent dar, wenn durch das Zusammenwirken der Teile ein von der Summe der Wirkungen der einzelnen Teile verschiedener oder dieselbe übersteigender Erfolg erreicht wird. P.A. 9. Mai 92, R.G. 6. Febr. 93 (164). Aus der Tatsache, daß mehrere Neuerungen in einem einzigen Patentanspruche zusammengefaßt sind, folgt nicht ohne weiteres, daß es sich um ein Kombinationspatent handelt. Letzteres ist nur dann der Fall, wenn die mehreren Neuerungen sich gegenseitig zu einer erhöhten Gesamtleistung vereinigen und unterstützen. R.G. 11. Januar 96 (112).

Die bloße Übertragung einer Erfindung auf einen anderen Gebrauchsgegenstand ist keine neue Erfindung; ebensowenig ist in der bloßen Konstruktionsänderung eine Erfindung zu erblicken. Wohl aber können bestimmte Maßverhältnisse bekannter Einrichtungen ebenso wie die Verbindung bekannter Einzelheiten zu einer bekannten Einrichtung die Patentfähigkeit begründen, wenn durch diese Neuerungen eine erhöhte Wirkung erzielt wird. Übrigens wird es bei der Prüfung der Patentfähigkeit einer Einrichtung nicht darauf ankommen, wie sich diese in zufälligem oder ordnungswidrigem Zustande verhält, sondern darauf, ob bei ordnungsmäßiger Anwendung das angegebene Mittel dem Zwecke entspricht. Vgl. P.A. 7. Juli 99 (190.)

Andererseits ist in der Übertragung eines bekannten Verfahrens auf einen anderen Gegenstand ist eine Erfindung zu erblicken, sobald bei der Übertragung gewisse Schwierigkeiten zu überwinden waren und die Überwindung dieser Schwierigkeiten in einer technisch neuen Art erfolgt. Immerhin wird aber die Übertragung eines aus einem Hauptpatent bekannten chemischen Verfahrens auf verwandte Stoffe nur dann patentfähig sein, wenn mit der Darstellung der im Zusatzpatent genannten Stoffe gegenüber den im Hauptpatent beschriebenen eine wesentlich neue technische Wirkung erzielt wird. Vgl. R.G. 9. Juni 97 (464) u. 26. Jan. 97 (145.)

Der Patentschutz erstreckt sich insoweit auch auf Abweichungen in der Form der geschützten Einrichtung, als diese immer noch den Erfindungsgedanken verwirklichen. Es kann daher auch in der Verschiedenheit der Abmessungen und Verhältnisse unter Umständen ein Erfindungsgedanke gefunden werden. Vgl. R.G. 7. März 98 (98, 83), R.G. 30. Nov. 95 (96, 287).

4 Die Eigenschaft der Neuheit einer Erfindung ist weder vom Patentsucher noch vom Patentamt nachzuweisen, vielmehr so lange als vorliegend anzunehmen, als nicht das Gegenteil, die mangelnde Neuheit, festgestellt ist. Wann letzteres der Fall sein soll, bestimmt der § 2.

5 Was das Erfordernis der gewerblichen Verwertung bezw. Verwertbarkeit der zum Patent angemeldeten Erfindung betrifft, so sollte hierüber nach den Motiven zum Pat.Ges. v. 25. Mai 77 die gewerbliche (gewerbsmäßige) Benutzung der Erfindung im weitesten Sinne, insbesondere auf diejenige im Bereiche der Land- und Forstwirtschaft, des Bergbaues, des Verkehrswesens usw. verstanden werden. Zunächst ist hierzu zu bemerken, daß die vorstehende Identifizierung der Begriffe gewerblich und gewerbsmäßig nicht zutreffend erscheint. Denn unter Gewerbsmäßigkeit versteht man jede auf Erwerb oder Gewinn gerichtete berufsmäßige Tätigkeit, die allerdings

schon auf Grund einer einzigen Handlung gefunden werden kann. (Vgl. R.G. 13. Jan. 87 [66], 6. Februar 93 [150].) Am deutlichsten tritt der Unterschied beider Begriffe im § 4 hervor, woselbst die gewerbsmäßige Inbenutzungnahme der Erfindung im Gegensatz zur Inbenutzungnahme für wissenschaftliche, häusliche, private Zwecke gestellt ist. Unter gewerblicher Tätigkeit ist dagegen die auf gewerblichem Gebiete liegende Tätigkeit des Menschen, d. h. diejenige zu verstehen, die sich mit der Bearbeitung und Verarbeitung der Roherzeugnisse der Natur befaßt. Liegt also eine Erfindung nicht auf diesem, sondern auf dem Gebiete literarischer oder artistischer Tätigkeit, oder handelt es sich um Ideen, welche Maßnahmen und Anordnungen betreffen, die auch letztere Gebiete weniger berühren, wie z. B. Finanz- oder Versicherungspläne, Situations- oder Signaltafeln, Chiffreschlüssel usw., dann ist hierfür ein Patentschutz nicht gegeben, mögen die Ideen sich noch so sehr als eigenartige Geistesschöpfungen darstellen, ihre Zweckbestimmung und Anwendung liegen nicht im Bereich gewerblicher Tätigkeit.

Die Tatsache, daß ein Prinzip schon früher bekannt war, vermag an sich die Rechtsbeständigkeit eines Patents, welchem die Erfindung einer konkreten Ausführung zugrunde liegt, nicht in Frage zu stellen, sofern nur die Ausführung im Sinne des Patentgesetzes neu ist und eine gewerbliche Verwertung gestattet. R.G. 24. Juli 81. Über Neuheit der Erfindung vgl. zu § 2. Ein Erfindungsgedanke allein kann nicht patentiert werden, sondern nur das Mittel, durch welches dieser Gedanke behufs seiner Ausführung technisch gestaltet worden ist. P.A. 25. Sept. 90, R.G. 25. März 91 (91, 233). Zum Wesen der Erfindung gehört die Ausführbarkeit des Erfindungsgedankens. Ist in der Patentschrift nicht ein bestimmtes, für Sachkundige ausführbares Verfahren zur Herstellung des patentierten Gegenstandes dargelegt, so ist keine patentfähige Erfindung vorhanden. R.G. 16. Febr. 91, (91, 185), R.G. 5. Okt. 89.

Werke der Baukunst gehören nicht zu den Erfindungen, sondern zu den Werken der bildenden Künste, sind aber als solche nicht geschützt; vgl. § 3 Ges. betr. das Urheberrecht an Werken der bildenden Kunst, 9. Jan. 76, R.G.Bl. 4. Muster und Modelle, die lediglich Zwecken der Form dienen, sind zwar nicht patentfähig — O.H.G. 3. Sept. 78 (273), R.G. 5. Juni 85 —, wohl aber schutzfähig nach dem Ges. betr. das Urheberrecht an Mustern und Modellen v. 11. Jan. 76, R.G.Bl. 11.

6 Erfindungen, deren Selbstzweck ein gesetzwidriger oder unsittlicher ist, sind nicht patentfähig; dagegen schließt die Möglichkeit der Benutzung einer Erfindung auch zu gesetzwidrigen oder unsittlichen Zwecken ihre Patentfähigkeit nicht aus. Es sind daher z. B., da durch die auf Grund des § 6 R.Ges. betr. den Verkehr mit Nahrungsmitteln usw. vom 14. Mai 1879 erlass. Verordn. v. 1. Febr. 91 (S. 11) die Herstellung von Maschinen zur Anfertigung künstlicher Kaffeebohnen, und ebenso durch R.Ges. v. 6. Juli 98 (S. 919), betr. den Verkehr mit künstlichen Süßstoffen, der Zusatz von Sacharin und Zuckerin zu Ernährungs- und Genußmitteln verboten sind, Erfindungen, welche eine Maschine bezw. ein Verfahren im vorgeb. Sinne betreffen, als den Gesetzen zuwiderlaufend vom Patentschutz ausgeschlossen.

7 Nahrungs-, Genuß- und Arzneimittel sind an sich nicht patentfähig, um ihre Zugänglichkeit im Interesse der allgemeinen Volkswohlfahrt und Gesundheitspflege nicht zu erschweren und um andererseits einem Mißbrauche ihres Schutzes mit marktschreierischen Mitteln unter Irreleitung der Bevölkerung vorzubeugen. (Früh. Motive.)

Über „Nahrungs- und Genußmittel" vgl. Str.G.B. § 370, 5 u. R.Ges., betr. den Verkehr mit Nahrungsmitteln, Genußmitteln und Gebrauchs-Gegenständen, 14. Mai 79, R.G.Bl. S. 145. Nahrungs- und Genußmittel sind nur solche, welche in den menschlichen Körper zu seiner Ernährung oder Anregung eingeführt werden. Schönheits-

und ähnl. Mittel sind als Genußmittel nicht anzusehen. Über Arzneimittel vgl. Verordnung, betr. den Verkehr mit Arzneimitteln, 4. Jan. 75, R.G.Bl. 75, und 27. Jan. 90, R.G.Bl. 9. Arzneimittel sind Mittel, welche dem menschlichen Körper zum Zwecke seiner Heilung beigebracht werden. Ärztliche Werkzeuge sind keine Arzneimittel und deshalb patentfähig. Nicht nur was Nahrungs-, Genuß-, Arzneimittel ist, sondern auch, was nach der Absicht des Erfinders es sein soll, ist von der Patentierung ausgeschlossen.

8 Um weiteren Forschungen, einen auf chemischem Wege hergestellten Stoff auf praktischem und billigerem Wege herzustellen, nicht entgegenzutreten, ist derartig hergestellten Gegenständen der gesetzliche Schutz versagt worden. Dagegen sind bestimmte Verfahren zur Herstellung dieser (und der übrigen in Nr. 2 genannten) Stoffe ebenso patentfähig als andererseits auf mechanischem Wege hergestellte Gegenstände.

Übrigens ist auf chemischem Gebiete in Analogie-Verfahren nur dann eine Erfindung zu erblicken, wenn ein nicht zu erwartendes Resultat gefunden wird, welches dem Gewerbe einen wichtigen Fortschritt darbietet. R.G. 6. Nov. 98 (687).

Die Grenzen des „Verfahrens" gegenüber einfachen Reaktionen und gegenüber einem bloßen Zusammenmengen von Stoffen sind grundsätzlich nicht zu ziehen. Das Patentamt sieht Vorschläge zur bloßen Zusammenmengung von Stoffen als Beschreibung eines „Verfahrens" nicht an. Die Angabe eines bestimmten Verhältnisses, in welchem die Bestandteile eines zu erzielenden Produkts zusammengesetzt sein müssen, kann den Gegenstand einer Erfindung bilden.

Zur Patentierung eines Verfahrens muß nicht allein das erstrebte Ziel, sondern das Verfahren selbst so genau angegeben sein, daß nach letzterem überhaupt gearbeitet werden kann, ohne daß erst der Sachverständige neue Erfindungen zu machen braucht. Ist es z. B. bei einem angemeldeten chemischen Verfahren noch ungewiß, inwieweit das allgemein charakterisierte Verfahren im einzelnen Falle ein gewerblich verwertbares Produkt ergibt, so kann unter Einforderung von Proben der Nachweis gefordert werden, daß und welche neue, gewerblich verwendbare Farben auf diesem Wege im einzelnen erzeugt werden. Vgl. R.G. 28. Juni 90 (371), P.A. 23. Jan. 90. R.G. 1. Nov. 90 (582).

§ 2.

Eine Erfindung gilt nicht als neu,[1] wenn sie zur Zeit der auf Grund dieses Gesetzes erfolgten Anmeldung[2] in öffentlichen Druckschriften[3] aus den letzten hundert Jahren[4] bereits derart beschrieben oder im Inlande bereits so offenkundig benutzt[5] ist, daß danach die Benutzung durch andere Sachverständige möglich erscheint.

Die im Auslande amtlich herausgegebenen Patentbeschreibungen stehen den öffentlichen Druckschriften erst nach Ablauf von drei Monaten seit dem Tage der Herausgabe gleich, sofern das Patent von demjenigen, welcher die Erfindung im Auslande angemeldet hat, oder von seinem Rechtsnachfolger nachgesucht wird. Diese Begünstigung erstreckt sich jedoch nur auf die amtlichen Patentbeschreibungen derjenigen Staaten, in welchen nach einer im Reichs-Gesetzblatt enthaltenen Bekanntmachung die Gegenseitigkeit verbürgt ist.[6]

[1] Die Vorschrift erschöpft den Begriff der Neuheit nicht, nur muß in den bezeichneten Fällen die Neuheit verneint werden; ob sie in anderen Fällen z. B. auf Grund

allgemein bekannter Tatsachen auch vorhanden ist, bildet eine Tatfrage. Nach der Praxis des Patentamts schließen mündliche Vorträge die Neuheit nicht aus; P.A. 16. Juni 82 (83 130); ebensowenig die Auslegung der Anmeldung nach § 23; P.A. 5. Juli 80 (205), sodaß eine nach § 24 Abs. 1 verfallene Anmeldung nochmals eingereicht werden kann.

[2] Zur Zeit der ... Anmeldung, d. h. vor dem Tage der Anmeldung; P.A. 29. Okt. 85 (86, 69).

[3] Als Druckschrift ist jedes Erzeugnis der Buchdruckerpresse, sowie jede andere, durch mechanische oder chemische Mittel bewirkte, zur Verbreitung bestimmte Vervielfältigung von Schriften und bildlichen Darstellungen mit oder ohne Schrift und von Musikalien mit Text oder Erläuterungen anzusehen. § 2 Ges. über die Presse 7. Mai 74, R.G.Bl. 65. Unter öffentlichen Druckschriften sollen im patentrechtlichen Sinne solche Druckschriften verstanden werden, welche nach Absicht des Verfassers dem gesamten Publikum zugängig gemacht, also nicht, wie beispielsweise die nur als Manuskript gedruckten Schriften, einem beschränkten Kreise von Personen vorbehalten bleiben sollen; ohne Einfluß ist es, ob die Veröffentlichung der Druckschrift im Inlande oder im Auslande erfolgt und in welcher Sprache die Schrift verfaßt ist. (Früh. Motive.) Nach übereinstimmender Ansicht des Patentamts und des Reichsgerichts (E. 13. Febr. 79 bezw. 23. Okt. 80 (81, 29) sind öffentliche Druckschriften nur solche, welche durch ihre Veröffentlichung in den freien Verkehr getreten und allgemein dem kaufenden Publikum zugänglich gemacht, nicht solche, die nur einem Kreise bestimmter Personen mitgeteilt sind. Auf die Absicht des Urhebers und auf die Art und Weise, wie die Druckschrift entstanden ist, kommt es nicht an. Die bloße Tatsache, daß die Schrift ursprünglich „als Manuskript gedruckt" ist, entscheidet nicht, weil dieser Ausdruck von den Schriftstellern aus den verschiedenartigsten Gründen nicht selten auf

Werke gesetzt wird, welche dem Publikum durchaus zugänglich und käuflich sind.

Die Veröffentlichung der Erfindung schließt die Neuheit unbedingt aus, auch wenn sie wider den Willen des Erfinders erfolgt ist. Jedoch steht die in einer öffentlichen Druckschrift mitgeteilte Zeichnung einer Erfindung der Erteilung eines Patents nur dann entgegen, wenn sie den Gegenstand der Erfindung deutlich genug erkennen läßt. Vgl. P.A. 13. Mai 80 (189), 27. Nov. 79 (80, 81).

Photographien sind als Druckschriften anzusehen, als öffentliche aber nur dann, wenn sie in den Verkehr gebracht, dem Publikum zugängig gemacht, zum Verkauf ausgelegt oder ausgeboten sind. P.A. 20. April 82 (88, 41).

Was die Bibliothek des Patentamts und andere Jedermann zugängliche Bibliotheken enthalten, ist öffentlich. Vgl. R.G. 26. Okt. 85 (86, 21).

Auch die ohne Beschreibung veröffentlichte Zeichnung ist als öffentliche Druckschrift im Sinne des § 2 anzusehen. Da nach Ansicht der Kommission (22. April 77) eine Erfindung als neu nicht zu behandeln ist, wenn dieselbe in einer für die Sachkundigen alle erheblichen Punkte klarlegenden Weise durch Druckschriften des In- und Auslandes bereits veröffentlicht ist, so kann eine solche Veröffentlichung auch durch Zeichnungen oder Abbildungen ohne weitere Erläuterungen geschehen; denn es kommt, wie auch bei jeder Veröffentlichung durch wörtliche Beschreibung nur darauf an, daß die Abbildungen &c. so deutlich sind, daß sie die Benutzung durch andere Sachverständige ermöglichen. P.A. 15. April 80, R.G. 5. April 81 (81, 148). In welcher Sprache, an welchem Orte der Welt, in welchem Umfange eine Schrift erschienen resp. verbreitet ist, ob sie verkäuflich ist oder nicht, bleibt unerheblich. Ausländische Druckschriften gelten, falls sie nicht allgemein zugängig sind, nicht für öffentlich, wohl aber sind ausländische Patentschriften stets öffentlich; — mit Ausnahme der älteren, d. i. vor dem Gesetz vom 11. Jan. 71 in nur geringer Zahl herausgegebenen amerikanischen Patentschriften; P.A. 25. März 82 (70) u. 7. Juli 79 (477), R.G. 21. Mai 88, P.A. 28. Sept. 88 (297). Insbesondere enthalten die Patentschriften der Vereinigten Staaten Nordamerikas grundsätzlich eine so genaue Beschreibung der patentierten Erfindung, daß danach die Benutzung durch andere Sachverständige möglich erscheint. R.G. 22. Mai 80. P.A. 4. Sept. 79 (80, 137). Gedruckte Zirkulare brauchen nicht notwendig öffentlich zu sein, sind aber als öffentliche Druckschriften anzusehen, wenn sie eine ausreichende Beschreibung der Erfindung geben und in der Absicht verbreitet werden, die Erfindung zur allgemeinen Kenntnis zu bringen. P.A. 2. Nov. 82 (83, 85). Bekanntmachung nach § 23 P.G. begründet der Regel nach eine öffentliche Druckschrift nicht. P.A. 25. Okt. 79 (657), R.G. 20. Mai 81 (215).

Nach der Praxis des Patentamts wirkt die frühere Bekanntmachung der Bezeichnung eines eingetragenen Gebrauchsmusters nur für den Fall patenthindernd, daß aus der sachlichen Kennzeichnung des veröffentlichten Titels des Gebrauchsmusters die Indentität zu entnehmen ist. Es empfiehlt sich daher für den Patentsucher, der Inhaber des Gebrauchsmusters ist, die Anmeldung des Gebrauchsmusters und des Patents tunlichst gleichzeitig zu bewirken.

[4] Um zu vermeiden, daß die Ergebnisse der wichtigen Erfindungsperiode, wie sie in der Mitte des gegenwärtigen Jahrhunderts zu Tage getreten, bereits jetzt zum Gegenstande neuer Erfindung gemacht und daß andererseits bei Prüfung der Anmeldungen auf ihre Neuheit nicht in zu weiter Ferne zurückliegende Druckschriften durchgeforscht würden, ist auf Vorschlag der Kommission die patenthindernde Wirkung der öffentlichen

Druckschriften auf hundert Jahre seit ihrer Veröffentlichung beschränkt worden.

[5] Die Offenkundigkeit muß mit der Möglichkeit der Benutzung in ursächlichem Zusammenhang stehen. Ein solcher Zuhammenhang liegt nicht vor, wenn die nachweisbar vorhandene Möglichkeit der Benutzung durch andere Sachverständige sich nicht sowohl auf die Offenkundigkeit des Betriebes als auf Mitteilungen solcher Personen sich stützt, denen die Wahrung des Fabrikgeheimnisses obgelegen hätte. Die Frage, ob die Benutzung eine so offenkundige gewesen ist, daß danach die Benutzung durch andere Sachverständige möglich erscheint, läßt sich in abstracto nicht entscheiden, sondern ist nach den Umständen des einzelnen Falles zu beurteilen. P.A. 1. Juni 82, R.G. 24 Febr. 83 (83, 129). Immerhin liegt, sofern bereits vor der Anmeldung einer Erfindung zum Patent jeder Dritte, welcher ein Interesse daran nahm, sich die Kenntnis der Einrichtung verschaffen konnte, eine offenkundige Benutzung vor. R.G. 6. Nov. 93 (94, 1).

Ist daher eine Maschine patentiert und sind die Vorarbeiten in einem geschlossenen Raume vorgenommen, so kann daraus, daß einige Personen von der Maschine Kenntnis genommen haben, nicht abgeleitet werden, daß dieselbe schon zur Zeit der Patentanmeldung bekannt gewesen sei. P.A. 6. Jan. 81 (81, 203). Dagegen bedingt der Verkauf einer größeren Anzahl Maschinen und die Überlassung derselben an die Käufer zur freien Benutzung eine offenkundige Benutzung auch dann, wenn die Eigentümlichkeit der Konstruktion nicht für jedermann ohne weiteres erkennbar ist. P.A. 22. Jan. 80, R.G. 7. Jan. 81 (81, 78). Durch die öffentliche Beschreibung nnd Benutzung wird eine Erfindung zum Gemeingut nur dann, wenn dadurch nicht allein der Erfolg derselben, sondern auch die Mittel, diesen Erfolg hervorzubringen, offenkundig geworden sind. Im übrigen wird die Offenkundigkeit je nach dem Gegenstande der Erfindung zu entscheiden sein. R.G. 26. Jan. 84 (101).

Ein Betrieb ist bereits dann als nicht offenkundig anzusehen, wenn diejenigen, welche Zutritt zu ihm haben, ohne ausdrückliche Verpflichtung zur Geheimhaltung nur aus den Umständen schließen mußten, daß die Geheimhaltung bezweckt sei. Andrerseits kann eine früher ausschließlich als Betriebsgeheimnis stattgehabte Benutzung eines Erfindungsgegenstandes nachträglich als eine offenkundig erfolgte angesehen werden, wenn die Pflicht zur Wahrung des Betriebsgeheimnisses durch schlüssige Handlungen als aufgehoben gelten muß. P.A. 19. März 95 (94/95, 221), R.G. 14. Juli 97 (207). — Übrigens kann auch die erste Herstellung des Gegenstandes, durch welchen die Erfindung in die Erscheinung tritt, eine Benutzung der Erfindung darstellen. R.G. 11. Dez. 95 (96, 97).

Unter Benutzung im Sinne des § 2 ist nicht nur eine direkte gewerbliche, sondern jede andere wirtschaftliche Verwendung zu verstehen, also die wirkliche Durchführung, die Verwirklichung der Erfindung entweder durch die Betätigung des Verfahrens oder durch die praktische Anwendung des den Gegenstand der Erfindung bildenden Arbeitsmittels, auch im Kleinen. P.A. 29. Mai 79 (501). Zur offenkundigen Benutzung genügt die bloße Möglichkeit, die Erfindung aus dem damit hergestellten Gegenstand zu erkennen. Auch die Schaustellung genügt als Benutzung der Erfindung, da der Gegenstand der letzteren auf der Ausstellung produziert wird und sein Bekanntgeben und Anpreisen der eigentliche Zweck der Ausstellung ist. P.A. 9. Juni 81 (226), R.G. 17. Jan. 80 (53). P.A. 29. Mai 79 (501) und 17. März 82 (62).

Versendung von Zirkularen und Zeichnungen, welche Sachkundige in den Stand setzen, den Gegenstand einer Erfindung zu benutzen, ist als offenkundige Benutzung zu erachten. Dagegen macht die Mitteilung unter der Verpflichtung zur Geheimhaltung etwas nicht offenkundig, wohl aber eine wider den Willen des Erfinders erfolgte Verbreitung. Ebensowenig ist die Mitteilung des Planes einer Erfindung an Geschäftsfreunde und Vorzeigung von Proben an solche als offenkundige Benutzung anzusehen. Vgl. R.G. 27. Okt. 80, P.A. 30. Okt. 79 (81, 15), P.A. 20. Sept. 78 (288), P.A. 15. Juni (189), P.A. 8. Jan. 80 (79).

Auch ein mit Vorführung des Verfahrens gehaltener Vortrag ist keine Vorbenutzung, wenn der Vortrag nicht gehalten wurde, um durch ihn das Verfahren oder dessen Kenntnis gewerblich zu verwerten. R.G. 22. April 03 (227.)

Vorzeigung einer Erfindung an mehrere Personen, die erfolgt, um ein Urteil über den Wert einer Erfindung zu verschaffen, nimmt derselben nicht den Charakter der Neuheit. Dagegen liegt offenkundige Benutzung vor, wenn mit dem fertiggestellten Erfindungsobjekte Versuche unter Zuziehung zahlreicher Techniker und ohne Vorbehaltung der Geheimhaltung gemacht sind, hierbei auch der Gegenstand der Erfindung erkennbar war. Zum Begriff der offenkundigen Benutzung ist nicht erforderlich, daß dieselbe in einem gewissen ausgedehnten Maße stattgefunden hat, sondern nur, daß die Benutzung keine geheime, sondern eine öffentliche und in der Weise geschehen ist, um anderen Sachverständigen die Benutzung der Erfindung möglich zu machen, sodaß sie in allen wesentlichen Teilen für Sachverständige erkennbar ist. — Eine die Patentfähigkeit ausschließende Offenkundigkeit einer Erfindung tritt nicht schon dann ein, wenn zwar einige Exemplare des erfundenen Gegenstandes verkauft sind, dabei aber die Geheimhaltung ausbedungen ist, oder wenn Sachverständige eine komplizierte Maschine nur im Betriebe gesehen haben, oder wenn ein einzelner Sachverständiger nähere Kenntnis von der Erfindung genommen hat, oder wenn die Existenz der Erfindung an sich, nicht aber die ihr eigentümliche Konstruktion bekannt war. R.G. 28. Okt. 80, P.A. 13. Feb. 79 (81, 29), R.G. 1. Febr. 81, P.A. 18. Mai 80 (81, 98), R.G. 16. Okt. 80, P.A. 11. Dez. 79 (80, 193). Wohl aber kann in der vorbehaltlosen, einer Geheimhaltung nicht unterworfenen Lieferung eines später zum Patent angemeldeten Gegenstandes eine offenkundige Vorbenutzung gefunden werden. Vgl. R.G. 26. Sept. 98 (252).

Ebensowenig liegt Offenkundigkeit der Benutzung vor, wenn letztere nur von den sachverständigen Beamten, Arbeitern, Handwerkern, Lieferanten des Benutzenden oder solchen Personen wahrgenommen ist, denen diese Wahrnehmung nur unter der Voraussetzung der Geheimhaltung gestattet war. Denn mit „anderen Sachverständigen" sind vom Gesetz lediglich die Personen gemeint, denen schon vor der Anmeldung der Erfindung durch offenkundige Benutzung dieser Erfindung die Möglichkeit gegeben war, die Erfindung in Folge sachverständiger Beobachtung der stattgehabten öffentlichen Benutzung bei Anwendung der ihnen sonst als Sachverständigen zu Gebote stehenden technischen Maßnahmen zu benutzen. Dagegen ist durch die vom späteren Patentanmelder dem Besteller auferlegte Geheimhaltung der Herstellung des die Erfindung verkörpernden Gegenstandes die Herstellung an sich noch nicht als geheim erfolgt anzusehen, wenn der Besteller die Geheimhaltung nicht bewahrt. Vgl. R.G. 1. Okt. 87 (879). Ebenso kann ein geheim gehaltenes Verfahren dadurch zu einem offenkundig benutzten im vorstehenden Sinne werden, daß ein früherer Angestellter die vom Fabrikleiter vorausgesetzte Pflicht zur Geheimhaltung tatsächlich verletzt und das Verfahren mehreren Personen bekannt gibt. R.G. c/a. P.A. 28. Mai 1900. (01, 11).

Andrerseits kann die Erfindung für benutzt erachtet werden, auch wenn der sie verkörpernde Gegenstand noch nicht einmal in allen seinen Teilen hergestellt ist. Auch ist es unerheblich, ob letzterer im Auftrage des späteren Patentanmelders hergestellt worden ist. Vgl. R.G. 1. Okt. 87 (87, 379), R.G. 8. Juni 98 (98, 207).

6 Die in Abs. 2 bereits in dem Entwurf zum früheren Patentgesetz enthaltene, von der Mehrheit des Reichstags aber nicht genehmigte Bestimmung, daß die im Auslande amtlich herausgegebenen Patentbeschreibungen den öffentlichen Druckschriften erst nach Verlauf von drei Monaten seit dem Tage der Herausgabe gleichstellen sollen, ist nunmehr, jedoch mit der zweifachen Einschränkung in das neue Gesetz aufgenommen worden, einerseits daß, um der sogen. Patenträuberei entgegenzutreten, die rechtliche Identität des Anmelders im In- und Auslande vorliegt, andererseits, daß diese Vergünstigung im Auslande nach einer Bekanntmachung im Reichs-Gesetzblatt verbürgt ist. Beim Inkrafttreten des neuen Patentgesetzes traf diese letzte Voraussetzung nur gegenüber Österreich-Ungarn und Spanien zu. Nach dem Handelsvertrag mit Österreich-Ungarn 23. Mai 81 Art. 20, Schlußprotrokoll, (R.G.Bl. 123) sollte in Österreich-Ungarn die Veröffentlichung einer Patentschrift in Deutschland weder die Erteilung eines Patentes noch den Bestand desselben hindern, sofern letzterer vor Ablauf von 3 Monaten nach Erscheinen der Patentschrift nachgesucht war.

In dem später mit Österreich-Ungarn abgeschlossenen Handelsvertrag ist eine diesbezügliche Bestimmung nicht aufgenommen, dafür ist aber mit Österreich-Ungarn das Übereinkommen vom 6. Dez. 91 (91, 683) getroffen worden, nach welchem die Herausgabe der Patentschrift für die Patenterteilung in den gen. beiden Staaten nicht patenthindernd wirkt, sofern das Patent spätestens drei Monate nach seiner Erteilung, das ist nach Zustellung des Patenterteilungsbeschlusses, nachgesucht wird. Diese Bestimmung stellt die im Abs. 2 ged. Vergünstigung dar. Gleiche Übereinkommen waren auch mit Italien unter dem 18. Jan. 92 (09) und mit der Schweiz unter dem

13. April 92 (872) geschlossen worden; dieselben haben jedoch durch den unter dem 1. Mai 1903 erfolgten Beitritt Deutschlands zur Internationalen Union im wesentlichen ihre Erledigung oder durch neue Verträge entsprechende Abänderung gefunden. Durch die Bekanntmachung der Verträge ist die geforderte Bekanntmachung gedeckt. — Die Übereinkommen sind, ebenso der Wortlaut der Union, als Anlage beigefügt.

§ 3.

Auf die Erteilung des Patents hat derjenige[1] Anspruch, welcher die Erfindung zuerst nach Maßgabe dieses Gesetzes[2] angemeldet hat. Eine spätere Anmeldung kann den Anspruch auf ein Patent nicht begründen, wenn die Erfindung Gegenstand des Patents des früheren Anmelders ist. Trifft diese Voraussetzung teilweise zu, so hat der spätere Anmelder nur Anspruch auf Erteilung eines Patents in entsprechender Beschränkung.

Ein Anspruch des Patentsuchers auf Erteilung des Patents findet nicht statt,[3] wenn der wesentliche Inhalt seiner Anmeldung den Beschreibungen, Zeichnungen, Modellen, Gerätschaften oder Einrichtungen eines anderen oder einem von diesem angewendeten Verfahren ohne Einwilligung desselben entnommen und von dem letzteren aus diesem Grunde Einspruch erhoben ist.[4] Hat der Einspruch die Zurücknahme oder Zurückweisung der Anmeldung zur Folge, so kann der Einsprechende, falls er innerhalb eines Monats seit Mitteilung des hierauf bezüglichen Bescheides des Patentamts die Erfindung seinerseits

anmeldet, verlangen, daß als Tag seiner Anmeldung der Tag vor Bekanntmachung der früheren Anmeldung festgesetzt werde.[5]

[1] Anmeldeberechtigt ist jede rechtsfähige Person, (§ 1 B.G.B.), also auch juristische Personen, rechtsfähige Vereine nach §§ 21 ff. B.G.B., auch der Fiskus, der unter Umständen es sogar für geboten erachtet hat, daß seine Organe selbst Patente nachsuchen bezw. Einspruch gegen die Anmeldungen Dritter erheben. Erl. Min. f. öff. Arb. v. 12. Juli 78 (171). Ob der Anmelder In- oder Ausländer, ist gleich; nur der Wohnort des Anmelders innerhalb oder außerhalb des Reiches ist wegen der im letzteren Falle erforderlichen Vertretung von Erheblichkeit. Vgl. hierzu § 12.

Einen Anspruch auf ein Patent hat der spätere Anmelder nicht nur dann nicht, wenn die Erfindung Gegenstand des Patents des früheren Anmelders noch zu der Zeit ist, zu der das Patentamt über die Erteilung des Patents an den späteren Anmelder zu entscheiden hat, sondern auch dann nicht, wenn die später angemeldete Erfindung überhaupt einmal Gegenstand eines deutschen Patents gewesen ist, auch wenn dieses Patent erloschen ist. Ein dem zuwider erteiltes Patent unterliegt somit auch der Vernichtung auf Grund des § 10 Nr. 2 P.G. R.G. 18. Jan. 00 (00, 148).

Ob der Anmelder zugleich der wirkliche Erfinder des angemeldeten Gegenstandes ist, ist gleichgültig.

Andererseits besteht bereits vor der Anmeldung zum Patent ein Recht an der derselben zugrunde liegenden Erfindung. Der rechtmäßige Besitzer der letzteren hat unter Umständen ein Klagerecht auf Übertragung des ohne seinen Willen auf eben diese Erfindung erteilten Patentes. Vgl. R.G. 28. April 82. R.G. 19. Februar 96 (115). Siehe auch § 5.

Wer, trotzdem er wußte, daß die Erfindung, für welche

er den Schutz nachsuchte, bereits einmal durch Patent geschützt, später aber durch Erlöschen dieses Patents freigeworden war, auf dieselbe Erfindung ein Patent nachsucht, handelt arglistig und verstößt gegen die guten Sitten und macht sich hierdurch schadensersatzpflichtig. R.G.C. S. 25 Okt. 02 (03, 5). S. auch § 28 Abs. 3, Anmerk. 3.

[2] Eine Anmeldung nach „Maßgabe dieses Gesetzes“ kann an sich vorliegen, wenngleich noch nicht allen Anforderungen nach §§ 12 u. 20 genügt ist, sofern nur die angemeldete Erfindung dergestalt zur Kenntnis des Patentamts gebracht ist, daß ihr Wesen, ihre Identität festgestellt werden kann. P.A. Verordn. 17. Mai 82. Das Patentamt (Vorprüfer) prüft im einzelnen Falle, ob im Sinne des § 20 eine Anmeldung besteht; die Frage muß verneint wrrden, wenn die Anmeldung so wenig vollständig ist, daß das Wesen der Erfindung daraus nicht zu erkennen ist.

Gehen auf denselben Gegenstand mehrere Anmeldungen gleichzeitig ein, so wird die später eingegangene bis zur Entscheidung über die ersteingegangene zurückgelegt. Als später eingegangen gilt diejenige Anmeldung, welche die höhere Geschäftsnummer trägt; jede eingehende Geschäftssache, ist ohne Rücksicht auf ihren Inhalt nach dem Zeitpunkt ihres Eingangs beim Patentamt mit einer Geschäftsnummer zu versehen. Vgl. § 27 Ausführ.-Verordn. v. 1. Juni 91 unten unter Ausführungsbestimmungen. Der spätere Anmelder erhält von dem Eingang der früheren Anmeldung (sowie auch von der vorläufigen Zurücklegung seiner Anmeldung) Kenntnis, damit er gegen die erstere, falls sie bekannt gemacht wird, einsprechen kann. Wird von mehreren Anmeldungen die erste zurückgewiesen oder zurückgezogen, so rückt die nächstfolgende nach.

[3] Der zweite Satz im Abs. 1 ist dem neuen Gesetz eingefügt und bringt somit eine gesetzliche Regelung der

bisher streitigen Frage des sogen. Abhängigkeits-patents. Nach Ansicht des Reichsgerichts — 9. Juni und 23. Nov. 84 (85, 19) — sollte im Patenterteilungsverfahren — sowie auch im Nichtigkeitsverfahren, R.G. 16. April 83 (217) — das Patentamt nur prüfen, ob eine nach §§ 1 u. 2 patentfähige Erfindung vorliege, bezw. ob dieselbe anderweitig entlehnt sei (§ 3 Abs. 2), nicht aber, ob die angemeldete Erfindung bereits vorher patentiert sei, so daß die Erteilung eines zweiten Patents auf die gleiche Erfindung, jedoch ohne Beeinträchtigung der Rechte dritter Personen, also auch älterer Patentrechte, nicht ausgeschlossen es vielmehr Sache der ordentlichen Gerichte sei, die aus dem Bestehen dieser beiden Patente sich ergebenden Verhältnisse zu lösen. Im Gegensatz zu dieser Rechtsansicht hat das Patentamt im Falle gänzlicher Übereinstimmung der Gegenstände zweier Anmeldungen, auf deren eine ein Patent bereits erteilt war, die spätere zurückgewiesen und bei nur teilweise vorliegender Übereinstimmung die zweite Anmeldung in ein entsprechendes Verhältnis (der Abhängigkeit) zur ersteren gestellt. Das in letzterer Hinsicht eingeschlagene Verfahren hatte nach Ansicht des Patent, amts nach Maßgabe des von der Kommission im wesentt lichen anerkannten Entwurfs gesetzliche Sanktion erhalten, ist aber wieder aufgegeben worden, nachdem das Reichsgericht in der Entscheidung vom 7. Juli 94 (481) sich dahin ausgesprochen hat, daß es nicht Sache des Patentamts, sondern der ordentlichen Gerichte sei, ein jüngeres Patent von einem älteren in Abhängigkeit zu stellen. Liegt daher eine Anlehnung eines Patents an ein anderes vor, so wird nur ein beschränkender Hinweis in die Patentschrift, und zwar in die Beschreibung aufgenommen.

Daher darf auch auf den im Einspruch gestellten Antrag, ein Patent nur unter Bezugnahme auf ein anderes Patent („in Abhängigkeit") zu erteilen, in dem Erteilungsbeschluß materiell nicht eingegangen werden. Ebenso würde auch die Ablehnung eines geforderten beschränkenden Hinweises ein nach § 18 P.G. unstatthaftes Gutachten enthalten. P.A. 18. Juli 01 (276).

Daher darf auch in einem Patentanspruch durch Bezugnahme auf ein erteiltes Patent das Abhängigkeitsverhältnis zwischen zwei Patenten nicht zum Ausdruck gebracht werden. P.A. 9. Juli 00 (00, 301). Ebenso würde in der Bezeichnung einer geschützten Erfindung im Patentanspruch als Ausführungsform eines früheren Patents eine unzulässige Abhängigkeitserklärung liegen. R.G. 26. Sept. 98 (00, 195).

[4] Abs. 2 behandelt die unbefugte Entlehnung des Patents und die hieran für den Geschädigten, sofern er rechtzeitig sein verletztes Recht geltend macht, sich knüpfende Rechtsfolge, die auf Antrag der Kommission in den neuen Gesetzestext aufgenommen worden ist. Zurückweisung des Anspruchs auf Patenterteilung findet nur unter den angegebenen Voraussetzungen statt. Ist eine Erfindung den auch nur mündlichen Angaben eines anderen entnommen, so ist Abs. 2 anwendbar. Übrigens genügt zur Anwendbarkeit vorstehender Bestimmung die Tatsache der Entnahme, ohne Rücksicht auf guten oder bösen Glauben. R.G. 13. Okt. 80 (81, 89).

Wieweit Erfindungen in den unter Mitwirkung technischer Beamten ausgeführten Zeichnungen, Einrichtungen usw. als Eigentum der Beamten oder des Geschäftsherrn gelten müssen, ist grundsätzlich nicht festzustellen; der Arbeitsvertrag und die ganze Stellung des Beamten sind dabei von Einfluß. Vgl. Erl. des pr. Min. für öff. Arb. v. 12. Juli (171) und 7. Dez. 78 (79, 13). Hier wird ausgeführt, daß die Frage, ob das Recht auf eine Erfindung und deren Ausnutzung der Verwaltung oder dem Angestellten oder Beiden zustehe, auf Grund der Dienstinstruktion und überhaupt des Umfanges des Berufskreises des Angestellten zu entscheiden, und daß die Betriebsbeamten dienstlich dazu berufen seien, sich zu Nutzen der Verwaltung die tunlichste Vervollkommnung der Einrichtungen und des bei dem Betriebe zur Anwendung kommenden Verfahrens angelegen sein zu lassen, wie denn die Erfindungen häufig unter Mitbenutzung von Staatsmitteln gemacht würden.

Wer im Auftrage eines Dritten eine Erfindung macht, ist nicht berechtigt, anzumelden, die Erfindung geht vielmehr in das Eigentum des Auftraggebers über, vorausgesetzt, daß der Auftrag auf die technische Durchbildung und konstruktive Ausarbeitung eines Erfindungsgedankens gerichtet war und andererseits der Auftraggeber die sämtlichen Versuchskosten der Bewirkung der Erfindung getragen hat. P.A. 25. Mai 82 (83, 189).

Dagegen hat der Dienstherr eines Angestellten mit Rücksicht auf diese dienstliche Stellung an sich nicht schon ein Recht an jeder Erfindung, zu der jene Stellung dem Angestellten den äußeren Anlaß gab. Wohl aber hat er dieses Recht immer dann, wenn der Angestellte eben wegen seines Dienstverhältnisses die Aufgabe hatte, zu versuchen, in welcher Weise die Fabrikationsmethoden zu verbessern sind, und gerade die zu diesem Zwecke angestellten Versuche zu der Erfindung einer Verbesserung führten. In diesem Falle stellt sich die Gewinnung der Erfindung lediglich als ein Teil der Dienstleistung dar, die der Angestellte vertragsmäßig dem Dienstherrn schuldete. (Str. Bd. 32, 217.)

Der Vertrag, durch welchen jemand sich verpflichtet, einem anderen gegen Entgelt eine Erfindung mitzuteilen, ist nicht als Kauf, sondern als Vertrag über eine Dienstleistung zu beurteilen. R. 7. April 98 (342).

Hat ein Angestellter entsprechend seiner übernommenen Dienstpflicht seine Ideen betätigt und seine Instruktionen im Dienste des Dienstherrn gegeben, so werden — und bleiben auch nach der Dienstentlassung — dadurch die darauf gefundenen Konstruktionen Eigentum des Dienstherrn, gleichviel, ob der Angestellte die Ideen dazu bereits vor seinem Dienstantritt gehabt oder erst aus den im

Dienste gemachten Versuchen geschöpft hatte. Bedarf der Bedienstete jedoch für seine Projekte zur gewerblichen Verwendbarkeit noch weiterer schöpferischer Betätigung, die während des Dienstverhältnisses noch nicht stattgefunden hat, so erwirkt derselbe nach Lösung des Dienstverhältnisses in Fortarbeit an der früher nur unvollkommen betätigten Idee ein ihm gehöriges und für ihn frei verwendbares Ergebnis. R.G. 10. Juli 86, P.A. 28. Mai 85 (87, 53). Hatte dagegen der Bedienstete diejenige Tätigkeit, deren Ergebnis die ihm patentierte Erfindung ist, nicht seinem Dienstherrn vertragsmäßig zu gewähren, so hat Letzterer keinen Anspruch auf dieselbe, auch wenn ersterer mit Aufwendung seiner den Interessen des Dienstherrn zu widmenden Arbeitszeit während der Geschäftsstunden über seine Erfindung nachgedacht und Material und Personal des Dienstherrn benutzt hätte. Der Dienstherr hat in solchem Falle höchstens einen Anspruch auf Schadenersatz bezw. das Recht zur Kontraktsklage. Wohl aber folgt aus der vertragsmäßigen Verpflichtung einer Person, ihre Kräfte zu Gunsten einer anderen Person zu verwenden, daß das wirtschaftliche Produkt dieser Tätigkeit der letzteren gehöre, und daß daher, falls die Tätigkeit, deren Produkt die Erfindung ist, vertragsmäßig zu Gunsten einer anderen Person zu verwenden war, dieser die Erfindung gebühre. Vgl. R.G. 2. Febr. 87 (89, 119).

Eine widerrechtliche Entlehnung liegt daher ferner vor, wenn ein Angestellter während seines Dienstverhältnisses für die Gewerbszwecke des Dienstherrn eine Erfindung gemacht hat, welche nach dem Dienstvertrage und den Kontraktverhältnissen als Eigentum des Dienstherrn anzusehen ist und die derselbe nach seinem Dienstaustritt für sich selbst patentieren läßt.

Ebenso gehört die Erfindung dem Unternehmer, welche der Angestellte seines gewerblichen Unternehmens im Bereiche seiner Dienstpflichten gemacht hat; hatte der Unternehmer den Inhalt der Erfindung als Betriebsgeheimnis bezeichnet, so hat dies auch der Angestellte als solches zu solches zu beachten. R.G. 8. Juni 99 (00, 337).

Ferner kann eine Berechtigung des Dienstherrn, eine Erfindung seines Angestellten für sich in Anspruch zu nehmen, in Frage kommen, wenn der Angestellte kraft Dienstvertrages verpflichtet ist, auf Erfindungen für den Dienstherrn bedacht zu sein. Hat dagegen ein durch einen solchen Dienstvertrag nicht verpflichteter Angestellter auf die von ihm selbst im Geschäftskreise des Dienstherrn und mit dessen Mitteln gemachte Erfindung ein Patent erlangt, so steht dem Dienstherrn zwar eine Entschädigungsklage, nicht aber die Nichtigkeitsklage wegen widerrechtlicher Entnahme zu. Vgl. hierzu P.A. 2. Dez. 97, R.G. 22. April 98 (98, 140). R.G. 10. Juli 86. P.A. 28. Mai 85 (87, 53).

5 Das Recht des Einspruches nach § 3 Abs. 2 steht nicht nur dem zur Verfügung über die Erfindung Berechtigten, sondern auch demjenigen zu, welcher vermöge der in seinem Besitz befindlichen Beschreibungen, Zeichnungen usw. tatsächlich über die Erfindung zu verfügen imstande, gleichsam im Besitz der Erfindung ist. Hierbei ist es gleichgültig, ob die Beschreibung usw. sich im Gewahrsam des Berechtigten befanden oder anderen von ihm mitgeteilt waren und von diesen die unberechtigte Entnahme seitens eines Dritten erfolgte. Letzterer erlangt auch dann kein Recht, die Erfindung für sich anzuwenden, wenn die Mitteilung freiwillig geschieht und hierbei nicht ausdrücklich untersagt wurde, davon Gebrauch zu machen. Gleichgültig ist, ob der Dritte bei der Patentmeldung im Bewußtsein der Widerrechtlichkeit oder im guten Glauben handelte. R.G. 23. Okt. 80, P.A. 13. Febr. 79 (81, 29).

Die Erteilung eines Patents ist unzulässig bezw. das erteilte Patent für nichtig zu erklären, wenn der Gegenstand der Anmeldung nicht in einer bestimmten Anordnung, sondern in einem System besteht und wenn letzteres einem Briefe eines anderen ohne dessen Einwilligung als wesentlicher Inhalt der Anmeldung entnommen und dieserhalb Einspruch erhoben bezw. Antrag auf Nichtigkeitserklärung gestellt ist. R.G. 12. Mai 82, P.A. 4. Aug. 81 (82, 77ff.).

6 Um den Erfinder vor den Nachteilen infolge einer Patententwendung tunlichst zu schützen, ist nach dem neuen Gesetz für die ihm entwendete Erfindung, sofern er dieselbe innerhalb eines Monats seit der Benachrichtigung von der Zurückweisung oder Zurückziehung der Anmeldung anmeldet, als Prioritätstermin der Tag der Bekanntmachung der gegnerischen Anmeldung, an dem er zuerst von letzterer Kenntnis erhalten konnte, festgesetzt worden.

§ 4.

Das Patent hat die Wirkung,[1] daß der Patentinhaber ausschließlich befugt ist, gewerbsmäßig[2] den Gegenstand der Erfindung herzustellen, in Verkehr zu bringen,[3] feilzuhalten[4] oder zu gebrauchen.[5] Ist das Patent für ein Verfahren erteilt, so erstreckt sich die Wirkung auch auf die durch das Verfahren unmittelbar hergestellten Erzeugnisse.[6]

1 Nach der Fassung des vorst. Paragraphen im früh. P.G. sollte das Patent die Wirkung haben, daß niemand befugt sein sollte, ohne Erlaubnis des Patentinhabers den Gegenstand der Erfindung gewerbsmäßig herzustellen, in Verkehr zu bringen oder feilzuhalten. Um einer diesem Wortlaut entnommenen Deutung, daß die Patenterteilung nur ein negatives Recht hervorrufe, entgegenzutreten, und um das Wesen des Patentes auch nach Analogie anderer Gesetze zum Schutze des geistigen Eigentums klarer zum Ausdruck zu bringen, sind im neuen Gesetz die aus dem Patent hervorgehenden Gesamtbefugnisse in positiver Form wiedergegeben. Dieselben bestehen in der Benutzung der geschützten Erfindung seitens des Patent-

inhabers und in der Ausschließung anderer von der Benutzung. Durch diese Bestimmungen ist auch die früher im Abs. 2 nur auf den Gebrauch eines Verfahrens, einer Betriebsvorrichtung oder eines Arbeitsgerätes erstreckte Schutzbeschränkung hinfällig geworden.

Übrigens umfaßt namentlich bei sog. Kombinationspatenten die Befugnis zur Herstellung das Recht zur Anfertigung derjenigen Objekte, welche als Teile des Erfindungsgegenstandes zu dienen bestimmt sind. R.G. C.S. 18. Sept. 97 (229).

Was der Gegenstand eines Patents und des aus demselben fließenden Rechtes auf ausschließliche gewerbliche Benutzung oder Verwertung der patentierten Erfindung sei, worin das Wesen der letzteren bestehe, sind Fragen, welche wesentlich nur auf Grund von konkreten Erwägungen tatsächlicher Natur, namentlich auf Grund der Auslegung der Patentschrift, der Beschreibung der Erfindung und der Patentansprüche, beurteilt werden können. Aus gleichem Grunde untersteht aber der Entscheidung auch die Frage, ob bei vorhandenen Abweichungen die letzteren das durch das Patent geschützte Wesen der Erfindung oder nur Nebensächliches betreffen, und ob daher die Herstellung und gewerbliche Verwertung des betreffenden Gegenstandes objektiv eine Verletzung des durch Patent erworbenen Ausschließungsrechtes enthält oder nicht.

Ist ein Patent für dieselbe Erfindung versehentlich verschiedenen Personen erteilt, so steht das Patentrecht jeder dieser Personen gegen jeden Dritten zu, falls nicht der Anmelder des älteren Patents die Vernichtung des jüngeren Patents nach § 10 Nr. 3 P.G. herbeiführt.

Patentierte Einrichtungen können die Verbesserung früher patentierter Einrichtungen bilden. Das Patent auf jene berechtigt nicht zur Benutzung dieser. Das Verhältnis beider wird sich der Regel nach aus dem Anspruch, nicht aus dem Titel des zweiten Patentes ergeben. Vgl. § 7 u. P.A. 24. Mai 79 (466).

Eine Kollision von Patentrechten liegt nicht vor, wenn das eine Patent ein Fabrikat, das andere eine Maschine zur Herstellung dieses Fabrikats zum Gegenstande hat. R.G. 21. Mai 82 (247).

Ist das Verhältnis mehrerer Patente zueinander gerichtlicher Prüfung und Entscheidung unterworfen worden, so sind durch den richterlichen Ausspruch nicht bloß obligatorische Beziehungen zwischen den Parteien, sondern der Inhalt der Patente selbst festzustellen, und das rechtskräftige Urteil wird durch § 325 Abs. 1 C.P.O. auch für die Nachfolger in diese Rechte wirksam. R.G. 6. Juli 01 (277).

Eigenschaften eines Gegenstandes, welche weder aus der zur Patentierung eingereichten Beschreibung noch aus der Zeichnung erkennbar sind, stehen nicht unter Patentschutz. P.A. 30. Okt. 79, R.G. 27. Okt. 80 (81, 15).

[2] Der patentrechtliche Schutz erstreckt sich nur auf die gewerbsmäßige Benutzung der Erfindung. Der Begriff der Gewerbsmäßigkeit erfordert zwar eine auf Erwerb oder Gewinn regelmäßig zielende Tätigkeit, kann sich aber schon aus einer einzelnen, in dieser Absicht begangenen Handlung ergeben. R.G. 13. Jan. 87 (66). „Gewerbsmäßige" Benutzung ist im Gegensatz zu der außerhalb des Patentschutzes überhaupt stehenden, häuslichen, privaten, wissenschaftlichen Zwecken dienenden Benutzung der Erfindung zu verstehen.

Gewerbsmäßige Herstellung u.s.w. wird also nur dann vorliegen, wenn es sich um eine auf Erwerb gerichtete berufsmäßige Tätigkeit handelt. Vgl. auch Ausführungen in Anm. 5 zu § 1.

[3] Schon ein einmaliges Inverkehrbringen des Gegenstandes der einem andern patentierten Erfindung kann ein gewerbsmäßiges im Sinne des § 4 darstellen. Zur Gewerbsmäßigkeit des Herstellens oder Inverkehrbringens ist nicht notwendig, daß ein wiederholtes Herstellen u.s.w. geschehen ist oder daß das Inverkehr-

bringen sich als ein Teil der gewerbsmäßigen Tätigkeit darstellt, — zu deren Zweck geschieht. R.G. 5. Nov. 86.

Ein Inverkehrbringen liegt im allgemeinen schon dann vor, wenn das Eigentum an dem Gegenstande einer geschützten Erfindung auf einen anderen übertragen wird, unter Umständen aber auch dann, wenn das Eigentum an dem patentierten Gegenstande zwar schon im Auslande — durch Übergabe an den Frachtführer, Spediteur — auf den Käufer übergegangen, der Gegenstand aber erst im Inlande in die wirkliche Verfügungsgewalt gelangt ist. R.G. 23. Mai 87 (235).

Wer im Inlande wissentlich eine durch deutsches Patent geschützte im Auslande bestellte und angefertigte Ware bezieht, auf Lager nimmt und teils zur Effektuierung von Bestellungen, teils zur Probe in das Ausland verschickt, ist sowohl wegen Feilhaltens, als auch wegen Inverkehrbringens der geschützten Erfindung strafbar. Andererseits bringt nur derjenige eine Ware im Inlande in Verkehr, welcher die Ware tatsächlich irgendwie dem inländischen Verkehr unterwirft, nicht schon derjenige, welcher im Inlande durch sein Tun bewirkt, daß die Ware im Auslande in den Verkehr gelangt, ohne daß dieselbe das inländische Verkehrsgebiet als solches überhaupt berührt. R.G. 8. April 84.

4 Die bloße Ausstellung ohne Feilhalten fällt noch nicht unter das Inverkehrbringen, wohl aber kennzeichnet die Aufstellung von Waren in einem offenen, zum Verkauf gleichartiger Gegenstände bestimmten Laden ein Bereithalten der Sache für den Verkauf und damit ein Feilhalten. Zum Feilhalten gehört aber außer der Tatsache der Bereitstellung auch der Wille des Besitzers, den Gegenstand zum Verkaufe darzubieten. Wohl aber kann schon in der unbefugten öffentlichen Ausbietung eines durch Patent geschützten Verfahrens ein Feilbieten im Sinne des vorst. § gefunden werden. Vgl. R.G. 11. Mai 98 (144). R.G. 13. Jan. 87 (65).

[5] Die vom Patentinhaber einem andern erteilte Erlaubnis zur Ausnutzung seiner Erfindung kann sachlich, zeitlich, räumlich, persönlich mehr oder weniger beschränkt sein. Sie kann auch mit der Verpflichtung, einem Dritten die gleiche Erlaubnis nicht zu gewähren, erteilt werden. Solche Vereinbarungen unterscheiden sich immer noch von der Übertragung des Patentrechtes selbst. Licenz ist kein rechtlich bestimmter Begriff. Vgl. zu § 7. Der rechtliche Charakter des Lizenzvertrages besteht nicht in der Übertragung einer Art dinglichen Rechtes an der patentierten Erfindung, sondern, wie im § 11 Nr. 2 P.G. gesagt ist, in der dem andern erteilten Erlaubnis zur Benutzung der Erfindung. Den Inhalt des Vertrages bilden der Verzicht des Patentinhabers auf den Einspruch gegen die Benutzung der Erfindung durch den Lizenzträger und sodann die Teilnahme des letzteren an der Ausschließung dritter, soweit der Patentinhaber sich zum Schutze gegen die Benutzung des Patents durch andere verpflichtet hat. Vgl. hierzu R.G. 23. Dez. 86 (87, 101).

Wird ein Vertrag zur Ausbeutung einer zum Patent angemeldeten Erfindung abgeschlossen, so ist davon auszugehen, daß die Erteilung des angemeldeten Patents die wesentliche Voraussetzung der Parteien beim Vertragsabschlusse gewesen ist. Wird der erhoffte Patentschutz versagt, so wird der Vertrag unter solchen Umständen ungültig. Namentlich ist auch nicht ohne weiteres anzunehmen, daß die Parteien gegebenen Falles sich mit der Ausbeutung der Erfindung unter dem Schutze des Fabrikationsgeheimnisses haben begnügen wollen. R.G. 27. Mai 99 (202).

Die Vermutung spricht dagegen, daß ein Licenzvertrag ein gewagtes Geschäft ist. R.G. 8. Dez. 88 (93, 245).

Kann der Licenznehmer mit Rücksicht auf ein anderes Patentrecht die Licenz nicht frei ausnutzen, so hat er sich binnen angemessener Frist zu entscheiden, ob er von seinem Rücktrittsrecht Gebrauch machen oder an dem

Vertrage festhalten und die Beseitigung des Hindernisses verlangen will. Hat der Licenzgeber ihm zunächst die Auflösung des Vertrages angeboten und hat er, der Licenznehmer das Angebot abgelehnt, so kann er nach Beseitigung des Hindernisses nicht nachträglich auf das Rücktrittsangebot zurückgreifen. R.G. 28. Febr. 01 (169).

6 Der zweite Satz des § 4 ist dem neuen Gesetzestext hinzugefügt worden, um nach der Absicht der Regierung im Interesse der chemischen Industrie der unredlichen Konkurrenz zu begegnen, welche ihr durch ausländische Fabriken dadurch bereitet werde, daß letztere die mittels eines in Deutschland patentierten Verfahrens hergestellten, an sich nicht patentierten Stoffe in das Reichsgebiet einführten. Diese Bestimmung war bereits in der Praxis anerkannt: Bei Stoffen, welche auf chemischem Wege hergestellt werden, sollte den Gegenstand der entsprechend dem § 4 P.G. geschützten Erfindung nicht lediglich das bestimmte Verfahren zur Herstellung des Stoffes, sondern zugleich der Stoff selbst bilden, soweit er mittels des Verfahrens hergestellt werde. R.G. 14. März 88. Das Feilhalten oder Inverkehrbringen von chemischen Stoffen, die nach einem in Deutschland patentierten Verfahren außerhalb Deutschlands hergestellt sind, ohne Erlaubnis des Patentinhabers sei durch das Patentgesetz untersagt. Dem Patentinhaber lege aber der Beweis ob, daß der feilgehaltene oder in Verkehr gebrachte Stoff mittels seines Verfahrens hergestellt sei. R.G. 14. März 88 (187). Diese Beweislast trifft nach dem neuen Gesetz im zivilrechtlichen Patentverletzungsverfahren die patentverletzende Gegenpartei nach der negativen Richtung insofern als im § 35 Abs. 2 die gesetzliche Vermutung aufgestellt ist, daß jeder Stoff von gleicher Beschaffenheit als nach dem patentierten Verfahren hergestellt gilt. — Übrigens soll nur das unmittelbare Erzeugnis des Verfahrens vom gesetzlichen Schutz gedeckt sein, während die mit dem Verfahren weiterhin gewonnenen Produkte ins Freie fallen. R.G. 31. März 97 (150).

§ 5.

Die Wirkung des Patents[1] tritt gegen denjenigen nicht ein, welcher zur Zeit der Anmeldung[2] bereits im Inlande die Erfindung in Benutzung genommen oder die zur Benutzung erforderlichen Veranstaltungen[3] getroffen hatte. Derselbe ist befugt, die Erfindung für die Bedürfnisse seines eigenen Betriebes in eigenen oder fremden Werkstätten auszunutzen. Diese Befugnis kann nur zusammen mit dem Betriebe vererbt oder veräußert werden.

Die Wirkung des Patents tritt ferner insoweit nicht ein, als die Erfindung nach Bestimmung des Reichskanzlers für das Heer oder für die Flotte oder sonst im Interesse der öffentlichen Wohlfahrt benutzt werden soll.[4] Doch hat der Patentinhaber in diesem Falle gegenüber dem Reich oder dem Staate, welcher in seinem besonderen Interesse die Beschränkung des Patents beantragt hat, Anspruch auf angemessene Vergütung, welche in Ermangelung einer Verständigung im Rechtswege festgesetzt wird.

Auf Einrichtungen an Fahrzeugen, welche nur vorübergehend in das Inland gelangen, erstreckt sich die Wirkung des Patents nicht.[5]

[1] Die rechtliche Wirkung des endgültig erteilten Patents ist im § 4 angegeben.

Wie die Anmeldung, so muß auch die Benutzung der Erfindung nach Abs. 1 im Inlande geschehen sein. Ob die Benutzung in gutem Glauben erfolgt, ist unerheblich. Die Veranstaltungen nach Abs. 1 brauchen nicht vollendet zu sein, müssen aber die Erfindung im wesentlichen auszuführen bestimmt sein und den ernstlichen Willen, die Erfindung sofort zu benutzen, zweifellos kundgeben. R.G. 17. Okt. 87 (887) u. 20. Jan. 96 (115).

Der Schutz des Erfindungsbesitzes nach Abs. 1 begründet ein veräußerliches Recht. Während dasselbe jedoch bisher als an einen bestimmten Umfang der Fabrikation oder eine bestimmte Fabrikationsstätte nicht gebunden war — vgl. R.G. 25. April 82 — und andererseits die vermöge desselben in den weiteren Verkehr gebrachten Gegenstände als geschützt galten — vgl. R.G. 4. Febr., 14. März 82 (65), 9. Jan. 83 (93) —, ist diese Veräußerlichkeit nach Maßgabe der in den Abs. 1 auf Antrag der Kommission neu aufgenommenen Bestimmung dahin beschränkt worden, daß die Erfindungsbesitzbefugnis nur zusammen mit dem Betriebe veräußert bezw. vererbt werden kann, für dessen Bedürfnisse allein überhaupt die Erfindung nur auszunutzen war.

Ob und inwieweit Abs. 1 überhaupt Anwendung findet, entscheidet im Streitfall der Richter. P.A. 7. Febr. 78 (51).

Das Recht des Erfinders, d. h. desjenigen, der durch Anmeldung einer Erfindung ein Patentrecht erlangen kann, stellt schon vor Anmeldung und Erteilung des Patents ein verletzbares, selbst der Ausübung nach übertragbares Vermögensobjekt dar, so daß derjenige, dessen Erfindung ohne seine Einwilligung von einem anderen zur Anmeldung eines Patents benutzt ist, nicht auf die Klage der Nichtigkeit des Patents beschränkt, sondern alle weitergehenden Ansprüche hat, die sich nach Maßgabe des Bürgerlichen Rechts aus der widerrechtlichen Benutzung seiner Erfindung ergeben. Vorausgesetzt ist hierbei jedoch, daß die Erfinderidee nicht etwa schon Allgemeingut, d. h. offenkundig, allgemein bekannt war. Vgl. R.G. 11. April 96 (00 174).

Dem Patentinhaber ist übrigens gegenüber demjenigen,

welcher die Erfindung bereits zur Zeit der Anmeldung in Benutzung genommen haben will, die Priorität nicht durch jede, dem Erfindungsbesitze vorangegangene, sondern nur durch eine formell korrekte Anmeldung gesichert. R.G. 8. Jan. 88. Vgl. dagegen das zu § 8 Gesagte.

Fertigstellung von Modellen, in denen die betreffende Erfindung zur Anmeldung gebracht worden, ist als eine zur Benutzung einer Erfindung erforderliche Veranstaltung nach Abs. 1 anzusehen. R.G. 28. Nov. 88.

Die Zwangsveräußerung eines Patents äußert ihre Wirkung auch gegen den Erfinder, wenn derselbe derzeitiger Inhaber des Patents war. Demselben kommt in diesem Falle die Bestimmung des Abs. 1 nicht zu statten. R.G. 9. Nov. 82 (101).

Die gesetzliche Wirkungslosigkeit des Patentes zu Gunsten desjenigen, welcher bereits zur Zeit der Anmeldung der Erfindung seitens des Patentinhabers letztere im Inlande in Benutzung genommen hat, begründet nicht nur ein persönliches Ausnahmierecht, sondern es erstreckt sich die hierdurch bedingte Freiheit des Inverkehrbringens oder Feilhaltens auch auf die redlichen dritten Besitzer solcher von eximierten Personen erworbenen Gegenstände der Erfindung. R.G. 4. Febr. 82.

Dagegen tritt die Wirkung des Patents auch gegen denjenigen ein, welcher den patentierten Gegenstand zwar zur Zeit der Anmeldung bereits im Inlande in Benutzung genommen, die Erfindung aber den Gerätschaften oder Einrichtungen des Patentinhabers selbst gegen dessen Willen entnommen hatte. R.G. 28. Nov. 95 (Nr. 28, 27).

Gewerbsmäßige Herstellung, bei einem patentierten Verfahren gewerbsmäßige Anwendung zur Zeit der Anmeldung, reichen hin, um gegen den Betreffenden die Wirkungen des Patents nicht eintreten zu lassen. R.G. 25. Febr. 95 (94/95, 147).

Übrigens umfaßt das Recht des Vorbenutzers auch die abweichende, aber gleichwertige Form, vorausgesetzt natürlich, daß er den Erfindungsgedanken erfaßt und nicht etwa etwas dargestellt hat, über dessen Bedeutung er sich nicht klar war. R.G. 15. Febr. 02 (180).

² Zur Zeit der Anmeldung, d. h. vor ihrer Einreichung beim Patentamt (§ 27 Verordn. 11. Juli 91. S. unten unter Ausführungsbestimmungen).

³ Für die zur Benutzung der Erfindung erforderlichen Veranstaltungen sind nicht Einrichtungen zu verlangen, mit denen der Fabrikbetrieb sofort aufgenommen werden kann, sondern es genügen vollständige Kenntnis der Erfindung und eine solche Tätigkeit, welche auf deren Verwertung abzielt. R.G. 14. Jan. 93 (104).

⁴ Um aus Gründen der Landesverteidigung oder überhaupt im Gesamtinteresse des Landes von einer patentierten Erfindung unverweilt Gebrauch machen zu lassen, und um andererseits zu verhüten, daß der Patentinhaber eine vorhandene Zwangslage nicht in maßloser Weise ausbeute und den Interessenten nicht eine unverhältnismäßige Vergütung abdringe (Mot. zum früh. P.G.), ist im Abs. 2 ein Patententeignungsrecht aufgestellt worden. Die Enteignung des Patents wird durch einen Erlaß des vom Reiche selbst oder von einer Reichs- oder Landesbehörde angerufenen Reichskanzler ausgesprochen. R.V. Art. 7 Abs. 2 u. Abs. 1 Nr. 3. Über Umfang und Höhe der in Ermangelung einer Verständigung im Rechtswege festzusetzenden Entschädigung hat das Gericht nach § 20 C.P.O. zu entscheiden, dessen Zuständigkeit diejenige Behörde unterworfen ist, welche den bei der Patententeignung beteiligten Fiskus vertritt. In Wirklichkeit ist von diesem Rechtsinstitut noch nicht Gebrauch gemacht worden, da für dasselbe der im § 11 Abs. 2 vorgesehene Lizenzzwang ein einfaches Surrogat bietet und weil auch, von letzterem abgesehen, der Patentinhaber

einem außergerichtlichen Vergleiche schwerlich abgeneigt sein wird.

5 Im Interesse des internationalen Verkehrs ist der Patentschutz in der im Abs. 3 festgesetzten Art beschränkt. Unter Fahrzeugen sind Wasser- und Landfahrzeuge (Lokomotiven, Eisenbahnwagen) zu verstehen. Nicht geschützt sind Gegenstände, die auf den Fahrzeugen sich befinden, ohne mit letzteren verbunden zu sein, z. B. Werkzeuge auf Schiffen, wohl aber Maschinen, Anker usw. Schiffe deutscher Heimat mit regelmäßiger Fahrt nach deutschen Häfen fallen nicht unter Abs. 3. R.G. 20. Okt. 87 (887).

§ 6.

Der Anspruch auf Erteilung des Patents und das Recht aus dem Patent[1] gehen auf die Erben über. Der Anspruch und das Recht können beschränkt[3] oder unbeschränkt durch Vertrag oder durch Verfügung von Todes wegen auf andere übertragen[2] werden.[4]

1 Der Inhalt des Patentschutzes ist, wie überhaupt der Schutz des geistigen Eigentums, vermögensrechtlicher Art und deshalb unter Lebenden und von Todeswegen freiwillig oder zwangsweise rechtlich übertragbar. Gleiche Grundsätze enthalten auch die übrigen Gesetze über den Schutz des geistigen Eigentums. Vgl. § 8 Ges. betr. das Urheberrecht an Werken der Literatur und der Tonkunst, v. 19. Juni 01, § 28 Ges. betr. das Verlagsrecht, v. 19. Juni 01, § 2 Ges. betr. das Urheberrecht an Werken der bild. Kunst, 9. Jan. 76, § 7 Ges. betr. den Schutz der Photographien usw., 10. Jan. 76 u. § 8 Ges. betr. das Urheberrecht an Mustern und Modellen, 11. Jan. 76. Ebenso kann der Anspruch auf

Erteilung eines Patents und aus einem erteilten Patent Teil einer Konkursmasse sein. R.G. 3. Okt. 02 (03,138).

Der Anspruch auf „Erteilung" entsteht erst mit der den gesetzlich vorgeschriebenen Anforderungen genügenden Anmeldung (§§ 13 Abs. 1 u. 20). Das „Recht aus dem Patent" sind die Gesamtbefugnisse nach § 4.

Das aus der Patenterteilung nach dem deutschen Patentgesetze erwachsende Recht ist als eine im Deutschen Reiche befindliche Sache zu behandeln. Die Frage, welches Aktes es bedarf, um das Privateigentum zu übertragen, ist deshalb nach deutschem Rechte zu beurteilen.

2 Die Form der Übertragung richtet sich nach den Bestimmungen des bürgerlichen Rechts, und finden die Vorschriften des letzteren über die Übertragung von Forderungen auf die Übertragung anderer Rechte entsprechende Anwendung, soweit nicht das Gesetz ein anderes vorschreibt. §§ 413, 792 B.G.B. Vgl. hierzu ferner Anm. 5 zu § 19.

Die durch Vertrag erfolgte Übertragung eines Patents hat die rechtliche Natur eines Kaufvertrages. Der Gegenstand dieses Kaufvertrages sind die nach § 4 des Patentgesetzes dem Patentinhaber erteilten Gesamtbefugnisse. R.G. 3. März 88 (141). Über Lizenzvertrag vgl. das in Anm. 5 zu § 4 Gesagte. Vgl. hierzu auch R.G. 8. Dez. 88 (93, 245) u. § 762 B.G.B.

Ein Vertrag über den Kauf eines Patentrechts für eine Maschine zur Herstellung von Gegenständen, welche gewerblich vertrieben werden, kann seitens des Käufers wegen wesentlichen Irrtums bei dem Vertragsschluß angefochten werden, wenn ihm bei dem Vertragsschluß die Tatsache unbekannt war, daß ein Dritter bereits ein Patentrecht in bezug auf das durch die betreffende Maschine herzustellende Fabrikat besaß. (R.G. 7. Jan. 88).

In der vertragsmäßig übernommenen Pflicht,

ein Patent zu übertragen, ist die weitere Pflicht, den Gegenkontrahenten durch Erläuterung der Erfindung zur Benutzung des Patents in den Stand zu setzen, namentlich dann enthalten, wenn die Patentschrift dem § 20 des Patentgesetzes zuwider nicht die sämtlichen erforderlichen Erläuterungen enthält, sondern es noch besonderer Kunstgriffe bedarf, um das Verfahren nutzbringend anzuwenden. R.G. 7. Juni 93 (481).

Die Verurteilung zur Übertragung des Eigentums an einem noch nicht erteilten Patent kann die Auflage einer unmöglichen Leistung enthalten, da die Patenterteilung nicht lediglich vom Willen des Patentsuchers abhängt. Ebenso kann in der Vereinbarung, ein Patent zu übereignen, nur die Übernahme der Verpflichtung zur Abtretung des Anspruchs auf die Patenterteilung gefunden werden. R.G. C.S. 24. Nov. 97 (78, 72).

Die Weiterabtretung eines Patentrechts wird dadurch nicht ausgeschlossen, daß hierdurch die Interessen des ursprünglichen Patentinhabers mit Rücksicht auf den ihm zustehenden Anteil am Reingewinne aus der Ausbeutung beeinträchtigt werden. R.G. 8. Mai 98 (858).

Ein noch zu erteilendes Patent kann als Einlage oder Bestandteil einer Einlage in eine Aktiengesellschaft eingebracht werden. R.G. 7. April 93 (482).

Aus der späteren Nichtigkeitserklärung eines den unmittelbaren Gegenstand eines Lizenzvertrages bildenden Patents kann auf die Ungültigkeit des Vertrages wegen Mangels eines Gegenstandes nicht gefolgert werden.

Die Nichtigkeitserklärung hat zwar rückwirkende Kraft und hat nach den Motiven zum früheren Patentgesetz die Rechtslage so gestaltet, als ob für die Erfindung ein gesetzlicher Schutz überhaupt nicht vorhanden gewesen wäre; allein soweit kann die Fiktion nicht ausgedehnt werden, daß sie selbst die Tatsache zerstöre, daß ein Schutz (wenn auch kein gesetzlich begründeter) bestanden habe; der Lizenzträger kann der Fiktion der Rückwirkung ungeachtet nicht bestreiten, daß er bis zur Nichtigkeitserklärung vielleicht viele Jahre hindurch die Erfindung unter dem Patentschutze ausgebeutet, bis dahin alles geleistet erhalten habe, was er aus dem Vertrage zu fordern hatte. R.G. 23. Dez. 86 (87, 101) u. 19. Dez. 98 (99, 35).

Der Käufer eines später für nichtig erklärten Patents wird von der vertragsmäßigen Zahlung des Kaufpreises nicht ganz befreit, sondern bleibt verpflichtet, den um den Wert der in der Zwischenzeit angenommenen Ausnutzung des Patents zu vermindernden Kaufpreis zu zahlen. R.G. 3. März 88 (141) u. 12. Febr. 90 (117).

Für den Fall der späteren Zurücknahme eines zur Ausnutzung überlassenen Patents hat der Patentberechtigte das Recht, das vertragsmäßige Äquivalent (Verbrauchsvergütung) zu fordern, sofern er dem Gegenkontrahenten den Gebrauch der Erfindung gewährt hat. R.O.H. 25. März 76 (79, 588).

3 Die Beschränkung der Übertragung kann bezüglich der Person des Berechtigten, der Dauer der Übertragung, nicht aber bezüglich des Inhalts und Geltungsbereichs des Rechts festgesetzt werden. Die vom Patentinhaber erteilte Erlaubnis zur Benutzung der Erfindung — „Lizenz" ist kein rechtlich bestimmter Begriff —, welche sachlich, zeitlich, räumlich, persönlich mehr oder weniger beschränkt sein kann, bildet keine Übertragung des Patentrechts als solchen. (Vgl. Anm. 5 zu § 4.) Das Patentrecht selbst kann nicht mit der Wirkung geteilt werden, daß für einzelne Bezirke oder für einzelne Befugnisse aus § 4 mehrere voneinander unabhängige Patentinhaber erstehen.

4 Als veräußerliches und vererbliches Vermögensrecht kann ein Patentrecht sowohl von einem Gläubiger im Wege der Zwangsvollstreckung in Anspruch genommen, als auch zur Konkursmasse gezogen werden. Im Konkurse des Patentinhabers kann auch ohne dessen Zustimmung

die zwangsweise Veräußerung eines Patentrechts erfolgen und richtet letztere alsdann ihre Wirkung auch gegen die Erfinder in dem im § 4 P.G. gegebenen Umfange. Vgl. hierzu Entsch. O.H.G. 20. Sept. 70 u. R.G. 9. Nov. 82.

Was insbesondere die Pfändung von Patentrechten anbetrifft, so ist hierüber folgendes anzuführen:

Der Anspruch auf Erteilung eines Patents und das Patentrecht selbst gehören zu den im § 857 der C.P.O. gedachten „anderen Vermögensrechten". Auf die Zwangsvollstreckung in diese Rechte findet daher der gen. Paragraph Anwendung. Rücksichtlich der Erteilung eines Patents ist das Patentamt nicht Drittschuldner im Sinne des § 829 C.P.O.

Erfolgt daher eine Verpfändung gemäß § 845 der C.P.O., so wird der Antragsteller dahin beschieden, daß das Patentamt nicht Drittschuldner sei und deshalb von der Benachrichtigung nicht berührt werde. Ebenso ist eine etwa auf Grund des § 840 C.P.O. verlangte Erklärung abzulehnen.

Wird dem Patentamt die Pfändung einer Patentanmeldung oder eines Patents nachgewiesen, so wird dies zu den Patentakten vermerkt.

Der Antrag auf Umschreibung einer Patentanmeldung oder eines Patents auf Grund einer gerichtlichen Überweisung gemäß § 835 C.P.O. ist abzulehnen. Die exekutivische Verwertung einer gepfändeten Patentanmeldung oder eines gepfändeten Patents kann vielmehr nur durch eine besondere Anordnung des Vollstreckungsgerichts nach Maßgabe des § 857 C.P.O. erfolgen. Ebenso hat die Herausgabe der Patenturkunde an eine andere Person als den Patentinhaber nicht schon auf Grund des Pfändungsbeschlusses, sondern nur auf Anordnung des Vollstreckungsgerichts zu erfolgen. Liegt eine solche Anordnung nicht vor, so ist die Urkunde dem Patentinhaber zuzustellen.

Ist eine Pfändung zu den Akten des Patentamts vermerkt, so ist späteren Umschreibungsanträgen gegenüber die Umschreibung abzulehnen, sofern der Pfandgläubiger nicht sein Einverständnis mit dieser erklärt, oder sofern eine gerichtliche Entscheidung beigebracht wird, durch die er verurteilt ist, die Umschreibung zu bewilligen, ebenso wird die Herausgabe der Patenturkunde an den von dem späteren Pfandgläubiger beauftragten Gerichtsvollzieher im Falle der beabsichtigten Verwertung des Patents durch eine im Interesse des späteren Pfandgläubigers angeordnete Versteigerung gemäß § 827 C.P.O. abzulehnen sein.

Bezüglich endlich der Pfändung solcher Modelle, deren Zurückhaltung durch die Zwecke des Prüfungsverfahrens nicht mehr geboten ist, sowie des Anspruchs auf Rückzahlung von Gebühren gelten die allgemeinen Bestimmungen über die Pfändung von Forderungen nach §§ 828 ff. und 846 C.P.O.

§ 7.

Die Dauer des Patents ist fünfzehn Jahre; der Lauf dieser Zeit beginnt mit dem auf die Anmeldung der Erfindung folgenden Tage.[1] Bezweckt eine Erfindung die Verbesserung oder sonstige weitere Ausbildung einer anderen, zu Gunsten des Patentsuchers durch ein Patent geschützten Erfindung, so kann dieser die Erteilung eines Zusatzpatents nachsuchen, welches mit dem Patent für die ältere Erfindung sein Ende erreicht.[2]

Wird durch die Erklärung der Nichtigkeit des Hauptpatents ein Zusatzpatent zu einem selbständigen Patent,[3] so bestimmt sich dessen Dauer und der Fälligkeitstag der Gebühren nach dem Anfangstage des Hauptpatents. Für den Jahresbetrag der Gebühren ist der Anfangstag des Zusatzpatents maßgebend. Dabei gilt als erstes Patentjahr der Zeitabschnitt zwischen dem Tage der Anmeldung des Zusatzpatents und dem nächstfolgenden Jahrestage des Anfangs des Hauptpatents.

[1] Da der Tag, an welchem die Anmeldung der Erfindung erfolgt, d. h. nach § 27 Verord. 11. Juli 91 mit der laufenden Geschäftsnummer und mit dem Datum versehen worden ist, nicht als voller Tag zu rechnen ist, so läuft die Frist der Patentdauer erst von dem auf die Anmeldung folgenden Tage, d. h. sofern die Anmeldung den gesetzlichen Erfordernissen nach § 20 soweit genügt, daß sie das Recht der Priorität nach § 3 begründet. Das Patentamt setzt den Tag ausdrücklich fest. Mit dem gleichen Tage beginnt die Wirkung des Patentes; da diese aber nach § 28 erst mit dem Tage der Bekanntmachung eintritt, so hat letztere rückwirkende Kraft. Der Beginn der Patentdauer kann, sobald die Anmeldung geschehen, nicht nach dem Belieben des Patentsuchers auf einen späteren Tag verlegt werden.

Eine Hinausschiebung des Anmeldetages ist ebenso unzulässig wie eine Zurückverlegung. P.A. 29. Aug. 94 (94/95, 55).

Wird eine Anmeldung von einer anderen, früher eingereichten Anmeldung abgezweigt, so erfolgt die Bewilligung der Priorität der letzteren für erstere nur auf Antrag des Anmelders, und wird dieser zuvor zu einer Erklärung, ob er einen solchen Antrag stellt, veranlaßt.

Die Patentdauer richtet sich nach dem Kalenderjahr, sie läuft mit dem Ende des Tages ab, welcher dem auf die Anmeldung folgenden Tage entspricht, gleichgültig, ob derselbe ein Sonntag oder Feiertag ist. Vgl. § 200 C.P.O. und § 43 St.P.O.

[2] Nicht nur die mit der neuen Erfindung bezweckte Verbesserung, auch die sonstige weitere Ausbildung der ersten Erfindung kann nach dem neuen Gesetz die Voraussetzungen für die Erteilung eines Zusatzpatentes bilden.

Damit der Patentinhaber im Interesse der raschen Entwicklung der Erfindungen eine geschützte Erfindung in wenig kostspieliger Weise durch Abänderungen oder Berichtigungen vervollkommnen und geschützt sehen kann, soll die neue Erfindung als Zusatz zur anderen zwar, abgesehen von der Anmeldungs- und Erteilungs- (ersten Jahres) Gebühr, gebührenfrei, dafür aber nur auf die Dauer des Hauptpatents geschützt werden. Infolge der inneren Zusammengehörigkeit beider Patente erreicht, abgesehen von der Vernichtung des Hauptpatents, das Zusatzpatent auch unter den Voraussetzungen des § 9 (Verzicht oder Nichtzahlung der Gebühren) mit dem Hauptpatent seine Endschaft.

Auch die zum Zusatzpatent angemeldete Erfindung muß einen nach §§ 1 bis 3 tatsächlich und rechtlich schützbaren Erfindungsgegenstand darstellen. Vgl. P.A. 7. Febr. 95 (96, 146). R.G. C.S. 26. Januar 97 (97, 145). Das versteht sich allerdings von selbst: sonst würde im Falle der Vernichtung das an dessen Seite tretende, zum selbständigen Patent werdende Zusatzpatent seines notwendigsten, auch gesetzlich (§ 1) vorgeschriebenen Gehaltes entbehren und nicht existenzberechtigt sein. Übrigens steht auch die Patentschrift des Hauptpatents, falls sie vor dem Tage der Anmeldung des Zusatzpatents veröffentlicht ist, hinsichtlich der Prüfung der Neuheit des Gegenstandes der Zusatzanmeldung anderen öffentlichen Druckschriften gleich.

Stehen mehrere Zusatzpatente in unmittelbarem Verhältnis zu einem Hauptpatent, so werden sie, wenn das Hauptpatent für nichtig erklärt wird, sämtlich Hauptpatente. Übrigens ist auch die Erteilung eines Zusatzpatents zu einem Zusatzpatent zulässig, sofern zu der Erfindung des letzteren ein Zusatzverhältnis besteht.

Die Einheitlichkeit einer Zusatzerfindung ist nach den für die sonstigen Erfindungen geltenden Grundsätzen selbständig zu prüfen; sie wird, falls es sich um mehrere Neuerungen handelt, dadurch allein nicht hergestellt, daß jede dieser Neuerungen für sich in einem technischen Zusatzverhältnis zu dem Inhalte des Hauptpatents steht.

Die Entnahme eines Zusatzpatents ist nur gestattet; es kann statt desselben auch ein selbständiges Patent nachgesucht werden. Zusatzpatent kann aber nur derjenige verlangen, der Anmelder des Hauptpatents bezw. als Inhaber des letzteren nach § 19 in der Patentrolle eingetragen ist. Die Anmeldung für ein Zusatzpatent braucht eine Verbesserung nur zu bezwecken, nicht zu enthalten; auch genügt es, wenn nur ein Teil der patentierten Erfindung verbessert oder anderweitig ausgebildet werden soll.

Bei Erteilung des Patents drückt das Patentamt in dem Titel des Patents aus, daß ein Zusatzpatent erteilt ist. Eine Verbesserung an der durch Zusatzpatent geschützten Einrichtung begründet den Anspruch auf ein neues Zusatzpatent zu jenem oder am Hauptpatent, je nachdem die neue Erfindung eine Ausbildung der zuerst oder später geschützten Erfindung darstellt.

Ist der Anmelder der neuen Erfindung mit dem Inhaber der geschützten Erfindung nicht identisch, so kann für den Fall der Zusammengehörigkeit beider Erfindungen kein Zusatz-, sondern nur ein sogen. Anhängigkeitspatent erteilt werden. Vgl. hierüber das Anm. 8 zu § 3 Gesagte.

Übrigens steht nach der Praxis der Verzicht auf das Hauptpatent in seiner Wirkung der Vernichtung desselben nicht gleich, vielmehr hat der Verzicht auf das Hauptpatent zur Folge, daß alsdann auch alle Zusatzpatente gelöscht werden.

3 Die bisher streitige, von der Theorie verneinte, von der Praxis bejahte Frage, ob durch die Erklärung der Nichtigkeit des Hauptpatents das Zusatzpatent zu einem selbständigen Patent werde, ist im letzteren Sinne auf Vorschlag der Kommission durch Aufnahme des Abs. 2 im neuen Gesetz entschieden worden, unter gleichzeitiger Aufstellung der durch den Wegfall des früheren Hauptpatents hervorgerufenen Gebührenzahlungsbedingungen.

§ 8.

Für jedes Patent ist vor der Erteilung eine Gebühr von dreißig Mark zu entrichten (§ 24 Absatz 1).[1]

Mit Ausnahme der Zusatzpatente (§ 7)[2] ist außerdem für das Patent mit Beginn des zweiten und jedes folgenden Jahres[3] der Dauer eine Gebühr zu entrichten, welche das erste Mal fünfzig Mark beträgt und weiterhin jedes Jahr um fünfzig Mark steigt.[4]

Diese Gebühr (Absatz 2) ist innerhalb sechs Wochen nach der Fälligkeit[4] zu entrichten. Nach Ablauf der Frist[5] kann die Zahlung nur unter Zuschlag[5] einer Gebühr von zehn Mark innerhalb weiterer sechs Wochen erfolgen.

Einem Patentinhaber, welcher seine Bedürftigkeit nachweist, können die Gebühren für das erste und zweite Jahr der Dauer des Patents bis zum dritten Jahre gestundet[6] und, wenn das Patent im dritten Jahre erlischt, erlassen werden.[7]

Die Zahlung der Gebühren kann vor Eintritt der Fälligkeit erfolgen.[8] Wird auf das Patent verzichtet oder dasselbe für nichtig erklärt oder zurückgenommen, so erfolgt die Rückzahlung der nicht fällig gewordenen Gebühren.[9]

Durch Beschluß des Bundesrats kann eine Herabsetzung der Gebühren angeordnet werden.[10]

[1] Während nach dem früheren Gesetz bei der Erteilung des Patents, d. h. bei Zustellung des Beschlusses, durch

welchen die Erteilung ausgesprochen, nicht erst bei Zufertigung der Patenturkunde, die Gebühr zu entrichten war, ist dieselbe jetzt vor der Erteilung zu erstatten, und zwar innerhalb zweier Monate nach Veröffentlichung der Anmeldung bei Vermeidung der unanfechtbaren Vermutung der Zurücknahme der Anmeldung (§ 24 Abs. 1 und § 23 P.G.).

Zur Erleichterung des Geldverkehrs mit der Kasse des Kais. Patentamts ist nach der Bestimmung vom 25. Nov. 99 behufs Deckung der innerhalb größerer Zeitabschnitte an die Kasse zu leistenden Zahlungen, insbesondere von Gebühren, die Überweisung von Geldern, jedoch zum Betrage von nicht unter 300 Mk., als Guthaben zugelassen worden. Über die fortlaufende Berechnung dieser Gutachten vgl. unten unter Anlagen.

² Für Zusatzpatente ist, abgesehen von der allgemeinen Prüfungsgebühr von 20 Mark, nur die mit der ersten Jahresgebühr zusammenfallende Erteilungsgebühr von 30 Mark zu entrichten.

³ „Bei Beginn des zweiten und jedes folgenden Jahres" entspricht nicht dem Jahrestag der Erteilung, sondern dem Jahrestag des Beginns der Patentdauer nach § 7 Abs. 1. Der Tag wird in der Patenturkunde angegeben. P.A. 29. Mai 78 (111). Die Zahlung der zweiten und der ferneren Jahresgebühren hat (anstatt früher innerhalb 3 Monate) innerhalb 6 Wochen und ev. gegen eine Zuschlagsgebühr von 10 Mark innerhalb weiterer 6 Wochen vom Tage der Fälligkeit, d. h. vom Beginn der Patentdauer ab, bei Vermeidung der Löschung des Patents zu erfolgen.

⁴ Hat sich das Patenterteilungsverfahren über den Beginn des zweiten und ev. folgender Patentjahre hinaus erstreckt, so werden die Jahresgebühren mit der Rechtskraft des Erteilungsbeschlusses fällig; rechtskräftig wird aber der Erteilungsbeschluß mit seiner Zustellung an den Anmelder, falls das Patent ohne Einspruch erteilt ist.

5 Diese Bestimmung trifft auch die vor dem Inkrafttreten des neuen Gesetzes (1. Okt. 91) endgültig erteilten Patente. Vgl. dazu Art. 1.

6 Für die Berechnung der Fristen sind seit Inkrafttreten des B.G.B. dessen Vorschriften maßgebend, wo es im § 186 heißt: für die in Gesetzen enthaltenen Frist- und Terminbestimmungen gelten die Auslegungsvorschriften der §§ 187—193. Von letzteren besagt § 187.

Ist für den Anfang einer Frist ein Ereignis oder ein in den Lauf eines Tages fallender Zeitpunkt maßgebend, so wird bei der Berechnung der Frist der Tag nicht mit gerechnet, in welchen das Ereignis oder der Zeitpunkt fällt.

Ist der Beginn eines Tages der für den Anfang einer Frist maßgebende Zeitpunkt, so wird dieser Tag bei der Berechnung mitgerechnet.

§ 188. Eine nach Tagen bestimmte Frist endigt mit dem Ablauf des letzten Tages der Frist.

Eine Frist, die nach Wochen, nach Monaten oder nach einem mehrere Monate umfassenden Zeitraum — Jahr, halbes Jahr, Vierteljahr — bestimmt ist, endigt im Falle des § 187 Abs. 1 mit dem Ablaufe desjenigen Tages der letzten Woche oder des letzten Monats, welcher durch seine Benennung oder seine Zahl dem Tage entspricht, in dem das Ereignis oder der Zeitpunkt fällt, im Falle des § 187 Abs. 2 mit dem Ablaufe des Tages der letzten Woche oder des letzten Monats, welcher dem Tage vorhergeht, der durch seine Benennung oder seine Zahl dem Anfangstage der Frist entspricht. Fehlt bei einer nach Monaten bestimmten Frist in dem letzten Monate der für ihren Ablauf maßgebende Tag, so endigt die Frist mit dem Ablauf des letzten Tages dieses Monats.

§ 193. Ist an einem bestimmten Tage, oder innerhalb einer Frist eine Willenserklärung abzugeben oder eine Leistung zu bewirken und fällt der bestimmte Tag oder der letzte Tag der Frist auf einen Sonntag oder einen am Erklärungs- oder Leistungsorte staatlich anerkannten allgemeinen Feiertag, so tritt an die Stelle des Sonntags oder des Feiertags der nächstfolgende Werktag.

Je nachdem also die Fälligkeit der Jahresgebühren sich nach dem Anfangstermin des Patents oder nach der Zustellung oder Rechtskraft des Patenterteilungsbeschlusses sich richtet, werden die Vorschriften der §§ 187 Abs. 2, 188 und 193 oder der §§ 187 Abs. 1, 188 und 193 zur Anwendung gelangen.

Für den letzteren Fall, somit also auch für die Zahlung der Erteilungsgebühr hat die frühere Berechnungsweise keine Änderung erfahren. Dagegen ist der Zeitraum für die Zahlung der Jahresgebühren gegenüber der vom Patentamt vor dem 1. Januar 1900 angewendeten Berechnung für jede der beiden sechswöchigen Zahlungsfristen um je einen Tag kürzer geworden.

Endlich ist noch zu bemerken, daß diese veränderte Berechnungsweise die Zahlungszeit der Jahresgebühren auch für die älteren vor dem 1. Januar 1900 erteilten Patente betrifft. Vgl. Pat. Präsid. Beschd. v. 13. Aug. 1900 (260).

[7] Die Zuschlagsgebühr ist nur einmal zu entrichten, auch wenn der Fall der Säumnis sich auf mehrere Jahresgebühren gleichzeitig erstreckt, da immer nur eine Säumnis vorliegt. P.A. 12. Juli 95 (94/95, 270).

Zur rechtzeitigen Gebührenzahlung behufs Aufrechterhaltung des Patents ist der Patentinhaber auch dann verpflichtet, wenn er das in eine Gesellschaft eingebrachte Patent den anderen Gesellschaften verpfändet hat. R.G. 18. Sept. 97 (228).

[8] Anspruch auf Gebührenstundung hat niemand; dieselbe kann wegen Wertlosigkeit des Patens nicht abgelehnt werden; sie kann auch nur für das erste und zweite Jahr bewilligt werden. P.A. 21. Juli 79 (341). Der Nachweis der Bedürftigkeit ist durch behördliche Zeugnisse oder in anderer glaubhafter Weise zu erbringen.

Bedürftigkeit setzt keine Vermögenslosigkeit, sondern eine auch nur vorübergehende Zahlungsunfähigkeit voraus. Sind mehrere Mitanmelder oder Mitinhaber des Patents vorhanden, so darf die Gebühr nur gestundet werden, wenn für sämtliche der Nachweis der Bedürftigkeit geführt wird.

Zur Bewilligung einer Stundung ist es notwendig und genügend, daß der Stundungsantrag innerhalb der gesetzlichen Zahlungsfrist eingegangen ist. Für den Nachweis der Bedürftigkeit, die mangels besonderer Erklärung als Stundungsgrund unterstellt wird, darf eine Frist über die gesetzliche Frist hinaus gestellt, und die gestellte Frist darf auch verlängert werden. Handelt es sich um die Stundung der Erteilungsgebühr, so tritt mit der Zurückweisung des Stundungsantrages die im § 24 Abs. 1 des Patentgesetzes festgesetzte Wirkung der Nichtzahlung ein, d. h. die Anmeldung gilt als zurückgenommen.

Mit der Zurückweisung des Stundungsgesuches wird dem Antragsteller je nach Lage der Sache eröffnet, entweder daß die Bekanntmachung über die Zurücknahme der Anmeldung verfügt, oder daß das Patent gelöscht werden werde, wenn nicht die Anfechtung des Beschlusses im Wege der Beschwerde innerhalb einer zu bestimmenden Frist erfolge. Wird während der zur Beibringung des Nachweises der Bedürftigkeit über die gesetzliche Zahlungsfrist hinaus gesetzten Frist die Gebühr gezahlt, so bleibt die Anmeldung bezw. das Patent nur bestehen, wenn die Gebühr bis zum Zahlungstage nachträglich gestundet wird.

9 Erlaß der Gebühr ist auch zulässig, wenn das Patent vor dem dritten Jahre erlischt. Der Erlaß wird nicht formell ausgesprochen; er besteht darin, daß das Patentamt auf Einziehung der Gebühr verzichtet.

10 Das Patentamt ist, im Gegensatz zu früher, verpflichtet, auch nicht fällige Gebühren anzunehmen.

11 Die Rückzahlung nicht fälliger Gebühren

erfolgt im Falle des Verzichts (§ 9), der Vernichtung (§ 10) oder der Zurücknahme des Patents (§ 11) von Amtswegen.

[12] Die dem Bundesrat anheimgestellte Gebührenherabsetzung entspricht den Anträgen der Kommission.

§ 9.

Das Patent erlischt,[1] wenn der Patentinhaber auf dasselbe verzichtet,[2] oder wenn die Gebühren nicht rechtzeitig[3] bei der Kasse des Patentamts oder zur Überweisung an dieselbe bei einer Postanstalt im Gebiete des Deutschen Reichs eingezahlt sind.[4]

[1] Das Erlöschen tritt ohne amtliche Verfügung ein; die eingetretene Tatsache ist weder durch das Rechtsmittel, noch auch im Gnadenwege zu beseitigen.

[2] Der Verzicht bedarf keiner urkundlichen Form, muß aber dem Patentamt, nicht einem Dritten gegenüber, ausdrücklich erklärt werden. Bei mehreren Patentinhabern hat jeder den Verzicht auszusprechen. Verzicht auf einen Teil eines einmal endgültig erteilten Patentes ist unwirksam. Mit dem Verzicht auf das Hauptpatent fallen auch die Zusatzpatente.

[3] Nicht rechtzeitige Gebührenzahlung liegt vor, wenn dieselbe nicht innerhalb der gesetzlichen Frist (§ 8) oder der bei Gebührenstundung gewährten Frist erfolgt ist. Vgl. hierüber das zu § 8 betr. die Gebührenstundung Gesagte.

Über Berechnung der Frist S. 8 Anm. 5.

Ist eine Patentgebühr nicht innerhalb sechs Wochen nach der Fälligkeit entrichtet, so benachrichtigt das Patentamt hiervon den Patentsucher; jedoch erwachsen aus dem Umstande, daß der Patentinhaber eine Benachrichtigung nicht erhält, keine Rechtsfolgen. § 15 Verordn. 11. Juli 91 unten unter Ausführungsbestimmungen. Wer die Zahlung leistet, ist unerheblich.

Deutsche Patente erlöschen nicht, falls gleiche Patente im Auslande erlöschen.

[4] Die Vergünstigung, daß schon die Einzahlung der Jahresgebühr bei einer Postanstalt im Gebiete des Deutschen Reiches innerhalb der Zahlungsfrist das Erlöschen des Patents verhindert, bezieht sich auch auf die Jahresgebühren (§ 24 Abs. 1 P.G.); nach der Praxis des P.A. auch nur auf Bareinzahlungen mittels Postanweisung, aber nicht auch auf sogen. Geldbriefe oder Einschreibebriefe. P.A. 11. Dez. 01 (290).

Über Einzahlung mittels Giro oder Chek s. unten unter Anlagen. Vgl. hierzu auch Anm. 1 Abs. 2 zu § 8.

§ 10.

Das Patent wird für nichtig erklärt,[1] wenn sich ergibt:

1. daß der Gegenstand nach §§ 1 und 2 nicht patentfähig war,[2]
2. daß die Erfindung Gegenstand des Patents eines früheren Anmelders ist,[3]
3. daß der wesentliche Inhalt der Anmeldung den Beschreibungen, Zeichnungen, Modellen, Gerätschaften oder Einrichtungen eines anderen oder einem von diesem angewendeten Verfahren ohne Einwilligung desselben entnommen war.[4]

Trifft eine dieser Voraussetzungen (1 bis 3) nur teilweise zu, so erfolgt die Erklärung der Nichtigkeit durch entsprechende Beschränkung des Patents.[5]

[1] Die Erklärung der Nichtigkeit eines Patents hat rückwirkende Kraft und sind daher die vor derselben begangenen Patentverletzungen weder zivil- noch strafrechtlich

verfolgbar, weil die Voraussetzungen des Schutzes nach § 34 P.G. nicht gegeben sind. (Mot. R.G. 2. Juli 86.) Auch ein erloschenes Patent kann der Vernichtung unterliegen. (O.H.G. 6. Mai 79 [289].)

Die Vernichtung kann nur im patentrechtlichen Verfahren, nicht im Rechtswege, erfolgen; ein vom Ergebnis des Nichtigkeitsverfahrens beeinflußtes Prozeßverfahren kann aber bis zur Erledigung des ersteren ausgesetzt werden; vgl. Anm. 2 zu §§ 35 ff. Der Strafrichter darf den Antrag auf Gewährung einer Frist zum Zwecke der Erhebung und Durchführung der Nichtigkeitsklage nicht ablehnen.

Die Nichtigkeit eines Patents ist auszusprechen, wenn die offenkundige Vorbenutzung des patentierten Gegenstandes nicht sowohl vor dem bei der Patenterteilung festgesetzten, als vielmehr von dem infolge des Nichtigkeitsantrages anderweitig festzusetzenden Anmeldetage stattgefunden hat. R.G. 18. Sept. 97 (241).

² Im Falle des § 10 Nr. 1 u. 2 steht die Nichtigkeitsklage zwar jedermann zu (Popularklage), jedoch unter den Voraussetzungen der Nr. 1 nur innerhalb 5 Jahre seit dem Tage der Bekanntmachung der Patenterteilung, ev. in Gemäßheit der Übergangsbestimmungen des Artikel II (§ 28 Abs. 2 und 3).

³ Um auch ein der Vorschrift des § 3 Abs. 1 P.G. zuwider erteiltes Patent vernichten zu können, ist als Nichtigkeitsklagegrund noch der zu Nr. 2 in das neue Gesetz aufgenommen worden.

Während nach Ansicht des P.A. (3. Okt. 97, 241) der Nichtigkeitsgrund nach § 10 Nr. 2 nur zutreffen solle, wenn das Patent des früheren Anmelders noch in Kraft sei, unterliegt nach Ansicht des R.G. 13. Jan. 00 (00, 148) ein Patent auch dann der Vernichtung, wenn die geschützte Erfindung überhaupt einmal bereits Gegenstand eines deutschen Patents gewesen, letzteres aber erloschen ist, und zwar selbst dann, wenn die in § 23 Abs. 3 nur für den Fall des § 10 Nr. 1 vorgesehene fünfjährige Frist zur Zeit der Erhebung der Nichtigkeitsklage bereits abgelaufen ist.

4 Im Falle der Nr. 3 ist nicht vorausgesetzt, daß die Zeichnungen usw. mit dem Bewußtsein der Widerrechtlichkeit entnommen worden sind. R.G. 28. Okt. 80 (81, 88).

Während nach A. d. P.A. (15. Aug. 78, 79, 32) formelle Mängel, welche die Erteilung des Patents hindern mußten, die Vernichtung nicht rechtfertigen, kann n. A. d. R.G. (11. Juli 1900; 00, 389) eine auch auf formellen Mängeln beruhende Nichtübereinstimmung zwischen der bekannt gemachten Anmeldung und dem Erteilungsbeschluß die Nichtigkeitserklärung des Patents begründen. Vgl. hierzu des Näh. Anm. 1 zu § 27.

Dagegen kann der Nichtigkeitsantrag gegen ein Zusatzpatent nicht auf die Behauptung gestützt werden, daß letzteres nicht in einem zusätzlichen Verhältnisse zum Hauptpatent stehe. Ein solcher Nichtigkeitsgrund ist vom Gesetz nicht vorgesehen. R.G. 17. Okt. 98 (99, 27).

5 Ein Patent kann auch teilweise für nichtig erklärt werden, vorausgesetzt, daß die Erfindung ihrem Inhalte nach teilbar ist. Stellt sich dagegen die Erfindung als ein untrennbares Ganzes dar, indem die einzelnen Bestandteile der patentierten Vorrichtung oder die einzelnen Abschnitte des patentierten Verfahrens so wesentlich zusammenhängen, daß einzelne Teile weder beseitigt, noch durch anders beschaffene Teile ersetzt werden können, so kann das Patent nur im ganzen entweder aufrecht erhalten oder für nichtig erklärt werden. R.O.H. 27. Mai 79 (807). Ebensowenig kann eine teilweise Nichtigkeitserklärung ausgesprochen werden, wenn der übrige Teil für sich eine patentfähige Erfindung nicht darstellt oder bei einer Kombinationserfindung etwas anderes als das ganze ist. P.A. 27. Febr. 91. R.G.

16. Febr. 91 (91, 142). Ein Patent, dessen Anspruch offenbar unrichtig ist, ist für nichtig zu erklären; ist aber der Patentanspruch nur unrichtig gefaßt, so ist derselbe auf sein richtiges Maß zurückzuführen. P.A. 3. März 81. R.G. 3. Jan. 82 (82, 31).

Für nichtig zu erklären ist auch ein Patent, wenn ihm ein eigenartiger Erfindungsgedanke nicht zugrunde liegt. P.A. 7. Febr. 95 (96, 146).

Ein gesetzlicher Grund zur Beschränkung eines Patents gegenüber einem älteren Patent liegt nicht vor, wenn das Recht aus dem jüngeren Patent nicht seinem Inhalte und Gegenstande nach gegenüber jedem Dritten, sondern nur seiner Ausübung nach gegenüber dem Inhaber des älteren Patents beschränkt wird. R.G. 6. Febr. 97 (70).

Rückzahlung der für ein vernichtetes Patent gezahlten Gebühren findet nur in dem Falle statt, daß dieselbe zur Zeit der endgültig ausgesprochenen Vernichtung nicht fällig waren. Vgl. § 8 Abs. 5. Hat ein Dritter ein Patent gegen Vergütung genutzt, so kann er die für die Vergangenheit gezahlte Vergütung nicht zurückfordern. O.H.G. 25. März 76 (79, 565).

Über das Verfahren s. §§ 28 ff.

§ 11.

Das Patent[1] kann[2] nach Ablauf von drei Jahren von dem Tage der über die Erteilung des Patents erfolgten Bekanntmachung (§ 27 Absatz 1) gerechnet, zurückgenommen werden:[3]

1. wenn der Patentinhaber es unterläßt, im Inlande[4] die Erfindung in angemessenem Umfange[5] zur Ausführung[6] zu bringen, oder doch alles zu tun, was erforderlich ist, um diese Ausführung zu sichern;[7]

2. wenn im öffentlichen Interesse[8] die Erteilung der Erlaubnis zur Benutzung der Erfindung[9] an andere geboten erscheint, der Patentinhaber aber gleichwohl sich weigert, diese Erlaubnis gegen angemessene Vergütung[10] und genügende Sicherstellung zu erteilen.[11]

[1]) Der vorstehende Paragraph ist in seiner früheren Fassung bestehen geblieben, bis auf die ergänzende Bestimmung über die Frist, binnen welcher die Zurücknahme des Patents erfolgen kann und die bisher nach der Praxis des Patentamts (P.A. 23. Juli 85) (77) von dem Tage nicht sowohl der Bekanntmachung der Erteilung, als vielmehr schon der endgültigen Erteilung des Patents berechnet wurde. Es genügt jedoch, wenn die Frist erst während des Verfahrens abläuft. R.G. 11. Dez. 86 (39). Nicht nötig ist, daß das widerrechtliche Verhalten des Patentinhabers 3 Jahre gedauert hat. Wird nach Ablauf der 3 Jahre den Anforderungen des Gesetzes genügt, so ist die Zurücknahme ausgeschlossen. P.A. 1. Dez. 82 (88, 75).

Im übrigen soll die Zurücknahmeklage nach § 11 Nr. 1 dem öffentlichen Interesse der gesamten beteiligten Industrie, nicht aber dazu dienen, um ein Gutachten des Patentamts über die Tragweite des angegriffenen Patents herauszufordern. Die Erkenntnis des Amts, daß die Klage den letztgedachten Zweck verfolge, gibt einen ausreichenden Grund zur Abweisung der Klage. P.A. 21. März 01 (230).

[2] Die Zurücknahme kann, braucht aber nicht beim Dasein der gesetzlichen Bedingungen zu erfolgen. P.A. 1. Dez. 82 (83, 78). Es kommt darauf an, ob nach der Überzeugung der urteilenden Behörde jene Bedingungen fortdauern werden oder nicht.

[3] Die Zurücknahme des Patents vernichtet dasselbe erst mit dem Zeitpunkte, zu welchem die Auf-

hebung erfolgt; dieselbe hat also keine rückwirkende Kraft und ist deshalb auch die Vernichtung eines zurückgenommenen Patents möglich. Der Patentinhaber kann auch nach Zurücknahme des Patents Verletzungen desselben civil- und strafrechtlich verfolgen. R.G. 24. Okt. 82 und 6. Dez. 93 (94, 92). — Im Falle der Patentzurücknahme werden die nicht fällig gewesenen Gebühren zurückgezahlt. (§ 8 Abs. 5.)

4 „Im Inlande", d. h. innerhalb des Deutschen Reichsgebietes. Schutzgebiete gehören nicht zu letzterem. Vgl. das zu § 12 Gesagte.

5 „In angemessenem Umfange" — nicht allein nach dem Wortlaute des Entwurfes „in einer dem inländischen Bedarf genügenden Weise" —, d. h. in dem durch das öffentliche Interesse gebotenen, zugleich aber dem Patentinhaber nach seinen Verhältnissen möglichen Umfang. Unwesentliche Abweichungen von der Patentschrift in der Ausführung begründen das Verfahren nicht. R.G. 12. Nov. 83 (84, 25). Ein Privatinteresse allein kann auch im Falle der Nr. 1 die Zurücknahme noch nicht begründen; P.A. 1. Dez. 82 (83, 74). Indessen ist, wenn die tatsächlichen Voraussetzungen der Nr. 1 erreicht sind, das Dasein eines öffentlichen Interesses zu vermuten. R.G. 27. Juni 83 (330).

6 Der Regel nach gehört zu der Ausführung die Fabrikation im Inlande (vgl. auch R.G. 4. Dez. 97, 98, 19); ausnahmsweise kann die Einfuhr in das Inland genügen, wenn nachgewiesen wird, daß damit dem Interesse der einheimischen Industrie entsprochen ist. Vgl. R.G. 11. Dez. 86 (39).

7 Im Falle der Nr. 1 hat der Zurücknahme-Kläger den Beweis für die Unterlassung der Patentausführung seitens des Patentinhabers zu führen. Im Falle der Nachweisführung ist auf Zurücknahme des Patents zu erkennen, sofern nicht anzunehmen ist, daß durch das Verhalten des Patentinhabers die deutschen volkswirtschaftlichen Interessen, namentlich der Industrie, nicht

benachteiligt sind. Wohl aber kann die Zurücknahme-Klage auch dann begründet sein, wenn das öffentliche Interesse in dem Interesse eines einzigen inländischen Fabrikanten auf einem bestimmten Industriegebiete aufgeht. Vgl. R.G. 27. Juni 88 und 5. Juli 99 (290).

Der Antrag auf Patentzurücknahme nach Nr. 1 wird übrigens nicht darauf gegründet werden können, daß die geschützte Erfindung nicht ausführbar sei. R.G. 12. Dez. 88.

8 Das Vorhandensein des öffentlichen Interesses, sowie andrerseits die Verweigerung der Erlaubniserteilung seitens des Patentinhabers trotz „angemessener" Vergütung und genügender Sicherstellung hat der Zurücknahme-Kläger nachzuweisen. Als Zurücknahme-Kläger tritt unter diesen Voraussetzungen zumeist der Inhaber des sogen. Abhängigkeitspatents gegenüber dem Hauptpatentinhaber auf. P.A. 1. Dez. 87. R.G. 12. Dez. 88 (187). Im öffentlichen Interesse muß die Erteilung der Erlaubnis zur Benutzung der Erfindung an dem Zurücknahme-Kläger gelegen haben. P.A. 7. Febr. 84 (193).

9 Benutzung der Erfindung ist schon in Frage, wenn nur eine der im Patentrecht nach § 4 enthaltenen Befugnisse, jedoch behufs Ausführung im Inlande, in Anspruch genommen wird.

10 „Angemessene Entschädigung", d. i. eine, die nach billiger Schätzung dem Werte entspricht, welcher die voraussichtliche Benutzung durch andere für die Patentinhaber hat. Für Zahlung der Vergütung, nicht gegen Mißbrauch der Befugnisse kann Sicherstellung verlangt werden. Die Sicherheit ist zu leisten, nicht bloß anzubieten.

Die Zurücknahme des Patents ist, falls dasselbe überhaupt nicht benutzt wird, dennoch nicht zulässig, wenn vom Patentinhaber behufs Ausführung nicht mehr verlangt werden kann und ein anderer für die Benutzung sich nicht meldet oder diese Meldung durch ein öffentliches Interesse ersichtlich nicht unterstützt wird. Wohl aber kann der Patentinhaber die Zurücknahme des Patents nicht schon dadurch abwenden, daß er beweist, daß ihm nicht ohne Preisgabe eines Vorteils die Ausführung der geschützten Erfindung im Inlande möglich gewesen sei. Ebensowenig genügt an sich die Erteilung der ausschließlichen Licenz an einen Dritten zur Erfüllung der Ausführungspflicht des Patentinhabers, vielmehr hat letzterer die Licenzträgerin zur tatsächlichen Ausführung des Patents anzuhalten, widrigenfalls er sich deren Verhalten als sein eigenes zurechnen muß. Vgl. R.G. 4. Dez. 97 (98, 19) und 26. Nov. 98 (99, 105).

Im Falle der Nr. 2 muß der dem Antrage auf Zurücknahme des Patents entsprechenden Entscheidung eine Androhung der Zurücknahme unter Angabe von Gründen und unter Festsetzung einer angemessenen Frist vorausgehen. § 30 Abs. 3.

[11] Die Vorschrift im § 30 Abs. 3 ist nicht als Strafandrohung für eine Versäumnis anzusehen, sondern sie muß in Rücksicht auf die inländischen Produzenten oder Konsumenten oder beider in Anwendung kommen, gleichviel, ob die Ausführung in Kenntnis oder Unkenntnis des Gesetzes unterblieben ist.

Verhandlungen seitens des Patentinhabers mit dritten Personen über die Benutzung der patentierten Erfindung, welche erst nach Zustellung der Klage auf Zurücknahme des Patents eingeleitet worden sind, können nicht weiter in Betracht kommen. R.G. 22. Febr. 93, P.A. 30. Juni 92 (93, 296).

Wegen des Nichtigkeits- und Zurücknahmeverfahrens vgl. §§ 28 ff.

§ 12.

Wer nicht im Inlande wohnt,[1] kann den Anspruch auf die Erteilung eines Patents und die Rechte aus dem Patent nur geltend machen, wenn er im Inlande[2] einen Vertreter bestellt hat.[3] Der Letztere ist zur Vertretung[5] in dem nach Maßgabe dieses Gesetzes stattfindenden Verfahren, sowie in den das Patent betreffenden bürgerlichen Rechtsstreitigkeiten und zur Stellung von Strafanträgen befugt.[4] Der Ort, wo der Vertreter seinen Wohnsitz hat, und in Ermangelung eines solchen der Ort, wo das Patentamt seinen Sitz hat, gilt im Sinne des § 24 der Zivilprozeßordnung als der Ort, wo sich der Vermögensgegenstand befindet.[6]

Unter Zustimmung des Bundesrats kann durch Anordnung des Reichskanzlers bestimmt werden, daß gegen die Angehörigen eines ausländischen Staates ein Vergeltungsrecht zur Anwendung gebracht werde.[7]

§ 12 behandelt die Voraussetzungen und Befugnisse der obligatorischen Vertretung in Patentangelegenheiten.

1 Nur ein wirkliches Wohnen d. h. ein dauernder Aufenthalt im Inlande, befreit von der Verpflichtung zur Bestellung eines Vertreters.

2 Unter Inland ist das Gebiet des Deutschen Reichs zu verstehen; die deutschen Schutzgebiete gehören, soweit es sich um dortige Geltung von Reichsgesetzen im allgemeinen handelt, nicht zum Deutschen Reich, da sie mit demselben verfassungsmäßig nicht verbunden sind.

3 Für die Vollmacht des Vertreters bedarf es nicht der Beglaubigung, gleichviel, ob er Deutscher oder Ausländer ist. Sind in der Vollmacht die einzelnen Befugnisse nicht angegeben, so ist die Vollmacht im Sinne des § 12 zu verstehen und auf sämtliche dort angegebene Machtbefugnisse auszudehnen. Dieselben bestehen, abgesehen von der nach dem neuen Gesetz erteilten Befugnis zur Stellung von Strafanträgen, in der Vertretung des

Patentsuchers in dem gesamten patentrechtlichen Verfahren: im Anmeldeverfahren §§ 20 ff., auch hinsichtlich der Zurückziehung der Anmeldung, im Beschwerdeverfahren §§ 16 u. 26 ff., im Verfahren auf Vernichtung oder Zurücknahmeverfahren §§ 28 ff., sowie in allen das Patent betreffenden Rechtsgeschäften und Rechtsstreitigkeiten, namentlich rücksichtlich der Übertragbarkeit und Vererblichkeit der Rechte auf und aus Patenterteilung (§ 6). Für das Berufungsverfahren in Patentsachen vor dem Reichsgericht ist jedoch durch die Verordnung vom 6. Dez. 91 (§ 14) bestimmt, daß die zur Praxis beim Reichsgericht zugelassenen Rechtsanwälte befugt sind, die Vertretung zu übernehmen, während es den Parteien und ihren Vertretern gestattet ist, mit einem technischen Beistand zu erscheinen. S. unten unter Ausführungsbestimmungen.

Eine Ausdehnung der genannten gesetzlichen Befugnisse des Vertreters ist zulässig, jedoch in der Vollmacht ausdrücklich anzugeben. Eine Vollmacht, welche die g e s e t z l i c h e n Befugnisse des Vertreters beschränkt, hat zur Folge, daß ein Vertreter im Sinne des Gesetzes überhaupt nicht vorhanden ist. Übrigens bleibt der Vertreter auch nach dem Tode des Patentinhabers berechtigt, solange eine Änderung in der Patentrolle nicht vermerkt ist. R.G. 30. Nov. 85 (86, 51).

[4] Da nach dem früheren Gesetze der Vertreter des Patentinhabers zur Stellung von Strafanträgen nicht berechtigt war, so war Letzterer, sofern er vorschriftsmäßig einen im Inlande wohnenden Vertreter bestellt hatte, nicht behindert, den zur Verfolgung patentrechtlicher Vergehen erforderlichen Strafantrag persönlich oder durch einen anderweitig hierzu Bevollmächtigten zu stellen. — Die Bestellung mehrerer Vertreter ist nur dann wirksam, wenn jeder für sich allein mit den gesetzlichen Befugnissen versehen ist. Neben dem Vertreter kann der Vollmachtgeber selbständig auftreten. R.G. 4. Febr. 82.

5 Der Vertreter haftet nicht persönlich für Kosten, welche in einem Verfahren erwachsen sind.

Andererseits haftet der Vertreter auch nicht für den Verfall eines Patentes wegen nicht rechtzeitiger Gebührenzahlung, sofern er aus den Umständen annehmen darf, daß dem Patentinhaber an der Überwachung der Gebührenzahlung durch den Vertreter nichts gelegen ist. Kammerger. 15. Febr. 99 (166).

Die berufsmäßige Vertretung in Patentsachen ist durch das R.-Gesetz v. 21. Mai 1900, betr. die Patentanwälte (Patentanwaltsordnung) geregelt. S. Inh.-Verz. unter IV.

6 Während nach der früheren Fassung des § 12 nur für die patentrechtlichen Klagen das Gericht des Wohnsitzes des Vertreters und in Ermangelung eines solchen das des Sitzes des Patentamts, d. h. das Amts- bezw. Landgericht I zu Berlin, zuständig war, ist nach der neueren Fassung dieser Gerichtsstand, im Anschluß an den § 24 (jetzt 23) C.P.O., um einem praktisch vielfach empfundenen Bedürfnis entgegenzukommen, auf alle Klagen wegen vermögensrechtlicher Ansprüche aus dem Vermögensgegenstand, und dazu gehört auch das Patent, ausgedehnt.

Übrigens kann bei vermögensrechtlichen Ansprüchen gegen einen im Auslande wohnenden Patentinhaber diesem die Klage, unter Umgehung seines im Inlande bestellten Vertreters, unmittelbar zugestellt werden. Auch ist der ausländische Patentinhaber an die Prozeßführung durch seinen inländischen Vertreter nicht gebunden, eben so wenig bedarf derselbe in Patentverletzungsklagen eines nach § 12 P.G. bestellten Vertreters, wohl ist aber letzterer, falls einmal bestellt, kraft der gesetzlichen Vollmacht nach § 12 Pat.Ges. zur Führung des Prozesses im Namen des ausländischen Patentinhabers befugt. Vgl. R.G. 14. Nov. 98 (59, 30) u. 19. Juni 99 (235).

Das einem Ausländer gültig erteilte Patent kann aus

dem Grunde nicht erlöschen, daß zeitweilig ein Vertreter des Patentinhabers im Inlande nicht bestellt ist. Die Vertretung durch einen im Inlande wohnenden Vertreter ist nur im eigentlichen Patentverfahren und bei der Geltendmachung der Rechte aus dem Patent im Wege des Zivilverfahrens notwendig. R.G. 5. Febr. 82.

[7] Nach Analogie der R.Konkursordn. (§ 4 Abs. 2) hat sich die Regierung aus politischen Gründen den Erlaß einer Retorsionsmaßnahme gegenüber den Angehörigen eines ausländischen Staates vorbehalten, von welcher sie jedoch nur im Falle einer ernstlichen Bedrohung der deutschen Interessen in Folge ungleichmäßiger patentrechtlicher Bestimmungen Gebrauch machen würde, da eine wirkliche Ausgleichung der nationalen Rechtssätze im Patentwesen nur auf dem Boden der von der deutschen Reichsgesetzgebung statuierten vollen Gleichberechtigung des In- und Auslandes sich vollziehen könne. (Motive.) Gegenüber denjenigen Staaten, mit welchen bereits Abkommen über gegenseitigen, tunlichst gleichmäßigen Patentschutz getroffen sind, wie Österreich-Ungarn, Italien und der Schweiz, sowie namentlich mit Rücksicht auf den nunmehr (1. Mai 1903) erfolgten Zutritt des Deutschen Reichs zur Union (s. unten unter Nr. III) kann auch gegenüber den Unionsstaaten von Erlaß derartiger Vergeltungsmaßregeln keine Rede sein.

Zweiter Abschnitt.

Patentamt.

§ 13.

Die Erteilung, die Erklärung der Nichtigkeit und die Zurücknahme der Patente erfolgt durch das Patentamt.[1]

Das Patentamt hat seinen Sitz in Berlin. Es

besteht aus einem Präsidenten, aus Mitgliedern, welche die Befähigung zum Richteramt oder zum höheren Verwaltungsdienst besitzen (rechtskundige Mitglieder) und aus Mitgliedern, welche in einem Zweige der Technik sachverständig sind (technische Mitglieder). Die Mitglieder werden, und zwar der Präsident auf Vorschlag des Bundesrats, vom Kaiser ernannt. Die Berufung der rechtskundigen Mitglieder erfolgt, wenn sie im Reichs- oder Staatsdienst ein Amt bekleiden, auf die Dauer dieses Amts, anderenfalls auf Lebenszeit. Die Berufung der technischen Mitglieder erfolgt entweder auf Lebenszeit oder auf fünf Jahre. In letzterem Falle finden auf sie die Bestimmungen im § 16 des Gesetzes, betreffend die Rechtsverhältnisse der Reichsbeamten vom 31. März 1873 keine Anwendung.[2]

[1] Über die in diesem Abschnitt behandelte Tätigkeit, Zuständigkeit und Verfassung (Zusammensetzung) des **Patentamts** vgl. auch die Ausführ.-Verordn. vom 11. Juli 91 unten unter Ausführungsbestimmungen. (II.)

Die Erteilung der Patente umschließt ihre Veröffentlichung, Eintragung in die Rolle und Beurkundung, s. Patenturkunde. (§ 19 Abs. 1.) Auch die Abgabe von Gutachten unter gew. Voraussetzungen gehört zur Zuständigkeit des Patentamts. (S. § 18.)

[2] Um das Vertrauen der Industrie in die Tätigkeit des Patentamts durch größere Garantien für die Unbefangenheit und Gründlichkeit seiner Entscheidungen und deren tunlichst beschleunigte Abgabe zu stärken (Motive), ist das Patentamt durch das neue Gesetz neu gestaltet worden, und zwar in der Weise, daß den Grundstock die auf Lebenszeit berufenen rechtskundigen und

technischen Mitglieder bilden und daß nur solche in den Anmeldeabteilungen mitwirken dürfen, während die nicht ständigen Mitglieder, und zwar die rechtskundigen, sofern sie ein anderes Reichs- oder Staatsamt bekleiden, nur auf die Dauer dieses Amtes, die technischen auf Lebenszeit oder auf fünf Jahre berufen werden. Um auf die im patentamtlichen Interesse unentbehrliche Mitwirkung bewährter Kräfte auf den verschiedenen Gebieten der Technik nicht verzichten zu müssen, ist die Bestimmung getroffen, daß dieselben auf die Dauer von fünf Jahren ins Patentamt berufen werden können und darum, befreit von den Bestimmungen des § 16 R.Beamtengesetzes, zum Betriebe eines nebenamtlichen Geschäfts oder Gewerbes der Genehmigung der obersten Reichsbehörde nicht bedürfen. Im Übrigen sind alle Mitglieder des Patentamts als unmittelbare Reichsbeamte dem gen. Gesetze unterworfen. Nichtständige rechtskundige Mitglieder gehören dem Patentamte nicht mehr an.

Über Titel und Siegel des Patentamts vgl. §§ 11 u. 30 der Verordn. v. 11. Juli 91 unten unter Ausführ.-Bestimmungen.

Das Patentamt ist dem Reichskanzler (Reichsamt des Innern) untergeordnet (§ 18 Abs. 2); doch hat die Aufsichtsbehörde keinen Einfluß auf das gesetzliche Verfahren.

§ 14.

In dem Patentamt[1] werden

1. Abteilungen für die Patentanmeldungen (Anmeldeabteilungen),
2. eine Abteilung für die Anträge auf Erklärung der Nichtigkeit oder auf Zurücknahme von Patenten (Nichtigkeitsabteilung),
3. Abteilungen für die Beschwerden (Beschwerdeabteilungen)

gebildet.

In den Anmeldeabteilungen dürfen nur solche technische Mitglieder mitwirken, welche auf Lebenszeit berufen sind. Die technischen Mitglieder der Anmeldeabteilungen dürfen nicht in den übrigen Abteilungen, die technischen Mitglieder der letzteren nicht in den Anmeldeabteilungen mitwirken.

Die Beschlußfähigkeit der Anmeldeabteilungen ist durch die Anwesenheit von mindestens drei Mitgliedern bedingt, unter welchen sich zwei technische Mitglieder befinden müssen.

Die Entscheidungen der Nichtigkeitsabteilung und der Beschwerdeabteilungen erfolgen in der Besetzung von zwei rechtskundigen und drei technischen Mitgliedern. Zu anderen Beschlußfassungen genügt die Anwesenheit von drei Mitgliedern.

Die Bestimmungen der Zivilprozeßordnung über Ausschließung und Ablehnung der Gerichtspersonen finden entsprechende Anwendung.[3]

Zu den Beratungen können Sachverständige, welche nicht Mitglieder sind, zugezogen werden; dieselben dürfen an den Abstimmungen nicht teilnehmen.[4]

[1] Näheres über die Einrichtung des Patentamts in der Ausführ.-Verord. v. 11. Juli 91 (s. Anl.), und zwar über Zahl, Zusammensetzung, Geschäftsbereich und Geschäftsbehandlung der Abteilungen §§ 1—8, über die Aufgabe des Präsidenten §§ 9 u. 10, über Zustellungswesen § 12, über Kosten §§ 13 u. 15, über Modellrückgabe § 18, über Plenarversammlung § 9.

[2] Die Beschlußfähigkeit der Anmeldeabteilung im Sinne des Abs. 3 bezieht sich auf die im § 7 der

Verordn. v. 11. Juli 91 (s. Anl.), gen. Beschlüsse über die Bekanntmachung der Anmeldung sowie über die gänzliche oder teilweise Zurückweisung einer Anmeldung oder eines Einspruchs. Für alle anderen Beschlüsse und Verfügungen bedarf es nur der Mitwirkung des Vorprüfers bezw. Berichterstatters und des Anmeldeabteilungsvorsitzenden. Über „Beschlüsse" und „Entscheidungen" vgl. zu § 15.

³ Zu Abs. 5 vgl. C.P.O. § 41—49. Ablehnungsgrund ist auch Mißtrauen gegen die Unparteilichkeit eines Mitgliedes wegen Besorgnis seiner Befangenheit. Ablehnungsgesuche sind glaubhaft zu machen und vor Stellung von Anträgen oder Eintritt in die Verhandlung anzubringen. Über die Ablehnungsgesuche entscheidet diejenige Abteilung selbst, welcher das beanstandete Mitglied angehört, gegebenen Falles im Beschwerdewege die Beschwerdeabteilung (§ 16) oder der Präsident im Dienstaufsichtswege (§ 9 Verordn.). Die Ablehnung kann sich auch gegen den als Protokollführer hinzugezogenen Beamten richten. § 49 C.P.O.

⁴ Von der Bestimmung des Abs. 6 wird wenig Gebrauch gemacht, da über rein technische Fragen die technischen Mitglieder des Patentamts selbst zu entscheiden haben. Auch in der Berufungsinstanz wird den Anträgen auf mündliche oder schriftliche Anhörung anderer Sachverständiger (§ 9 Verordn. v. 6. Dez. 91) in der Regel nicht entsprochen, da nicht anzunehmen ist, daß denselben ein höheres Maß von Sachkunde innewohne als den Mitgliedern des Patentamts, es müßte sich denn um Tatsachen handeln, deren Feststellung eine ganz besondere Sachkenntnis und reiche Erfahrung erfordert. In diesem Falle werden von hervorragenden Sachverständigen zu erstattende Gutachten eingefordert und i. U. diese selbst auch vernommen.

Rücksichtlich der etwaigen Beanstandung eines Sachverständigen ist zu bemerken, daß die Ablehnung eines solchen seitens der Gegenpartei nicht schon auf die Tatsache gestützt werden kann, daß derselbe sich früher in einer lediglich der Wissenschaft dienenden Schrift in einer bestimmten Richtung geäußert habe. Vgl. Entscheid. d. Kammerger. v. 21. Dez. 98 (99, 82).

§ 15.

Die Beschlüsse und die Entscheidungen der Abteilungen[1] erfolgen im Namen des Patentamts; sie sind mit Gründen zu versehen, schriftlich auszufertigen und allen Beteiligten von Amts wegen zuzustellen.

[1] Zu unterscheiden sind: a) Entscheidungen d. s. Endurteile, welche im Beschwerde-, Nichtigkeits- und Zurücknahmeverfahren ergehen (§§ 14 Abs. 4, 26, 29, 30 u. 33); b) Beschlüsse d. s. die im Anmeldeverfahren ergehenden Endurteile und alle übrigen von einer Abteilung erlassenen sachlichen Maßnahmen; c) Verfügungen d. s. die geschäftliche Behandlung der Sache betreffende Anordnungen. Die Beschlüsse sind zweifacher Art: a) Beschlüsse, die auf Vortrag in der Abteilungssitzung erfolgen; für diese bedarf es der Mitwirkung mindestens dreier (darunter zweier technischer) Mitglieder; b) alle übrigen Beschlüsse, welche vom Berichterstatter bezw. Vorprüfer unter Mitwirkung des Abteilungsvorsitzenden gefaßt werden. (§ 6 Ausführ.-Verord. v. 11. Juli 91).

Der Beratung und Abstimmung in einer Sitzung bedarf es für Beschlüsse, in den Anmeldeabteilungen, falls eine Anmeldung bekannt gemacht oder sofern dieselbe oder der gegen sie erhobene Einspruch ganz oder teilweise zurückgewiesen, in den Beschwerdeabteilungen, falls über eine Beschwerde nach §§ 16 u. 26 Beschluß gefaßt, in der Nichtigkeitsabteilung, falls nach §§ 29 u. 30 Entscheidung getroffen werden soll.

Die im Laufe des Patenterteilungsverfahrens ergehenden Verfügungen und Beschlüsse sind in schriftlicher Form zu erlassen. Werden im Anschluß an mündliche Verhandlungen der anwesenden Beteiligten zur Beschleunigung des Verfahrens Verfügungen unter Fristbestimmung mündlich eröffnet, so können aus der Säumnis der Beteiligten Rechtsfolgen nicht abgeleitet werden, vielmehr müssen die Verfügungen schriftlich wiederholt werden.

Während des Vorprüfungsverfahrens trifft die lediglich sachlichen Verfügungen der Vorprüfer, die administrativen und juridischen Verfügungen unter Mitzeichnung des Vorsitzenden, bis zur späteren Beendigung des Anmeldeverfahrens der Berichterstater unter Mitwirkung des Vorsitzenden, während die nach endgültigem Abschluß des Verfahrens erforderlichen Verfügungen der Abteilungsvorsitzende erforderlichen Falles unter Zuziehung des Vorprüfers erläßt.

Entscheidungen und Beschlüsse, die nur auf Vortrag erfolgen dürfen, werden vom Vorprüfer, Berichterstatter und Vorsitzenden unterzeichnet, sonstige Beschlüsse bald, sofern von Wichtigkeit ebenso, bald nur unter Kanzleibeglaubigung.

2 Das Zustellungswesen ist besonders behandelt und geregelt nach § 12 Ausführ.-Verordn. v. 11. Juli 91. S. unten unter Ausführungsbestimmungen.

§ 16.

Gegen die Beschlüsse der Anmeldeabteilungen und der Nichtigkeitsabteilung findet die Beschwerde statt. An der Beschlußfassung über die Beschwerde darf kein Mitglied teilnehmen, welches bei dem angefochtenen Beschlusse mitgewirkt hat.

1 Die hier gед. Beschwerde findet statt, sofern die Beschwerde nicht nach §§ 26 oder 33 Platz greift, dagegen ist sie gegen solche Beschlüsse und Verfügungen der Anmeldeabteilungen und der Nichtigkeitsabteilung, die lediglich zur Vorbereitung einer auf Grund der §§ 26 u. 33

Pat.-Ges. anfechtbare Endentscheidung dienen, wie z. B. Beweisbeschlüsse oder Beschlüsse und Verfügungen, welche die Beseitigung von Mängeln der Anmeldung (§ 20 P.G.) fordern, nicht gegeben. Dies gilt auch für den Fall, daß der Antrag auf Wiederaufnahme eines mit Zustimmung des Anmelders ausgeschiedenen Teiles des Anmeldungsgegenstandes zurückgewiesen wird.

Das Rechtsmittel ist weder an eine Frist gebunden noch von aufschiebender Wirkung. Vgl. hierzu auch unten Ausführ.-Verordn. v. 11. Juli 91 §§ 2 u. 6.

§ 17.

Die Bildung der Abteilungen, die Bestimmung ihres Geschäftskreises, die Formen des Verfahrens, einschließlich des Zustellungswesens, und der Geschäftsgang des Patentamts werden, insoweit dieses Gesetz nicht Bestimmungen darüber trifft, durch Kaiserliche Verordnung unter Zustimmung des Bundesrats geregelt.

Die näheren Bestimmungen des vorstehenden Paragraphen, der in seiner jetzigen Fassung dem § 17 des früheren Gesetzes bis auf die eingefügten Worte „einschließlich des Zustellungswesens“ entspricht, sind in der Verordnung zur Ausführ. des Pat.-Ges. 2c. v. 11. Juli 91 R.G.Bl. 349, s. unten unter Ausführungsbestimmungen, enthalten. Vgl. insbesondere in Betreff der Bildung der Abteilungen §§ 1, 2, 4, 5, dazu Patentgesetz § 14, in Betreff ihres Geschäftskreises §§ 1 bis 3, dazu Patentgesetz §§ 14, 16, 18, in Betreff der Formen des Verfahrens §§ 6 bis 9 und 11, dazu Patentgesetz §§ 14 Abs. 4, 15, 16, 20 bis 30, 33, in Betreff des Zustellungswesens § 12, dazu Patentgesetz §§ 15, 21 Abs. 2, 26, 28 bis 30, 33, in Betreff des Geschäftsganges §§ 6 bis 10, 15 bis 17, 25 ff., dazu Patentgesetz §§ 14 bis 16, 19, 34.

§ 18.

Das Patentamt ist verpflichtet,[1] auf Ersuchen der Gerichte[2] über Fragen, welche Patente betreffen, Gutachten[3] abzugeben, sofern in dem gerichtlichen Verfahren von einander abweichende Gutachten mehrerer Sachverständiger[4] vorliegen.

Im übrigen ist das Patentamt nicht befugt, ohne Genehmigung des Reichskanzlers außerhalb seines gesetzlichen Geschäftskreises Beschlüsse zu fassen oder Gutachten abzugeben.

[1] Während nach dem früheren Pat.-Ges. das Patentamt bedingungslos zur Abgabe von Gutachten an die Gerichte verpflichtet war, ist nunmehr diese Verpflichtung — um (nach den Mot.) der bisherigen unterschiedslosen Heranziehung des Patentamts zur Erstattung gerichtlicher Gutachten über ein häufig noch nicht ausreichend geklärtes Material entgegenzutreten und namentlich um eine später nicht mehr richtig zu stellende, nicht immer zutreffende Beurteilung der patentamtlichen Gutachten in der weiteren Entwickelung des Rechtsfalles durch anderweit vernommene Sachverständige zu vermeiden — an die Voraussetzung geknüpft, daß voneinander abweichende Gutachten mehrerer Sachverständigen vorliegen.

Die Gutachten sind in Zivil- wie in Strafsachen, aber nur in Betreff deutscher Patente, abzugeben.

[2] Den Gerichten und dem gerichtlichen Verfahren stehen die Staatsanwaltschaft und das staatsanwaltliche Ermittelungsverfahren gleich. Denn die Staatsanwaltschaft kann „behufs Erforschung des Sachverhalts von allen öffentlichen Behörden Auskunft verlangen" (§ 159 St.P.O.), auch jederzeit zur Einholung des Gutachtens gerichtliche Vermittelung in Anspruch nehmen.

§§ 160 u. 176 ff. St.P.O. Übrigens ist durch Erlaß des Reichskanzlers v. 20. Nov. 93 das Patentamt ermächtigt, auch der Staatsanwaltschaft auf deren Ersuchen Gutachten in Gemäßheit des § 18 abzugeben (93, 673).

[3] Die Bestimmungen der §§ 255 St.P.O. und 415, 418 C.P.O. finden auf eine Vertretung der Gutachten durch Mitglieder des Patentamts keine Anwendung. Das Patentamt hat als Behörde das Gutachten abzugeben; eine persönliche Vernehmung der Mitglieder kann daher nicht stattfinden, vielmehr wird, da die Begutachtung von Patentfragen zu den Dienstobliegenheiten des Patentamts gehört, die gutachtliche Äußerung desselben in der für die schriftlichen Erlasse dieser Behörden angeordneten Form erfolgen und die Pflichtmäßigkeit des einzelnen Gutachtens durch den Diensteid verbürgt. Vgl. R.G. 28. Dez. 81 (82, 78).

Unter § 369 C.P.O. und § 78 St.P.O. fällt das Patentamt nicht.

Zuständig für die abzugebenden Gutachten sind die Beschwerdeabteilungen des Patentamts. § 2 Abs. 3. Verordn. 11. Juli 91. S. unten unter Ausführungsbestimmungen.

Auch die Mitglieder des Patentamts sind zur Abgabe von Gutachten außerhalb ihres gesetzlichen Geschäftsbereiches nicht befugt. P.A. 6. Jan. 82 (17) und 2. Jan. 90 (9). Vgl. auch § 12 Ges., betr. die Rechtsverhältnisse der Reichsbeamten, 31. März 73 R.G.Bl. 73, 68.

Das vom Patentamt abzugebende Gutachten hat sich nur auf technische Fragen zu erstrecken, über das der gerichtlichen Prüfung unterliegende Rechtsverhältnis hat es sich nicht zu äußern. Denn das Patentamt hat nur diejenigen Punkte seiner Beurteilung zu unterziehen, über welche die im gerichtlichen Verfahren bei ihr gehörten Sachverständigen abweichende Gutachten abgegeben haben; da aber Sachverständige nur über technische Fragen vernommen werden können, so kann auch nur bezüglich solcher Fragen eine Meinungsverschiedenheit für das vom Patentamt abzugebende Gutachten in Betracht kommen. Es werden daher dem Patentamt seitens der ersuchenden Behörde auch nur bestimmt technische Fragen zur Beantwortung vorzulegen sein. Auch kann das Patentamt sich nur über erteilte Patente (eingetragene Gebrauchsmuster oder Warenzeichen) äußern, weil es über andere Fragen anläßlich der vor ihm sich abwickelnden Patenterteilungs- oder Nichtigkeits-Verfahren zu entscheiden haben kann. So wird von ihm auch die Beantwortung der etwaigen Frage, ob eine patentierte Erfindung neu, gewerblich verwertbar oder Gegenstand eines anderen Patentes sei, abzulehnen sein.

Da das Patentamt als höhere technische Instanz nur im Falle der Verschiedenheit mehrerer bereits erstatteter Gutachten das Obergutachten abzugeben hat, so hat es, um die entstandenen Zweifel lösen zu können, nur Gutachten anzunehmen, die mit Gründen versehen sind, welche über die für die Sachverständigen maßgebenden Erwägungen Aufschluß geben.

4 Was die von den Sachverständigen abgegebenen Vorgutachten betrifft, so sind nicht die von den Prozeßbeteiligten zur Unterstützung ihrer Behauptungen nicht selten zu den Akten eingereichten Ausführungen von Sachverständigen, mit denen sie sich selbst in Verbindung gesetzt haben, sondern nur solche Sachäußerungen als im gerichtlichen Verfahren abgegebene Gutachten anzusehen, welche der gerichtlichen Behörde gegenüber von einer von ihr zugezogenen sachkundigen Person abgegeben worden sind. Denn die von den Prozeßbeteiligten beschafften und zu den Akten gebrachten gutachtlichen Äußerungen können, namentlich wenn sie von Personen abgegeben sind, welche die Prozeßbeteiligten in einem früheren patentamtlichen Verfahren vertreten haben, als eine Parteiausführung

eine weitere Bedeutung nicht beanspruchen, auch bringen sie letzteren Falles nur die Auffassung zum Ausdruck, die im patentamtlichen Verfahren im Interesse des Auftraggebers geltend gemacht worden ist.

§ 19.

Bei dem Patentamt[1] wird eine Rolle[2] geführt, welche den Gegenstand und die Dauer der erteilten Patente, sowie den Namen und Wohnort der Patentinhaber und ihrer bei Anmeldung der Erfindung etwa bestellten Vertreter angibt. Der Anfang, der Ablauf, das Erlöschen, die Erklärung der Nichtigkeit und die Zurücknahme der Patente sind, unter gleichzeitiger Bekanntmachung durch den Reichsanzeiger, in der Rolle zu vermerken.

Tritt in der Person des Patentinhabers oder seines Vertreters[3] eine Änderung[4] ein, so wird dieselbe, wenn sie in beweisender Form[5] zur Kenntnis des Patentamts gebracht ist, ebenfalls in der Rolle vermerkt und durch den Reichsanzeiger veröffentlicht. Solange dieses nicht geschehen ist, bleiben der frühere Patentinhaber und sein früherer Vertreter nach Maßgabe dieses Gesetzes berechtigt und verpflichtet.[6]

Die Einsicht der Rolle, der Beschreibungen, Zeichnungen, Modelle und Probestücke, aufgrund deren die Erteilung der Patente erfolgt ist, steht, soweit es sich nicht um ein im Namen der Reichsverwaltung für die Zwecke des Heeres oder der Flotte genommenes Patent handelt, jedermann frei.[7]

Das Patentamt veröffentlicht die Beschreibungen

und Zeichnungen, soweit deren Einsicht jedermann freisteht,[8] in ihren wesentlichen Teilen durch ein amtliches Blatt.[9] In dasselbe sind auch die Bekanntmachungen aufzunehmen, welche durch den Reichsanzeiger nach Maßgabe dieses Gesetzes erfolgen müssen.[10]

Der vorstehende Paragraph ist unverändert in der früheren Fassung geblieben.

[1] Der der deutschen Patentgesetzgebung unter anderm zu Grunde liegende Zweck, die Förderung einer raschen Vervollkommnung der Technik, ist nur zu erreichen, wenn jede technische Verbesserung, welche durch die Erteilung des Patentes als solche anerkannt wird, unverzüglich zum Gemeingut gemacht und somit als Anregungsmittel für neue Verbesserungen benutzt wird. (Mot. zum früh. P.G.) Aus diesem Grunde ist eine dauernde Offenhaltung des Inhalts der Patente notwendig, und wird diese Publizität durch die Rolle in Verbindung mit dem Patentblatt und dem Reichsanzeiger bewirkt.

[2] Der Inhalt der Patentrolle soll über die Person eines jeden Patentinhabers Auskunft gewähren, jedoch sind Eintragungen, welche eine Änderung in der Person des Patentinhabers oder seines Vertreters beurkunden, für die Gültigkeit oder Ungültigkeit des der Änderung zu Grunde liegenden rechtlichen Aktes nicht entscheidend. Die Eintragung in die Patentrolle hat nur die Bedeutung einer Registrierung, nur deklarative, nicht konstitutive Wirkung.

Infolgedessen ist auch für den materiellen Übergang der Rechte aus einem erteilten Patent die Eintragung in die Patentrolle nicht erforderlich; Übertragung und Erwerb von Patentrechten vollziehen sich außerhalb und unabhängig von dem Inhalt der Patentrolle. Ebensowenig bildet die Eintragung des Patentinhabers in die

Rolle die Voraussetzung der Klage desselben wegen Patentverletzung. Vgl. hierzu R.G. 19. Juni 98 (285).

Das auf Zurücknahme oder Nichtigkeitserklärung gerichtete Verfahren wird dadurch nicht beeinflußt, daß der eingetragene Patentinhaber zur Zeit der Anstellung der Klage bereits verstorben war, sofern nur die Klage dem in der Rolle eingetragenen Vertreter behändigt worden ist.

Die Eintragung in die Patentrolle erfolgt erst nach endgültiger Erteilung des Patents, unter laufender Nummer.

Als „Gegenstand" des Patents wird der Titel (die Bezeichnung) eingetragen, die Dauer nur bei Zusatzpatenten. Vgl. § 7.

Der Zweck der Patentrolle ist vom Gesetz genau bestimmt. Die Rollen sollen nur dienen zur Angabe des Gegenstandes, des Anfangs, des Ablaufs und des Erlöschens des erteilten Patents, des Namens und Wohnorts des Patentinhabers, des nach § 12 Ges. (zu bestellenden und) bestellten Vertreters, sowie die Erklärung der Nichtigkeit bezw. der Zurücknahme des Patents. Es können daher auch richterliche Verfügungen, welche Eintragungen in die Rolle anordnen, die vom Patentgesetz nicht vorgesehen sind, nicht vollzogen werden. Vgl. P.A. 7. Dez. 98 (99, 3).

Gestattung der Ausübung des Patentrechts, Licenzerteilungen, begründen keine Änderung in der Person des Patentinhabers und werden deshalb in die Rolle nicht eingetragen; wohl aber werden auch nur teilweise Abtretungen des Patentrechts eingetragen, aufgrund deren jedoch nur die Teilhaberschaft der Neuberechtigten, nicht auch die Quote ihres Rechts eingetragen wird. Vgl. hierzu § 6.

Eine Vormerkung zur Erhaltung des Rechtes auf Umschreibung in die Patentrolle einzutragen, ist nach deutschem Patentgesetz nicht angängig. R.G. 3. Mai 98 (376).

[3] Vertreter werden eingetragen, auch wenn sie nach der Erteilung des Patents bestellt sind, aber nur für Ausländer (nicht im Inlande wohnende Patentinhaber). Eine Änderung in der Person des Vertreters im Sinne des § 19 Abs. 2 liegt nur vor, wenn ein neuer Vertreter an die Stelle des früheren tritt. Die Entlassung des Vertreters und die Niederlegung der Vollmacht werden in der Rolle ebenso eingetragen wie die Ausschließung des berufsmäßigen Vertreters von der Patentanwaltschaft.

[4] Die Übertragung eines Patents berechtigt den neuen Inhaber, den Vermerk in der Patentrolle zu beantragen; Zustimmung des früheren Patentinhabers zu dem Antrage ist nötig; andrerseits genügt der Antrag des Letzteren, sofern er in begründeter, d. i. beglaubigter Form vorgelegt wird.

Über Pfändung des Patents vgl. das zu § 6 Anm. 4 Gesagte.

[5] Als „beweisende Form“ fordert das Patentamt gerichtliche oder notarielle Beglaubigung, für die Unterschrift aus dem Auslande genügt konsularische Beglaubigung; für die ev. zwischenliegenden Unterschriften aus dem Auslande genügt irgendwelche öffentliche (auch polizeiliche) Beglaubigung, sofern nur die dieselben bestätigende Unterschrift des öffentlichen Beamten konsularisch beglaubigt ist.

Vgl. C.P.O. §§ 415 ff., 437 ff. und R.Gesetz, betr. die Beglaubigung öffentlicher Urkunden, 1. Mai 78 (R.G.Bl. 78, 89), wonach inländische öffentliche Urkunden zum Gebrauch im Inlande keiner Beglaubigung, ausländische öffentliche Urkunden aber zur Annahme ihrer Echtheit der Legalisation durch einen Konsul oder Gesandten des Reichs bedürfen. Nach dem Übereinkommen zwischen dem Deutschen Reiche und der Österr.-Ungar. Monarchie vom 25. Febr. 80 (R.G.Bl. 81 S. 4, Pat.-Bl. 81) bedürfen die von Notaren, Gerichtsvollziehern und Standesbeamten ausgefertigten Urkunden der gerichtlichen Beglaubigung. Vgl. auch Entscheid. des Kammer-Ger. vom 6. Dez. 97 (99, 161).

Das Patentamt prüft nur, ob die Urkunde formell und inhaltlich klar und vollständig ist; die Rechtsgültigkeit des zugrunde liegenden Rechtsgeschäftes an sich prüft es nicht, wohl aber ist es berechtigt und auch verpflichtet, die in dem Beglaubigungsvermerk enthaltenen Angaben auf ihre Richtigkeit zu prüfen.

Der Erwerber eines Patents kann gegen den Veräußerer und gegen den bösgläubigen Rechtsnachfolger auf Grund des Veräußerungsvertrages die Rechte aus dem Patente so geltend machen, als ob er in die Patentrolle eingetragener Inhaber des Patentes wäre. R.G. 3. Mai 93 (358).

6 Ist als Inhaber eines Patents eine kaufmännische Firma in der Rolle eingetragen, so gilt im Sinne obiger Vorschrift der letzte Inhaber dieser Firma als berechtigt und verpflichtet zur Vertretung in dem Nichtigkeitsverfahren. R.G. 14. Dez. 01 (02, 177).

7 Zu Abs. 3 vgl. § 23 Abs. 5, wonach auch die Eintragung in die Rolle unterbleibt, falls es sich um ein im Namen der Reichsverwaltung für die Zwecke des Heeres oder der Flotte nachgesuchtes und, auf Antrag ohne jede Bekanntmachung, erteiltes Patent handelt.

8 Über Einsichtnahme vor Patenterteilung vgl. § 23. Abschriften und Auszüge von den beim Patentamt beruhenden Eingaben und Verhandlungen kann letzteres, soweit die Einsicht in dieselben gesetzlich nicht beschränkt ist (§§ 23 Abs. 5 und 19 Abs. 3), nach seinem Ermessen, sofern ein rechtliches Interesse hieran anzunehmen ist, an jedermann gegen Einzahlung der Kosten erteilen (§ 29 Ausführ.-Verordn. v. 11. Juli 91), vgl. unten unter Ausführungsbestimmungen.

9 Das „amtliche Blatt“, eingeführt laut Bekanntmachung des Patentamts v. 19. Juli 77 (77, 1) besteht

aus zwei selbständigen Teilen: a) dem Patentblatt, welches die amtlichen Verordnungen und hinter denselben Nichtamtliches, sowie unter dem besonderen Titel „Patentliste“ die durch das Gesetz verlangten Bekanntmachungen enthält; b) den „Patentschriften“, welche den vollen Inhalt der Beschreibungen und Zeichnungen bringen, gesondert und verkäuflich für jedes Patent beim Patentamt (Patentschriftenvertriebsstelle). P.A. 24. Juli 79 (381). Die Patentschriften können auch bei der Post bestellt werden; P.A. 5. u. 13. Okt. 83 (385, 395). Außerdem erscheinen als Publikationen des Patentamts das zu a genannte Patentblatt verbunden mit den Auszügen, welche den Inhalt der Patentschriften gedrängt wiedergeben, P.A. 17. Dez. 79 (655). Endlich wird seit dem 1. Oktober 94 vom Patentamt ein Blatt für Patent-, Muster- und Zeichenwesen herausgegeben, welches Mitteilungen aus den Gebieten des Patent-, Muster- und Warenzeichenrechts enthält.

Ferner gibt das Patentamt alljährlich ein im Buchhandel erscheinendes Verzeichnis der von ihm im voraufgegangenen Jahr erteilten Patente heraus.

Für die Tragweite des Patents ist die Patentschrift nicht unbedingt maßgebend; im Zweifel ist auf die Akten zurückzugehen. Immerhin kommt aber als Erfindung im Sinne des Patentrechts nur dasjenige in Betracht, was die Patentschrift als die bewußte Errungenschaft des Anmelders bezeichnet. Zufällige, nach der Patenterteilung entdeckte Vorzüge des Erfindungsgedankens sind nicht geschützt.

Anderseits tut es dem Patentschutz keinen Abbruch, wenn in der Patentschrift der geschützte Gegenstand nicht streng nach seinem wissenschaftlichen Namen, sowie nach der im gewerblichen Verkehr üblichen Bezeichnung gekennzeichnet ist. Vgl. R.G.C.S. 23. Sept. 96 (97, 69) c/a (Str. 12. April 97 (118).

Patentschriften über rechtskräftig erteilte Patente dürfen

nachgedruckt werden, nicht aber Beschreibung und Zeichnung vor Herausgabe der Patentschrift. Vgl. O.H.G. 18. Febr. 79 (180) u. R.G. 12. Febr. 95. (Strfs. 27, 22).

Vgl. dazu auch das zu § 2 Abs. 2 Gesagte.

Über Einforderung und Rückgabe von Modellen und Probestücken vgl. unten unter Ausführungsbestimmungen.

[10] Um das in den Patentschriften aufgesammelte technische Material auch zur allgemeinen Förderung und Hebung der Industrie nutzbar zu machen und um den durch Beschaffung der Patentschriften dem Einzelnen erwachsenden verhältnismäßig großen Kostenaufwand zu vermeiden, läßt das Patentamt bestimmten Behörden und Vereinen die Patentschriften behufs unentgeltlicher Auslegung zugehen. P.A. 89 (6). Das Verzeichnis s. unten unter Ausführungsbestimmungen, ebenso daselbst s. auch die vom Patentamt aufgestellten Patentklassen mit den dazu gehörigen Stichworten.

Dritter Abschnitt.

Verfahren in Patentsachen.

§ 20.

Die Anmeldung einer Erfindung behufs Erteilung eines Patents geschieht schriftlich[1] bei dem Patentamt. Für jede Erfindung ist eine besondere Anmeldung[2] erforderlich. Die Anmeldung muß den Antrag auf Erteilung des Patents enthalten und in dem Antrage den Gegenstand, welcher durch das Patent geschützt werden soll, genau bezeichnen.[3] In einer Anlage ist die Erfindung dergestalt zu beschreiben, daß danach die Benutzung derselben durch andere Sachverständige möglich erscheint. Am Schlusse der Beschreibung[4] ist dasjenige anzugeben, was als patentfähig unter Schutz gestellt werden soll (Patentanspruch).[5] Auch sind die erforderlichen Zeichnungen, bildlichen Darstellungen, Modelle und Probestücke beizufügen.

Das Patentamt erläßt Bestimmungen über die sonstigen Erfordernisse der Anmeldung.[6]

Bis zu dem Beschlusse über die Bekanntmachung der Anmeldung[7] sind Abänderungen der darin enthaltenen Angaben zulässig. Gleichzeitig mit der Anmeldung sind für die Kosten des Verfahrens zwanzig Mark zu zahlen.[8]

Vgl. hierüber die vom Patentamt über die Anmeldung von Erfindungen im allgemeinen und über die Anmeldung gewisser Erfindungen erlassenen Bestimmungen, sowie auch die Ausführ.-Verordn. vom 11. Juli 91 unten unter Ausführungsbestimmungen.

1 Hierbei ist zu bemerken, daß es, wenn auch nicht gesetzlich unzulässig, so doch aus Zweckmäßigkeitsgründen nicht angezeigt erscheint, Erklärungen, welchen die Wirkung einer Anmeldung oder eines Nachtrags zu einer solchen zukommen soll, von einem Anmelder entgegenzunehmen, vielmehr wird letzterer immer auf den Weg der schriftlichen Eingabe zu verweisen sein.

Die Anmeldung, d. h. das Gesuch um Erteilung eines Patents wird vom Anmelder schriftlich unterzeichnet. Auch telegraphische Anmeldungen sind für zulässig zu erachten. Ein Schriftsatz, welcher wie die Anmeldung eines Patents Träger eines Rechtsaktes sein soll, hat die Namensunterschrift, nicht den Namensstempel des Anmelders zu tragen, auch genügt es nicht, daß vor den Namen ein p. gesetzt ist. R.G. 5. März u. 14. Sept. 01 (02, 174 u. 88).

2 Wenngleich für jede Erfindung eine besondere Patent-

anmeldung erforderlich ist, so kann doch der Erfinder nach seinem Ermessen für eine auch aus mehreren, immerhin aber unbedingt zusammenhängenden Teilen bestehende Erfindung ein einheitliches Patent nachsuchen. Ebenso gestattet das Patentamt die Aufnahme mehrerer Einzelteile eines Gerätes usw. oder mehrere Ausführungsformen einer Sache in einer Anmeldung zu vereinigen, dringt aber im allgemeinen auf strenge Sonderung aller nicht unbedingt zusammenhängenden d. h. von einem Erfindungsgedanken zusammengefaßten und -getragenen Dinge. Vgl. P.A. 7. Nov. 78 u. O.H.G. 27. Mai 79 (307).

Der Umstand, daß die genannten Gegenstände an ein und derselben Maschine oder bei ein und demselben Verfahren Verwendung finden sollen, oder unter einem wirtschaftlichen Gesichtspunkte zusammengefaßt sind oder auf ein und demselben, aber keineswegs neuen Gedanken beruhen oder einem und demselben Zwecke dienen, kann die Einheitlichkeit der Erfindung im Sinne des vorsteh. § nicht begründen.

Die Einheitlichkeit hat zur unerläßlichen Voraussetzung, daß der Inhalt der Anmeldung durch einen patentfähigen Erfindungsgedanken zusammengehalten wird. So wird Einheitlichkeit der Erfindung vorliegen, wenn mehrere Lösungen einer Aufgabe beansprucht werden, sofern die Erfindung in dem diesen Lösungen gemeinschaftlichen technischen Gedanken erkannt wird, oder wenn mehrere Ausbildungen der Erfindung beansprucht werden, die sich voneinander entweder durch die besondere erfinderische Ausführung einzelner Merkmale oder durch die erfinderische Hinzufügung neuer Merkmale unterscheiden, sofern letztere mit dem Haupterfindungsgedanken in wesentlichem Zusammenhange stehen. Dagegen wird die Einheitlichkeit als ausgeschlossen zu erachten sein, wenn mehrere Neuerungen beansprucht werden, deren Verbindung miteinander keine Erfindung darstellt, — in der Verbindung wird aber eine Erfindung nur dann zu erblicken sein, wenn durch sie außer der Summe der Einzelwirkungen eine besondere Wirkung erzielt wird, vgl. hierzu R.G. 6. Febr. 93 (164) — oder wenn mehrere Neuerungen nur unter einem wirtschaftlichen Gesichtspunkte zusammengefaßt werden können, z. B. daß sie an derselben Maschine, bei demselben Verfahren oder zu demselben Zwecke verwendbar sind. Ebensowenig kann die Zusammenfassung mehrerer Erfindungen in derselben Anmeldung durch die Erklärung des Anmelders, auf die Verbindung derselben sich beschränken zu wollen, gerechtfertigt werden.

Über „Kombinationspatent" s. das zu § 1 Gesagte.

Vorläufige Anmeldungen (Caveat des nordamerik. Patentrechts), bedingte oder Anmeldungen mit Vorbehalt sind unzulässig. P.A. 15. Aug. 78 (79, 81), 6. April 80 (107) u. 23. Febr. 81 (53).

Im Patentanmeldeverfahren ist die Wiederaufnahme einer früheren Anmeldung als prozessualisches Rechtsinstitut nicht anzuerkennen. P.A. 10. Nov. 94 (94/95, 146).

[3] Wenn auch für die Frage, was patentiert sei, zunächst der Inhalt der Patenturkunde entscheidend und in der zur Erklärung derselben heranzuziehenden Patentschrift für die Beantwortung der Frage die Fassung des Patentanspruchs das Wesentliche ist, weil daraus entnommen werden kann, was als neu und patentfähig von dem Patentsucher bezeichnet und von dem Patentamt anerkannt worden ist, so kann doch zur Erläuterung des Patentanspruchs und der Patenturkunde auch die Beschreibung und Zeichnung benutzt werden.

Die Bedeutung der aus Titel, Beschreibung, Anspruch und Zeichnung sich zusammensetzenden Patentschrift ist nicht lediglich eine rechtliche, sondern zunächst eine technische, insofern die Beschreibung und die zur Veranschaulichung derselben dienende Zeichnung nicht lediglich dazu bestimmt sind, den Umfang des Patentrechts festzustellen, sondern zunächst dazu, die Möglichkeit der Benutzung der Erfindung durch Verdeutlichung der Vorrichtungen oder des Verfahrens darzutun. Dies gilt namentlich von der Beschreibung, die der Anmeldung als Anlage nach § 20 beizufügen und während des Aufgebotsverfahrens offen zu legen ist. Dieselbe soll dem Patentamt darlegen, daß eine Erfindung gemacht sei, die eine gewerbliche Verwertung gestattet. O.H.G. 27. Mai 79 (312).

4 Die Beschreibung soll nicht allein die Erfindung in der Weise zur Darstellung bringen, daß ihre Benützung durch andere Sachverständige möglich ist, sondern auch den Patentanspruch näher erläutern und begründen. Zweckmäßig beginnt die Beschreibung mit der Aufgabe, welche der Erfinder sich gestellt hat. Dabei sind gegebenenfalls die allgemeinen Grundsätze darzulegen, nach denen das Bekannte sowohl hinsichtlich des beabsichtigten Zweckes als auch der hierzu gewählten Mittel verbessert werden soll. Alsdann ist die Erfindung im einzelnen zu beschreiben. Besteht die Erfindung in der Vereinigung bekannter Einzelheiten zu einem neuen Ganzen, so ist in der Beschreibung zum Ausdruck zu bringen, daß die Einzelheiten weder als neu noch für sich als schutzfähig angesehen werden, und daß sich das Patent nur auf die neue Gesamtheit bezieht.

5 Was den Patentanspruch betrifft, so hat er die Beschreibung zur Voraussetzung und deshalb aus letzterer, und zwar in tunlichst knapper und geschlossener Form nur das hervorzuheben, was das Wesen und den Umfang des Schutzes bestimmt. Hierbei hat der Anspruch zweckmäßig vom Gattungsbegriff auszugehen, welchem die Erfindung möglichst nahe untergeordnet ist, und nur zur Unterscheidung von anderen Gegenständen solche Bestimmungsmerkmale, gegebenen Falles auch den Zweck der Erfindung in sich aufzunehmen, die für die Kennzeichnung des Wesens der Erfindung notwendig sind. Ebenso ist in einem Hauptanspruche der die gesetzliche

Einheit begründende Erfindungsgedanke zu kennzeichnen, während die Neben-(Unter-)Ansprüche die Ausbildung der Erfindung darzustellen haben.

Im übrigen erscheint es im einzelnen Falle zweckmäßig, den Anspruch nicht auf das Verfahren, sondern auf das Erzeugnis zu richten, falls die bleibenden Kennzeichen des letzteren das Wesen der Erfindung ausmachen; den Anspruch nicht auf das Erzeugnis, sondern auf das Verfahren zu richten, falls ersteres nur durch ein bestimmtes Herstellungsverfahren gekennzeichnet ist; den Anspruch nicht auf die Einrichtung, sondern auf das Verfahren zu richten, falls letzteres von einer bestimmten Einrichtung unabhängig ist; und den Anspruch nicht auf das Verfahren, sondern auf die Einrichtung zu richten, sofern das Verfahren nur in der Benutzung einer neuen Einrichtung bestehen soll, oder sofern diese Einrichtung für mehrere Verfahren benutzt werden kann.

Ein später aufgestellter Patentanspruch mit einem neuen Erfindungsmerkmal ist im Rahmen derselben Anmeldung zulässig, falls dieses nachträglich hervorgehobene Merkmal in den ursprünglichen Unterlagen enthalten ist und auch die Einheitlichkeit mit dem ursprünglich beanspruchten gewahrt bleibt. P.A. 17. Dez. 00 (01, 40).

[6] Vgl. die Bestimmungen über die Anmeldung von Erfindungen. S. unten unter Ausführungsbestimmungen.

[7] „Bis zu dem Beschlusse über die Bekanntmachung" (früher „bis zu der Bekanntmachung"), d. h. bis der Beschluß verkündet oder zugestellt ist. — Eine Erfindung gilt als angemeldet im Sinne des Gesetzes, sobald sie ihrem wesentlichen Inhalte nach mit dem Antrage auf Patentierung dergestalt zur Kenntnis des Patentamtes gebracht ist, daß ihre Identität festgestellt werden kann. Die Nichterfüllung oder verspätete Erfüllung der nach den §§ 20 und 12 des Patentgesetzes oder sonst vom Patentamt aufgestellten Erfordernisse kann die Zurückweisung der Anmeldung zur Folge haben, aber keine

Verschiebung des Zeitpunktes der Anmeldung bewirken. P.A. 17. Mai 82.

Ist die Bekanntmachung erfolgt, so sind nur noch formelle (und redaktionelle) Änderungen zulässig, d. h. nur der in der Anmeldung enthaltenen Angaben, die sich auf die Art und Weise der Darstellung der Erfindung beziehen. Namentlich sind auch Erweiterungen der Patentansprüche nach Erlaß des Bekanntmachungsbeschlusses nicht mehr zulässig. P.A. 27. Sept. 77 (27), 4. Dez. 02 (03, 5), 1. Febr. 01 (167).

[8] Die Gebührenzahlung bildet keinen Teil der Anmeldung, beeinflußt auch nicht deren Priorität; das Verfahren wird aber nicht eingeleitet, wenn sie ausbleibt. P.A. 23. Febr. 81 (53). Gebühren werden weder bei Zurücknahme der einmal in Behandlung genommenen Anmeldung noch bei deren Zurückweisung erstattet.

Stempel werden nicht erhoben; vgl. § 12 Ges., betr. das Urheberrecht an Mustern ꝛc., vom 11. Jan. 76, R.G.Bl. 11.

§ 21.

Die Anmeldung unterliegt einer Vorprüfung durch ein Mitglied der Anmeldeabteilung.[1]

[2]Erscheint hierbei die Anmeldung als den vorgeschriebenen Anforderungen (§ 20) nicht genügend, so wird durch Vorbescheid der Patentsucher aufgefordert, die Mängel[3] innerhalb einer bestimmten Frist[4] zu beseitigen.

Insoweit die Vorprüfung ergibt, daß eine nach §§ 1, 2, 3 Absatz 1 patentfähige Erfindung nicht vorliegt, wird der Patentsucher hiervon unter An-

gabe der Gründe mit der Aufforderung benachrichtigt, sich binnen einer bestimmten Frist zu äußern.

Erklärt sich der Patentsucher auf den Vorbescheid (Absatz 2 und 3) nicht rechtzeitig, so gilt die Anmeldung als zurückgenommen;[5] erklärt er sich innerhalb der Frist,[6] so faßt die Anmeldeabteilung Beschluß.[7]

[1] Während nach dem alten Patentgesetz (§ 21) bei Anmeldung von der zuständigen Anmeldeabteilung geprüft und ev. auch wegen auf voraufgegangene Aufforderung nicht abgestellter Mängel zurückgewiesen wurde, ist auf Vorschlag der Kommission zur Erhöhung der Bürgschaft für eine möglichst eingehende Behandlung und Beurteilung der Ansprüche der Patentsucher das Institut der Vorprüfung (als Vorinstanz) in das neue Gesetz aufgenommen worden.

Über die Stellung des die Vorprüfung der Anmeldung vorzunehmenden Mitgliedes der Anmeldeabteilung (Vorprüfer) zur Abteilung und zu deren Beratungen und Beschlußfassungen vgl. das zu §§ 22 Abs. 1 u. 24 Abs. 3 Gesagte.

[2] Abs. 2 behandelt die formelle, Abs. 3 die materielle Prüfung der Anmeldung durch den Vorprüfer. Vorbescheid ist diejenige als „Vorbescheid" bezeichnete Verfügung des Vorprüfers, in welcher der Anmelder auf formelle oder materielle Mängel der Anmeldung hingewiesen und zur Beseitigung der Mängel bezw. zu einer Erklärung hierauf binnen einer ausdrücklich gestellten Frist unter der Verwarnung aufgefordert wird, daß im Falle nicht rechtzeitiger Erklärung die Anmeldung als zurückgewiesen gilt.

Zur Abwendung der Annahme, daß wegen Nichtbeantwortung des Vorbescheids die Anmeldung als zurückgenommen gilt, genügt zunächst jedwede auch nur formelle Äußerung, z. B. ein Fristverlängerungsgesuch, andrerseits aber nicht etwa der Nachweis, daß die Erklärung auf den Vorbescheid einem Boten zur Ablieferung im Patentamt rechtzeitig übergeben ist, vielmehr ist der Nachweis zu führen, daß die Erklärung in den Geschäftsgang des Patentamts gekommen ist.

Der Beschluß oder die Verfügung, durch die der Eintritt der vorgen. Rechtsfolge lediglich festgestellt wird, stellt keine das Verfahren abschließende Entscheidung dar, die in Rechtskraft übergehen könnte. Falls daher das Fristgesuch oder die sachliche Vorbescheidsbeantwortung sich nachträglich finden und als rechtzeitig eingegangen erweisen sollte, könnte die Anmeldung in weitere Behandlung genommen werden. P.A. 1. Febr. 01 (106).

3 Nach der Praxis des Patentamts gehört auch die Zahlung der Gebühr zu den Erfordernissen der Anmeldung und kann dieselbe daher auch mittels Vorbescheids eingezogen werden.

4 Die Festsetzung der Frist im Vorbescheid richtet sich nach dem einzelnen Falle, nach der Schwierigkeit oder Weitläufigkeit der geforderten Beseitigung der Mängel der Anmeldung oder auch nach der räumlichen Entfernung des Anmelders bezw. seines Vertreters vom Sitze des Patentamts. Die Frist wird auf (begründeten) Antrag des Anmelders mit oder ohne die vorgen. Verwarnung verlängert. Die Frist beginnt mit dem Tage der Zustellung und endet mit dem Ablauf des gleichbenannten Tages oder, wenn dies ein Sonn- oder Feiertag ist, des nächsten Werktages.

Im Übrigen wird bei Gewährung von Fristen zur Erledigung der ersten eine Patentanmeldung beanstandenden Vorprüfungsverfügung in der Regel nach folgenden Grundsätzen verfahren. Die Frist wird bemessen:

wenn der Anmelder wohnt:	im allgem. auf:	in schwier. Fällen, und bei Entgegenhalt. ausl. auf ausländ. Patentschrift
im Inlande oder europ. Auslande	2 Monate	3 Monate
in den Vereinigten Staaten von Amerika	3 Monate	4 Monate
im übrigen Auslande	4—5 Monate	5—7 Monate

(Präsid.=Verf. v. 19. Sept. 1903 [242]).

Als Feiertag im Sinne dieses Gesetzes ist der Geburtstag des Kaisers nicht anzusehen.

Was die Zustellung des Vorbescheides betrifft, so hat sie, da sie den Lauf einer Frist bedingt, mittels eingeschriebenen Briefes zu erfolgen, andernfalls der Vorbescheid ungültig ist. S. Kais. Verordn. v. 11. Juli 1891 § 12² (unten). P.A. Beschw. Abteil. 27. April 03 (163).

⁵ Die Bestimmung des Abs. 4 stellt eine Rechtsfiktion dar, gegen welche ein Gegenbeweis nicht zulässig ist; die Annahme, daß der Anmelder auf seine Anmeldung verzichte, wird auch wider seinen Willen ausgesprochen. Gegen den Vorbescheidsverfall ist auch kein Rechtsmittel gegeben; die Anmeldung kann nur (unter Verlust der bisherigen Priorität) zu einem neuen Verfahren wiederholt werden. Die in der Vorbescheidsklausel unverkennbar liegende Härte hat in der Praxis dahin geführt, von dem Vorbescheid nur dann Gebrauch zu machen, wenn die Anmeldung nach der Überzeugung des vorprüfenden Mitgliedes der Anmeldeabteilung zurückzuweisen sein wird. Auch ist der Erlaß mehrerer Vorbescheide in einem Vorprüfungsverfahren nicht angängig. Sofern übrigens der Vorprüfer vor definitiver Stellungnahme wegen formeller oder materieller Mängel der Patentanmeldung zunächst weitere Ermittelung usw. für zweckdienlich erachtet, hatte hierfür nicht die Form des „Vorbescheides", sondern die einer Zwischenverfügung zu wählen.

Über die Fristen für die Gebührenzahlung s. das zu § 8 Gesagte.

Geht der die Erklärung enthaltende Schriftsatz zwar am letzten Tage der gestellten Frist, jedoch erst nach Ablauf der Dienststunde ein, so gilt die Frist als nicht gewahrt. P.A. 4. Juli 08 (222).

Stirbt der Anmelder nach Einreichung der Anmeldung, so ist, falls er nicht vertreten war, sein Rechtsnachfolger von Amtswegen zu ermitteln und ist mit diesem das Verfahren fortzusetzen; ist der Rechtsnachfolger nicht zu ermitteln, so ist die Bestellung eines Pflegers (§ 1913 B.G.B.) zu erwirken. Wird der Anmelder vertreten, so gilt im Zweifel die Vollmacht mit dem Tode des Anmelders nicht als erloschen. (§ 170 B.G.B.)

6 Im Falle rechtzeitiger Erklärung des Patentsuchers faßt die Anmeldeabteilung über die Anmeldung Beschluß, d. h. die Anmeldung wird vom Vorprüfer dem Berichterstatter der Anmeldeabteilung zur Herbeiführung der Beschlußfassung vorgelegt, was nicht ausschließt, daß der Vorprüfer zuvor noch weitere Verfügungen erlassen und Feststellungen getroffen hat.

7 Zur Beschlußfassung der Abteilung, die übrigens in einer Sitzung der Abteilung und nicht auf Grund alleiniger Aktenvorlegung zu erfolgen hat (§ 7 Kais. Verordn. v. 11. Juli 91), bedarf es der Anwesenheit dreier Mitglieder, unter denen sich zwei technische befinden müssen. (§ 14 Abs. 8 P.G.)

§ 22.

Ist durch die Anmeldung den vorgeschriebenen Anforderungen (§ 20) nicht genügt oder ergibt sich, daß eine nach §§ 1, 2, 3 Absatz 1 patentfähige Erfindung nicht vorliegt, so wird die Anmeldung von der Abteilung zurückgewiesen.[1] An der Beschluß-

fassung darf das Mitglied, welches den Vorbescheid erlassen hat, nicht teilnehmen.[2]

Soll die Zurückweisung auf Grund von Umständen erfolgen, welche nicht bereits durch den Vorbescheid dem Patentsucher mitgeteilt waren, so ist demselben vorher Gelegenheit zu geben, sich über diese Umstände binnen einer bestimmten Frist zu äußern.

[1] Die Anmeldeabteilung hat die Anmeldung nach der formellen und materiellen Seite hin zu prüfen und ist in keiner Weise an die Meinung des Vorprüfers, die dessen Verfügungen und Bescheiden zugrunde liegt, gebunden.

[2] An der Beschlußfassung der Abteilung über die Bekanntmachung der Anmeldung und über die Erteilung des Patents (§ 24) nimmt der Vorprüfer als die Vorinstanz leitendes Mitglied nicht Teil, falls er einen Vorbescheid erlassen hat; im sonstigen ist seine Teilnahme an der Beratung zweckdienlich und deshalb üblich.

Die dem Patentsucher noch nicht bekannt gegebenen Zurückweisungsgründe sind ihm stets zuvor noch besonders mitzuteilen, sofern es sich nicht um Gründe handelt, die nur zur näheren Erläuterung oder Verstärkung der Beschlußbegründung dienen sollen oder können. Vgl. auch die analoge Bestimmung des § 26 Abs. 4.

Eine teilweise Zurückweisung der Anmeldung ist aus rechtlichen und aus Zweckmäßigkeitsgründen nicht angängig.

§ 23.

Erachtet das Patentamt die Anmeldung für gehörig erfolgt und die Erteilung eines Patents nicht für ausgeschlossen, so beschließt es die Bekanntmachung der Anmeldung.[1] Mit der Bekanntmachung treten für den Gegenstand der Anmeldung zugunsten des

Patentsuchers einstweilen die gesetzlichen Wirkungen des Patents ein (§§ 4 und 5).[2]

Die Bekanntmachung[3] geschieht in der Weise, daß der Name des Patentsuchers und der wesentliche Inhalt[4] des in seiner Anmeldung enthaltenen Antrags durch den Reichsanzeiger einmal veröffentlicht wird. Mit der Veröffentlichung ist die Anzeige zu verbinden, daß der Gegenstand der Anmeldung einstweilen gegen unbefugte Benutzung geschützt sei.

Gleichzeitig ist die Anmeldung mit sämtlichen Beilagen[5] bei dem Patentamt zur Einsicht für jedermann auszulegen. Auf dem durch § 17 des Gesetzes bestimmten Wege kann angeordnet werden, daß die Auslegung auch außerhalb Berlins zu erfolgen habe.[6]

Die Bekanntmachung kann auf Antrag des Patentsuchers auf die Dauer von höchstens sechs Monaten, vom Tage des Beschlusses über die Bekanntmachung an gerechnet, ausgesetzt werden.[7] Bis zur Dauer von drei Monaten darf die Aussetzung nicht versagt werden.[8]

Handelt es sich um ein im Namen der Reichsverwaltung für die Zwecke des Heeres oder der Flotte nachgesuchtes Patent, so erfolgt auf Antrag die Patenterteilung ohne jede Bekanntmachung. In diesem Falle unterbleibt auch die Eintragung in die Patentrolle.[9]

[1] Die beschlossene Bekanntmachung der Anmeldung schließt die spätere Versagung des Patents nicht aus, sofern nach Bekanntmachung, auch ohne daß Ein-

spruch gegen die Patenterteilung erhoben ist, patenthindernde Tatsachen und Umstände hervortreten.

Dagegen ist der einmal erloschene Beschluß, inhalts dessen die Bekanntmachung einer Anmeldung erfolgen soll, auch dann auszuführen, wenn das Patentamt noch vor Bekanntmachung des Beschlusses Tatsachen feststellt, welche die Abweisung der Anmeldung geboten erscheinen lassen. P.A. Beschn. Abs. I 29. Jan. 03 (161).

Die gesetzlich erfolgte Bekanntmachung der Anmeldung kann — entgegen der früheren Praxis des P.A. — nicht zurückgenommen werden. Dahingehende Anträge sind zurückzuweisen.

2 Die Wirkungen treten „mit" der Bekanntmachung ein, und zwar von dem Tage ab, an welchem nach § 7 das Patent laufen wird; sie dauern fort, wenn demnächst die Anmeldung zwar zurückgewiesen, gegen die Zurückweisung aber Beschwerde erhoben wird. Die Verfolgung etwaiger Patentverletzungen kann bis zum Abschluß des Verfahrens ausgesetzt werden. Vgl. C.P.O. § 139, R.G. 24. Okt. 82. Bis zur endgültigen Erteilung darf der Patentgegenstand nicht eine Bezeichnung erhalten, welche auf eine erfolgte Patentierung schließen läßt. Vgl. auch das zu § 40 Gesagte.

3 Über den Tag der tatsächlich erfolgten Veröffentlichung erhält in jedem einzelnen Falle der Patentsucher eine entsprechende Mitteilung (98, 673).

4 Als „wesentlicher Inhalt des Antrages" erscheint in der Bekanntmachung regelmäßig nur der dem Patent zu gebende Titel, welcher möglichst aus dem Patentanspruch (dessen Einleitung) entnommen wird. Die Bekanntmachung muß auch im Patentblatt erfolgen (§ 19 Abs. 4).

5 Die Auslegung der Anmeldung „mit sämtlichen Anlagen" bezweckt ihre allgemeine Prüfung und die Ermöglichung der etw. Einspruchserhebungen gegen die

Patenterteilung. Nach einer Verordnung des Patentamts vom 13. Nov. 77 (61) ist die Einsichtnahme der Auslagen nur auf diesen Zweck zu beschränken und die Entnahme von Abschriften der Beschreibungen und Zeichnungen untersagt.

Nach § 29 der Kaiserl. Verordn. 11. Juli 91 (s. unten unter Ausführungsbestimmungen) kann das Patentamt nach seinem Ermessen von den bei ihm ruhenden Eingaben und Verhandlungen, soweit die Einsicht in dieselben nicht beschränkt ist, an jedermann Abschriften und Auszüge gegen Einzahlung der Kosten erteilen. Einer solchen Anfrage wird stattzugeben sein, wenn die Einsicht der Unterlagen (ersten Einzüge und der Auslegestücke) zur Nachprüfung der Priorität erforderlich erscheint, um danach zur Frage der Vorbenutzung und Vorveröffentlichung Stellung zu nehmen.

Abdruck der Auslagen (Patentbeschreibungen und Zeichnungen) ist vor der Erteilung des Patents unstatthaft, nach der endgültigen Erteilung aber zulässig. O.H.G. 18. Febr. 79 (180). P.A. 13. Nov. 77 (61), 5. Juli 79 (445), 12. Febr. 95 (Strfs. 27, 22). Vgl. § 16 R.G. 19. Juni 01, R.G.Bl. 227.

Ein Patent, das auch ohne daß die Voraussetzungen des § 23 Abs. 5 P.G. vorliegen, ohne Bekanntmachung erteilt worden, ist gleichwohl rechtsgültig.

6 Eine nach Abs. 3 unter Zustimmung des Bundesrats zu erlassende Kaiserl. Verord., durch welche die Einsicht der Auslagen den außerhalb Berlins wohnenden Interessenten tunlichst erleichtert werden soll, ist nicht ergangen, auch wegen der großen Zahl der zu diesem Zwecke beizubringenden Abschriften schwer ausführbar.

7 Die Aussetzung des Verfahrens d. h. der Prüfung der Anmeldung auf Antrag des Anmelders oder eines event. Gegners, ist unzulässig, wohl aber von Amts wegen vorzunehmen, wenn zur Prüfung der Anmeldung die

endgültige Erledigung einer anderen, einen gleichartigen Gegenstand betreffenden Anmeldung abzuwarten ist. In diesem Falle ist jedoch auch nicht auf einseitigen Antrag eines Einsprechenden, sondern erst nach Anhörung des Anmelders zu verfahren.

8 Neu gegenüber den früheren Bestimmungen ist die, daß auf Antrag des Anmelders die Aussetzung der Bekanntmachung der Anmeldung auf drei Monate nicht abgelehnt werden darf, auf die Dauer von höchstens sechs Monaten aber auf begründeten Antrag des Anmelders angeordnet werden kann. Zweck dieser Bestimmung ist, dem Patentsucher die Anmeldung seiner Erfindung in andern, außerdeutschen Ländern zu ermöglichen, ohne ihn der Gefahr auszusetzen, durch die in Deutschland bereits erlassene Bekanntmachung seinen Anspruch auf Patentierung da zu vereiteln, wo die Bekanntmachung den Begriff der Neuheit aufhebt.

9 Während bisher bei Nachsuchungen von Erfindungen für die Zwecke des Heeres oder der Flotte im Namen der Reichsverwaltung nur die Auslegung der Anmeldung und ihrer Beilagen, nicht die Veröffentlichung zu unterbleiben hatte, hat jetzt auf sachlich nicht zu prüfenden Antrag — sofern die gen. Behörde eine völlige Geheimhaltung der Erfindung als notwendig erachtet — jede Bekanntmachung, d. h. Auslegung, Veröffentlichung und Eintragung (in die Patentrolle) zu unterbleiben.

§ 24.

Innerhalb der Frist von zwei Monaten nach der Veröffentlichung (§ 23) ist die erste Jahresgebühr (§ 8 Absatz 1) einzuzahlen.[1] Erfolgt die Einzahlung nicht binnen dieser Frist, so gilt die Anmeldung als zurückgenommen.[2]

Innerhalb der gleichen Frist kann gegen die Erteilung des Patents Einspruch erhoben werden.[3] Der Einspruch muß schriftlich erfolgen und mit Gründen versehen sein.[4] Er kann nur auf die Behauptung gestützt werden, daß der Gegenstand nach §§ 1 und 2 nicht patentfähig sei, oder daß dem Patentsucher ein Anspruch auf das Patent nach § 3 nicht zustehe. Im Falle des § 3 Absatz 2 ist nur der Verletzte zum Einspruch berechtigt.

Nach Ablauf der Frist hat das Patentamt über die Erteilung des Patents Beschluß zu fassen.[5] An der Beschlußfassung darf das Mitglied, welches den Vorbescheid (§ 21) erlassen hat, nicht teilnehmen.[6]

[1] Während nach dem früheren Gesetz (§ 8) die erste Jahresgebühr von dreißig Mark erst bei der endgültigen Erteilung des Patents zu entrichten war, ist die Gebühr jetzt innerhalb zweier Monate nach der Veröffentlichung, d. h. von dem Tage ab, an welchem die Nummer des Reichsanzeigers, in welcher die Anmeldung veröffentlicht worden ist, in Berlin zur Ausgabe gelangt ist, bei der Kasse des Patentamts einzuzahlen. Die Zahlungsvergünstigungen des § 9 finden auf die Zahlung der ersten Jahresgebühr keine Anwendung, da in diesem Falle das Patent nicht erlöschen, sondern die Anmeldung als zurückgenommen gelten soll.

[2] Auch gegen diese Zurücknahme-Annahme ist, wie beim Vorbescheidsverfall, kein Rechtsmittel zulässig, sondern nur die Wiederholung der Anmeldung angängig. Vgl. auch das zu § 21 Abs. 4 Gesagte.

[3] Ist der Einspruch verspätet erhoben oder mit gesetzlich zugelassenen Gründen nicht versehen, so ist er zwar als solcher nicht zu behandeln, namentlich nicht

etwa dem Gegner zur Erklärung auf denselben mitzuteilen, wohl aber immer von Amts wegen als Material zur Prüfung der Anmeldung auch vom Standpunkte ihrer Bemängelung bei der Beschlußfassung zu berücksichtigen. P.A. 21. Juni 79 (341). Auch wird immer in Verbindung mit dem nach Absatz 3 zu fassenden Beschluß gleichzeitig über den Einspruch in dem Sinne entschieden, daß der Einspruch ausdrücklich als unzulässig verworfen wird, unter Mitteilung an denjenigen, welcher der Erteilung des Patents widersprochen hatte, des Inhaltes, daß die im Einspruch behaupteten Tatsachen von Amts wegen geprüft worden sind.

4 Ein wesentliches Erfordernis des Einspruchs ist, daß er innerhalb der Einspruchsfrist mit Gründen versehen eingeht. Nach früherer Praxis des P.A. genügte es, daß der Einspruch den gesetzlich vorgeschriebenen Rechtsgrund erkennen ließ, nämlich auf die Behauptung gestützt war, daß der Gegenstand der Patentanmeldung nach §§ 1 u. 2 P.G. nicht patentfähig sei, oder daß dem Patentsucher ein Anspruch auf das Patent nach § 3 nicht zustehe. P.A. 20. April 94 (379). Neuerdings ist das P.A. (18. April, 12. Mai 02 153, 129) zu der Ansicht übergegangen, daß unter Gründen bestimmte Tatsachen zu verstehen und vom Einsprechenden anzuführen sind, welche im Sinne des Abs. 2 der Patenterteilung entgegenstehen, und daß ein mit Gründen in diesem Sinne nicht versehener Einspruch als unzulässig zu verwerfen ist.

Der Einspruch kann nur auf patenthindernde Tatsachen im Sinne der §§ 1, 2 und 3 P.G. gegründet und von jedermann erhoben werden, abgesehen von dem Falle der unbefugten Entnahme der Anmeldung aus dem gewerblichen Eigentum eines andern (§ 3 Abs. 2 P.G.) in welchem nur letzterer zum Einspruch berechtigt ist. — Einsprechende, die im Auslande wohnen, bedürfen zur Einspruchserhebung keines Vertreters (§ 12 P.G.); wohl aber bedarf der Vertreter stets der Vollmacht.

Während im Nichtigkeitsverfahren die zivilprozeßrechtliche Nebenintervention zulässig ist (S. § 30 Anm. 4), ist sie im Patenterteilungsverfahren, im Einspruchsverfahren im allgemeinen unstatthaft, da hier jeder Dritte als Einsprechender auftreten und somit die Rechtsstellung eines Prozeßbeteiligten erwerben kann. Dagegen würde im Falle einer auf widerrechtliche Entnahme im Sinne des § 3 Abs. 2 P.G. gegründeten Einspruchs die Nebenintervention zuzulassen sein. Vgl. P.A. 30. Jan. 03 (100).

[5] Die Mitteilung des Einspruchs an den Patentsucher behufs Abgabe einer Gegenerklärung ist zwar vom Gesetz nicht vorgeschrieben, wohl aber in der Praxis üblich, um dem Gegner die Möglichkeit zu geben, die Einspruchsbehauptungen zu entkräften. Unter Umständen wird auch die Gegenerklärung des Patentsuchers dem Einsprechenden zur Erwiderung mitgeteilt, sofern dies zur Aufklärung des Tatbestandes, sowie auch im Sinne der Gleichmäßigkeit erforderlich erscheint. Nicht bestrittene Behauptungen werden für eingestanden nicht erachtet; ebensowenig ist in dem Ausbleiben der Gegenerklärung ein Eingeständnis zu erblicken. Die Einsprüche und alle Erklärungen und Gegenerklärungen sind stets in zwei Exemplaren einzureichen.

[6] Über Beschlußfassung und die Teilnahme des Vorprüfers hieran vgl. das zu § 22 Abs. 1 Gesagte.

§ 25.

Bei der Vorprüfung und in dem Verfahren vor der Anmeldeabteilung kann jederzeit die Ladung und Anhörung der Beteiligten,[1] die Vernehmung von Zeugen und Sachverständigen,[3] sowie die Vornahme sonstiger zur Aufklärung der Sache erforderlicher Ermittelungen[2] angeordnet werden.

[1] Das auch im neuen Patentgesetz stark zum Ausdruck gebrachte Prinzip der Mündlichkeit des Verfahrens findet namentlich in der vorstehenden Bestimmung seine volle Bestätigung, und wird in der Praxis namentlich von der Anhörung der Beteiligten umfassender Gebrauch gemacht, nicht allein, um den vielfach dahin geäußerten Wünschen derselben nach unmittelbarer Klarlegung ihrer Anträge zu entsprechen, sondern auch, um der sonst in der Beschwerdeinstanz nicht zu versagenden Anhörung der Beteiligten vorzubeugen.

Die „Beteiligten" sind Patentsucher und Einsprechende.

[2] Das Beweisverfahren ist an keine Form gebunden. Art und Umfang ruht ganz im Ermessen des Vorprüfers bezw. der Anmeldeabteilung, nur der Parteieneid (der Eid des Anmelders und des Einsprechenden) ist ausgeschlossen. Vgl. P.A. 18. März 79 (241).

[3] Die Vernehmung und Vereidigung der Zeugen (und Sachverständigen) findet, sofern dieselben in oder in der Nähe von Berlin wohnen, vor dem Patentamt, sonst seitens des zuständigen Gerichts statt. Über Sachverständige vgl. das zu § 16 Anm. 4 Gesagte.

Der Beweisbeschluß unterliegt nicht der allgemeinen Beschwerde nach § 16. Vgl. das dort in der Anmerkung hierzu Gesagte.

Das Patentamt kann von der Partei auf deren Kosten die Beibringung des Beweismaterials verlangen; andernfalls haben die Parteien die Kosten der Beweisaufnahme nicht zu tragen.

Über Beschlußfassung vgl. noch das zu §§ 22 Abs. 1, 14 Abs. 8 P.G. Gesagte, sowie §§ 7 u. 8 Kaiserl. Verordn. v. 11. Juli 91 unten unter Ausführungsbestimmungen.

§ 26.

Gegen den Beschluß,[1] durch welchen die Anmeldung zurückgewiesen wird, kann der Patentsucher,[2] und

gegen den Beschluß, durch welchen über die Erteilung des Patents entschieden wird, der Patentsucher oder der Einsprechende innerhalb eines Monats[4] nach der Zustellung Beschwerde[3] einlegen. Mit der Einlegung der Beschwerde sind für die Kosten des Beschwerdeverfahrens zwanzig Mark zu zahlen;[5] erfolgt die Zahlung nicht, so gilt die Beschwerde als nicht erhoben.

Ist die Beschwerde an sich nicht statthaft oder ist dieselbe verspätet eingelegt, so wird sie als unzulässig verworfen.[6]

Wird die Beschwerde für zulässig befunden, so richtet sich das weitere Verfahren nach § 25.[7] Die Ladung und Anhörung der Beteiligten muß auf Antrag eines derselben erfolgen. Dieser Antrag kann nur abgelehnt werden, wenn die Ladung des Antragstellers in dem Verfahren vor der Anmeldeabteilung bereits erfolgt war.[8]

Soll die Entscheidung[9] über die Beschwerde auf Grund anderer als der in dem angegriffenen Beschlusse berücksichtigten Umstände erfolgen, so ist den Beteiligten zuvor Gelegenheit zu geben, sich hierüber zu äußern.[10]

Das Patentamt kann nach freiem Ermessen bestimmen, inwieweit einem Beteiligten im Falle des Unterliegens die Kosten des Beschwerdeverfahrens[11] zur Last fallen, sowie anordnen, daß dem Beteiligten, dessen Beschwerde für gerechtfertigt befunden ist, die Gebühr (Absatz 1) zurückgezahlt wird.[12]

[1] Der Beschluß über die Zurückweisung der Anmeldung kann vor wie nach der Bekanntmachung und Auslegung auch auf solche formelle und sachliche Mängel gestützt werden, die schon vor der Bekanntmachung vorhanden waren. Der Beschluß über die Erteilung des Patents kann sachliche Beschränkungen oder formelle und redaktionelle Änderungen enthalten, nicht aber Bedingungen und Vorbehalte.

Ist die Erteilung des Patents dem Antrage des Anmelders gemäß erfolgt, so ist die Beschwerde gegen den auf Erteilung des Patents lautenden Beschluß unzulässig und wird auch dadurch nicht statthaft, daß durch ihre Einlegung für die versäumte oder verspätete Anmeldung im Auslande Zeit gewonnen werden soll. P.A. 17. Febr. 08 (137).

Die Zustellung des Beschlusses ist durch § 15 P.G. vorgeschrieben. Mit dem Tage der Zustellung beginnt die Beschwerdefrist. Über Fristberechnung s. Anm. 6 zu § 8 P.G.

[2] Das Recht der Beschwerdeführung hat der Patentsucher auf alle Fälle, sei es, daß er mit seiner Anmeldung vor oder nach deren Bekanntmachung und Auslegung abgewiesen, sei es, daß das Patent unter formeller oder sachlicher Beschränkung erteilt worden ist, während der Einsprechende nur bei Erteilung des Patents das Beschwerderecht hat, sofern er hierdurch gänzlich oder teilweise mit seinem Einspruch zurückgewiesen ist.

Die Beschwerdeschrift und alle im Laufe des Beschwerdeverfahrens von den Parteien eingereichten Schriftsätze sind in 2 Exemplaren (behufs Mitteilung an den Gegner) einzureichen. P.A. 15. Okt. 79 (529). Die Duplikate werden regelmäßig dem Gegner zur Erklärung mitgeteilt. Unterlassung einer Erklärung wird als Zugeständnis der gegnerischen Behauptung nicht angesehen. Aufforderungen zum Beweisantritt für mit Beweismitteln nicht unterstützte Behauptungen werden unter der Verwarnung befristet, daß dieselben sonst als beweislos unberücksichtigt bleiben.

Die Beschwerde ist inhaltlich unbeschränkt; sie braucht mit Gründen überhaupt nicht versehen zu sein, andererseits kann sie völlig neue Gründe, selbst Ergänzungen und Änderungen der Anmeldung bringen, sofern nur die Identität des Anmeldungsgegenstandes verbleibt. Formelle Abweisungsgründe sind nur die irreparabele Verspätung der Einlegung des Rechtsmittels und die verspätete oder unterlassene Einzahlung der Gebühr.

³ Die Beschwerde ist aber nur dann zuzulassen, wenn der Beschwerdeführer als Partei anzuerkennen ist. Letzteres würde somit gegenüber dem Einsprechenden nur zutreffen, wenn er den Einspruch rechtzeitig, d. h. innerhalb der im § 24 Abs. 1 P.G. vorgesehenen zweimonatigen Frist erhoben hätte. Vgl. P.G. 18. Dez. 98 (99, 1). Da aber eine Nachprüfung der Frage der rechtzeitigen oder verspäteten Erhebung des Einspruchs der II. Instanz vorbehalten bleiben muß, so wird das Rechtsmittel auch im Falle der erstinstanzlichen Annahme einer Verspätung des Einspruchs zuzulassen sein, um u. a. einen Irrtum oder Mangel noch im Beschwerdeverfahren beseitigen zu können. Vgl. P.A. 1. Dez. 01 (296).

Auch hier kann nur gegen die Entscheidung selbst, nicht gegen die Gründe allein das Rechtsmittel gerichtet werden, da nur erstere nach allgemein anerkanntem Recht in Rechtskraft übergeht. Vgl. P.A. 6. März 99 (97), R.G. 14. Jan. 81 (81, —).

⁴ Die Beschwerdefrist (früher vier Wochen, jetzt ein Monat) ist präklusiv; eine Verlängerung derselben oder eine Restitution gegen ihre Verabsäumung ist unzulässig, wohl aber kann zur näheren Begründung der Beschwerde eine Frist gewährt werden.

⁵ Die Beschwerdegebühr ist innerhalb der Beschwerdefrist bei der Kasse des Patentamts einzuzahlen. Die im § 9 vorgesehene Vergünstigung der rechtzeitigen Ein-

zahlung der Gebühr bei einer Postanstalt im Gebiete des Deutschen Reiches behufs Überweisung an die Patentamtskasse ist auf die Zahlung der Beschwerdegebühr auszudehnen. Vgl. auch Anm. zu § 20 Abs. 3.

[6] Rechtzeitig eingegangene Beschwerden mit verspäteter Gebührenzahlung gelten als nicht erhoben; Zahlung nach Ablauf der Beschwerdefrist beseitigt die Versäumnis nicht, die Gebühr wird aber, weil die Beschwerde als nicht erhoben gilt, zurückgegeben. Die Gebühren werden bei Verzicht auf die einmal eingelegte Beschwerde nicht zurückerstattet; ebensowenig, wenn letztere erst nach Ablauf der Frist eingegangen ist. Ist nicht nur die Gebühr, sondern auch die Beschwerdeschrift verspätet eingegangen, so wird die Beschwerde als unzulässig verworfen, die Gebühr auch nicht zurückerstattet.

Auch verspätete oder sonst unzulässige Beschwerden sind gebührenpflichtig. Auch vermag ein späterer Verzicht auf die Beschwerde oder auf die Sache den Anspruch auf Rückerstattung der eingezahlten Gebühr nicht zu begründen.

Ebensowenig ist der Antrag auf Rückerstattung der Beschwerdegebühr zulässig, sobald das Beschwerdeverfahren sachlich erledigt ist.

[7] Im Beschwerdeverfahren finden die im Zivilprozeß und im Verwaltungsstreitverfahren geltenden Grundsätze über die A n s c h l u ß b e s c h w e r d e sinngemäße Anwendung. Dem Gegner des Beschwerdeführers ist daher, auch wenn er die Frist zur Einlegung des Rechtsmittels hat unbenutzt verstreichen lassen, der Anschluß an das Rechtsmittel mit der Wirkung einer selbständigen Beschwerdeeinlegung gestattet. Die Anschlußbeschwerde ist gebührenfrei.

Immerhin ist die Anschlußbeschwerde nur unter der Voraussetzung zulässig, daß der Gegner das Rechtsmittel eingelegt hat. Vgl. P.A. 30. Jan. 03 (100).

[8] Um alle Zweifel seitens der Beteiligten tunlichst zu beseitigen, daß namentlich in der Beschwerdeinstanz, deren Entscheidungen durch ordentliche Rechtsmittel nicht

mehr angefochten werden können, der gesamte Sachverhalt erschöpfend geprüft werde, ist hier die in erster Instanz in das Ermessen der Anmeldeabteilung gestellte Ladung und Anhörung der Parteien unbedingt vorgeschrieben, sofern letztere dies beantragen, und soll ein dahin zielender Antrag nur für den Fall abgelehnt werden dürfen, daß bereits in der ersten Instanz der Antragsteller geladen war. Eine in Wirklichkeit früher tatsächlich erfolgte Anhörung des Antragstellers ist zur Ablehnung des Antrages nicht erforderlich, da dem Antragsteller nur Gelegenheit hatte gegeben werden sollen, sich mündlich zu äußern. Ob er von dieser Gelegenheit absichtlich oder unabsichtlich keinen Gebrauch gemacht hat, ist unerheblich.

9 Zu einer nach § 26 ergehenden Entscheidung bedarf es der Beratung und Abstimmung in einer Sitzung. § 7 Abs. 2 Kaiserl. Verordn. v. 11. Juli 91 unten unter Ausführungsbestimmungen.

10 Die Bestimmung, daß auch im Beschwerdeverfahren dem Beteiligten neue, ihm zuvor nicht bekannt gewordene Entscheidungsgründe mitzuteilen sind, rechtfertigt sich gegenüber der Endgültigkeit der Entscheidungen von selbst. Vgl. zu § 22 Abs. 2.

11 Zu den Kosten des Verfahrens gehören die aus der Kasse des Patentamts bestrittenen und die dem Beteiligten zur Wahrung seiner Rechte erwachsenen notwendigen Auslagen. Vgl. § 14 Kaiserl. Verordn. vom 11. Juli 91.

12 Von der Vorschrift des Abs. 6 — der auf Antrag der Kommission dem Gesetz eingefügt worden ist —, daß dem mit seiner Beschwerde durchdringenden Beteiligten die Beschwerdegebühr zurückerstattet werden kann, ist nur dann Gebrauch zu machen, wenn der angefochtene Beschluß auf einem offenbaren Irrtum zum Nachteile des Beschwerdeführers beruht. Die Anordnung der Zurückzahlung der Beschwerdegebühr ist übrigens nur eine geeignetenfalls von Amts wegen zu treffende Maß-

regel, welche einen Antrag des Beschwerdeführers nicht voraussetzt.

§ 27.

Ist die Erteilung des Patents endgültig beschlossen,[1] so erläßt das Patentamt darüber durch den Reichsanzeiger[2] eine Bekanntmachung und fertigt demnächst für den Patentinhaber eine Urkunde[3] aus.

Wird die Anmeldung nach der Veröffentlichung (§ 23) zurückgenommen oder wird das Patent versagt, so ist dies ebenfalls bekannt zu machen.[4] Die eingezahlte Jahresgebühr wird in diesen Fällen erstattet. Mit der Versagung des Patents gelten die Wirkungen des einstweiligen Schutzes als nicht eingetreten.

[1] Ein endgültiger Patenterteilungsbeschluß liegt nicht schon vor, wenn er nach Ansicht des Patentamts — P.A. 78 (120) — dem Antrage des Patentsuchers vollkommen entspricht und mittels Einspruchs nicht angefochten worden ist, sondern erst, wenn die auch dem Patentsucher nach 26 P.G. zustehende Beschwerde unerhoben geblieben bezw. über dieselbe entschieden ist. Die Berichtigung eines rechtskräftig gewordenen Erteilungsbeschlusses ist zulässig, sofern es sich um die Richtigstellung eines äußerlich sinnentstellenden, weder existierenden oder weit abliegenden anderen Wortes oder Ausdrucks handelt. P.A. 25. Jan. 99 (83).

Der endgültige Patenterteilungsbeschluß muß mit der Anmeldung, wie diese bekannt gemacht worden ist, sachlich übereinstimmen. Ist dies nicht der Fall, so steht — nach Ansicht des Reichsgerichts (11. Juli 00 (389) — der Richter dem Erteilungsbeschluß und der ihm entsprechenden Patenturkunde mit nicht geringerer Befugnis gegenüber, als einem Gesetze, welches nicht verfassungsmäßig zustande gekommen ist. Ein solches Gesetz ist er aber, sofern ihm nicht darin eine Schranke gesetzt ist, berechtigt und sogar verpflichtet, als Gesetz nicht gelten zu lassen. Bei einer den ganzen Patentgegenstand erfassenden Nichtübereinstimmung zwischen dem Erteilungsbeschluß und der bekannt gemachten Anmeldung kann ein Patent überhaupt als erteilt nicht gelten, „weil, was gewährt, nicht öffentlich begehrt, und was öffentlich begehrt, nicht gewährt werden kann." Ein mit einem solchen Mangel behaftetes Patent unterliegt daher im Nichtigkeitsverfahren der Nichtigkeitserklärung oder der entsprechenden Abänderung seines Anspruches.

Im Anschluß hieran bildet es nach Ans. des R.G. v. 12. Febr. 02 (116), sowohl für den vor den ordentlichen Gerichten zu entscheidenden Patentverletzungsstreit, wie für das patentrechtliche Verfahren wegen Nichtigkeitserklärung oder Zurücknahme eines Patents eine von Amts wegen zu prüfende Vorfrage, ob ein von der zuständigen Behörde in den gesetzlich vorgeschriebenen Formen erteiltes Patent vorhanden ist, und diese Vorfrage ist besonders zu prüfen und zu entscheiden, wenn im gegebenen Falle Bedenken nach der angegebenen Richtung hin durch die Parteiangaben oder den Akteninhalt rc. gehegt werden. Wird sie verneint, so wird im Patentverletzungsprozesse die Klage auf Unterlassung oder Schadensersatz abzuweisen, im Nichtigkeitsverfahren aber auf Vernichtung des Scheinpatents zu erkennen sein, obwohl § 10 des P.G. diesen Fall nicht vorsieht. Selbstverständlich kann und muß ein mit einem formellen Entstehungsmangel behaftetes Patent für nichtig erklärt werden.

[2] Die Bekanntmachung der Patenterteilung erfolgt nach § 19 Abs. 4 (auf Kosten des Patentamts) auch im Patentblatt.

[3] Die „Urkunde“ heißt Patenturkunde; sie enthält Patentnummer, Titel, Namen des Inhabers, Beschreibung, Anspruch, Zeichnung, Beginn der Dauer des Patents, während der Beschluß über die Erteilung des Patents, dessen Ausfertigung ebenfalls in urkundlicher Form den Beteiligten zugestellt wird, nur Titel und Beginn der Dauer des Patents neben dem Namen des Inhabers enthält. Zeichnung und Beschreibung werden im Patentamt redigiert und gedruckt und in dieser Form, in der sie auch in die Patentschrift übergehen, der Urkunde einverleibt; die Urkunde wird infolgedessen erst einige Zeit nach der Erteilung des Patents fertiggestellt. Bei der Revision der Zeichnung und Beschreibung sind nur äußerliche, redaktionelle, nicht sachliche Änderungen zulässig. Besteht zwischen dem endgültigen Patenterteilungsbeschluß und der Fassung der ausgefertigten Patenturkunde keine Übereinstimmung, so ist der Beschluß allein dafür maßgebend, in welchem Sinne und Umfang ein Patentschutz gewährt worden ist. R.G. 25. April 00 (268).

Schon vor Zustellung der Patenturkunde erhält der Patentsucher eine Mitteilung über die Eintragung des Patents in die Patentrolle und die dem Patent dort gegebene Nummer. Diese Mitteilung vergewissert ihn, daß die Erteilung „endgültig“ ist.

Übertragungen oder Löschungen des Patents werden ebenso wenig wie die Vertretungen auf der Patenturkunde vermerkt.

Die Drucklegung und Veröffentlichung der Patentschrift findet nach endgültiger Erteilung des Patents auch gegen den Willen des Patentsuchers, selbst wenn das Patent durch Nichtzahlung der Gebühr oder in Folge Verzicht seitens des Patentinhabers gelöscht worden ist, statt, um die einmal bekannt gemachte (und später auch unter beschränkten Schutz gestellte) Erfindung der allgemeinen Kenntnis nicht zu entziehen.

Übrigens ist der Inhaber eines Patents oder Gebrauchsmusters beim Hinweis auf diese Rechte zur Verwendung des Kaiserlichen Adlers in der vom Patentamt bei Ausstellung der Urkunden über ein Patent oder Gebrauchsmuster benutzten Form nicht berechtigt. Präsid.-Bescheid v. 22. Okt. 1901 (274).

Patentschriften sind vom Patentamt unter den vom Patentamt vorgeschriebenen und bekannt gemachten Bedingungen zu beziehen, werden auch an bestimmte in- und ausländische Behörden und Vereine versandt und von denselben zur unentgeltlichen Einsichtnahme ausgelegt. S. unten unter Ausführungsbestimmungen.

Mit der Verausgabung der Patentschrift wird dieselbe eine öffentliche Druckschrift im Sinne des § 2.

[4] Um die Allgemeinheit über das Schicksal einer einmal bekannt gemachten Anmeldung zu unterrichten, wird auch deren Zurückziehung und nicht allein (wie bisher) die endgültige Versagung des Patents im Reichsanzeiger und im Patentblatt bekannt gemacht.

An die Zurücknahme der bekannt gemachten Anmeldung knüpft sich dieselbe Rechtsfolge wie an die Versagung des Patents.

§ 28.

Die Einleitung des Verfahrens wegen Erklärung der Nichtigkeit oder wegen Zurücknahme des Patents erfolgt nur auf Antrag.[1]

Im Falle des § 10 Nr. 3 ist nur der Verletzte[2] zu dem Antrage berechtigt.

Im Falle des § 10 Nr. 1 ist nach Ablauf von fünf Jahren,[3] von dem Tage der über die Erteilung des Patents erfolgten Bekanntmachung (§ 27 Absatz 1) gerechnet, der Antrag unstatthaft.

Der Antrag ist schriftlich an das Patentamt zu richten und hat die Tatsachen anzugeben, auf welche er gestützt wird. Mit dem Antrage ist eine Gebühr von fünfzig Mark zu zahlen.[4] Erfolgt die Zahlung nicht, so gilt der Antrag als nicht gestellt. Die Gebühr wird erstattet, wenn das Verfahren ohne Anhörung der Beteiligten beendet wird.

Wohnt der Antragsteller im Auslande, so hat er dem Gegner auf dessen Verlangen Sicherheit wegen der Kosten des Verfahrens zu leisten.[5] Die Höhe der Sicherheit wird von dem Patentamt nach freiem Ermessen festgesetzt. Dem Antragsteller wird bei Anordnung der Sicherheitsleistung eine Frist bestimmt, binnen welcher die Sicherheit zu leisten ist. Erfolgt die Sicherheitsleistung nicht vor Ablauf der Frist, so gilt der Antrag als zurückgenommen.

[1] Die materiellen Voraussetzungen, unter denen ein endgültig erteiltes Patent für nichtig erklärt bezw. zurückgenommen werden kann, sind in §§ 10 bezw. 11 vorgeschrieben. Beide Klagen sind Popularklagen, sie können von jedermann, jeder physischen oder juristischen Person des In- und Auslandes, auch ohne Nachweis eines Interesses — O.H.G. 27. Mai 79 (309) — angestellt werden, abgesehen von dem Klagegrunde aus § 10, 3 (3 Abs. 2), der unbefugten Entnahme der später geschützten Erfindung aus dem gewerblichen Eigentum eines andern, der nur letzterem die Aktivlegitimation gewährt.

Wenngleich also die Nichtigkeitsklage Popularklage ist, so gilt dennoch ein ohne jedes eigene Interesse nur für einen anderen angestrengte Klage dieser Art als Klage des letzteren. R.G. 14. Dez. 01 (02, 177).

Gemäß § 10, 3 gilt nicht nur der wirkliche Erfinder und sein Rechtsnachfolger, sondern auch schon der Besitzer der Erfindung als verletzt. Die Verletzung braucht nur eine Benachteiligung, nicht eine Rechtsverletzung enthalten. O.H.G. 27. Mai 79 (309), R.G. 28. Mai 80 (81, 38). Während bisher die Nichtigkeitsklage an keine Frist gebunden war, ist dieselbe jetzt, sofern sie auf mangelnde Patentfähigkeit (§§ 1 u. 2) gegründet wird, nur innerhalb fünf Jahren seit dem Tage der Bekanntmachung der Patenterteilung zulässig, weil der Begriff der Erfindung sowie der Neuheit einer solchen zu verschiedenen Zeiten verschieden beurteilt wird und deshalb die nachträgliche Prüfung der Patentfähigkeit sich schwieriger gestaltet.

Ist die Nichtigkeitsklage auf mangelnde Neuheit einer patentierten Erfindung gestützt, so können auch vom Kläger nicht vorgebrachte neuheitsaufhebende Tatsachen von Amts wegen berücksichtigt werden, da das Patentamt solche Tatsachen, die ihm aus eigener Wissenschaft bekannt geworden sind, von Amts wegen berücksichtigen kann und muß. R.G. 2. April 02 (204).

Der Antrag ist in 2 Exemplaren einzureichen; P.A. 15. Okt. 79 (529), er kann jeder Zeit zurückgenommen und wiederholt werden. P.A. 19. Aug. 80 (81, 19). Ist er zurückgewiesen, so kann er nicht aus demselben Klagegrunde, selbst nicht mit neuen Beweismitteln, wohl aber auf Grund neuer, erst nach der Zurückweisung eingetretener Tatsachen wiederholt werden. R.G. 12. Nov. 87 (825).

Der Antrag kann mehrere Patente desselben Beklagten anfechten, sofern dieselben dem gleichen technischen Gebiete angehören. Jeder Antrag ist aber gebührenpflichtig. In diesem Falle kann auch ein Teilurteil ergehen, falls nicht die Fällung eines Gesamtendurteils geboten erscheint. P.A. 89 (44 ff.).

Andererseits kann der Antrag auch nur gegen einen Teil oder auf Beschränkung des Patents gerichtet sein. In diesem Falle hat sich die Entscheidung der Nichtigkeitsabteilung nur auf den von der Klage betroffenen Teil zu erstrecken. Ergibt sich hierbei, daß bei Vernichtung des Patents in bezug auf den angegriffenen Teil eine entsprechende Beschränkung nicht möglich ist, so darf dem Antrage auf Beschränkung nicht stattgegeben werden. Es wird sich empfehlen, dem Kläger Gelegenheit zu geben, seinen Antrag auf Vernichtung des Patents im ganzen zu erweitern. Weigert er sich, so ist die Klage abzuweisen.

Der Antrag muß sich auf einen bestimmten Klagegrund und auf bestimmte Tatsachen stützen; Beweismittelangabe ist nicht unbedingt notwendig, wohl aber geboten. Selbständige Klagegründe sind: Mangel des Erfindungscharakters oder der gewerblichen Verwertung oder der Neuheit nach §§ 1 und 2 oder Verletzung des § 1 Abs. 2 oder § 3 Abs. 1 u. 2.

Die Angabe von Tatsachen für den Nichtigkeitsantrag ist derart wesentlich, daß die an den Antrag geknüpften Folgen nicht eintreten, wenn jenes Erfordernis fehlt. Durch einen dieser Angabe ermangelnden Antrag wird die Frist des § 28 Abs. 3 nicht gewahrt. P.A. 14. Febr. 95 (94/95, 246).

Eines Vertreters bedürfen die im Auslande wohnenden Antragsteller nicht.

Die Anträge auf Nichtigkeitserklärung bezw. Zurücknahme eines Patents gehören vor eine besondere Abteilung des Patentamts. Vgl. § 14 Nr. 2 Anträge auf Vernichtung und auf Zurücknahme eines Patents können miteinander verbunden, nicht aber im Laufe des Verfahrens durcheinander ersetzt werden. Zunächst wird allein über die Nichtigkeit, und erst nach Ablehnung dieses Antrages über die Zurücknahme verhandelt.

Die Einleitung des Verfahrens kann abgelehnt werden, wenn der Antrag formell nicht genügt oder den Anforderungen des § 28 nicht entspricht; gegen den Ablehnungsbeschluß ist die Beschwerde nach § 16 P.A. u. § 2 Kaiserl. Verordn. v. 11. Juli 91 zulässig.

Gegen die Nichtigkeits- bezw. Zurücknahmeklage ist Widerklage nicht ausgeschlossen. P.G. 7. April 79 (287).

Der Parteieid ist auch in diesem Verfahren ausgeschlossen, während für dasselbe im übrigen die Vorschriften der C.P.O. entsprechende Anwendung finden, soweit dieselben nicht durch ausdrückliche Bestimmung oder durch den Zweck des Verfahrens ausgeschlossen sind. Vgl. P.A. 18. März 79 (241). O.H.G. 27. Mai 79 (309), R.G. 24. Febr. 83 (182).

Wer unter Vorschiebung eines Dritten (Strohmann) als Kläger in Wahrheit die Nichtigkeitsklage betreibt, kann nicht als Zeuge vernommen werden. R.G. 26. Juni 95 (94/95, 285).

Die im Nichtigkeitsverfahren beantragte Verlegung des vom Patentamt festgesetzten Anmeldetages auf ein früheres Datum ist jedenfalls dann ausgeschlossen, wenn dieser Antrag sich auf das Datum einer vom Patentamt rechtskräftig abgewiesenen früheren Anmeldung stützt. R.G. 26. Sept. 98 (252).

Der Antrag auf Zurücknahme kann nicht deshalb zurückgewiesen werden, weil die dreijährige Frist erst während des Verfahrens abgelaufen ist. R.G. 11. Dez. 86 (39).

Die Einrede der rechtskräftig entschiedenen Sache steht im Nichtigkeitsverfahren auch der Klage des im eigenen Namen klagenden, im Vorprozesse aber zum Prozeßbevollmächtigten bestellt gewesenen Rechtsanwalts entgegen, falls dieser die Klage in Wahrheit nur zu dem Zwecke angestrengt hat, um seinen früher abgewiesenen Auftraggeber vor Schaden zu bewahren. R.G. 14. Nov. 98 (99, 9).

Auch im patentrechtlichen Nichtigkeits- und Zurücknahmeverfahren hat der **Nebenintervenient** ein rechtliches Interesse im Sinne des § 66 Zivilprozeßordnung nachzuweisen. R.G. 27. Febr. 96 (96, 152).

[2] Als „**verletzt**" im Sinne des § 28 und zur Nichtigkeitsklage nach § 10, 3 legitimiert ist derjenige anzusehen, der zur Einspruchserhebung aus § 3 Abs. 2 befugt ist, und zwar derjenige, der vermöge der in seinem Besitze befindlichen Beschreibungen usw. oder des von ihm angewendeten Verfahrens tatsächlich imstande ist, über die Erfindung zu verfügen, also nicht nur der wahre Erfinder, sondern auch der Erfindungsbesitzer. R.G. 23. Okt. 80.

Die Eröffnung des Konkursverfahrens über das Vermögen des Nichtigkeitsklägers (oder auch Beklagten) ist auf die anhängige Streitsache wegen Vernichtung eines Patents einflußlos. R.G. 17. Juni 98 (94, 12).

[3] **Die Frist nach § 28 Abs. 3 ist nicht gewahrt**, wenn innerhalb der vorgesehenen Frist zwar der Nichtigkeitsantrag eingegangen, die Gebühr aber erst nach ihrem Ablauf gezahlt worden ist. Im Nichtigkeitsverfahren wird vom Nichtigkeitskläger die Benennung des Gegners nicht verlangt, weil die Klage stets dem in der Patentrolle eingetragenen Inhaber des Patents mitzuteilen ist. P.A. 10. Jan. 95 (94/95, 223).

Der Verzicht des Beklagten auf einen mit der Nichtigkeitsklage angefochtenen Patentanspruch macht die Klage nicht gegenstandslos. Anerkenntnis der Nichtigkeit seitens des Beklagten ist an sich kein Nichtigkeitsgrund. P.A. 14. Febr. 95 (94/95, 247).

Auf die vorerwähnte fünfjährige Frist darf sich derjenige Inhaber eines Patents nicht berufen, der letzteres nachgesucht und erteilt erhalten hat, trotzdem er wußte, daß die Erfindung, für welche er den Schutz nachsuchte, bereits einmal durch Patent geschützt, später aber durch Erlöschen dieses Patents freigeworden war. Denn er handelte arglistig und verstieß wider die guten Sitten, machte sich somit schadensersatzpflichtig. R.G.C.P. 25. Okt. 02 (03, 5).

4 Um unbegründeten Nichtigkeits- und Zurücknahmeklagen möglichst vorzubeugen, ist jetzt die Zulassung der Klage von der Zahlung einer Gebühr abhängig gemacht. (Mot.).

5 Um den beklagten Patentinhaber nicht der Gefahr auszusetzen, für seine Auslagen ohne Ersatz zu bleiben, hat jetzt auf dessen Antrag nach Analogie der §§ 110 ff. C.P.O. nicht sowohl der Ausländer, als vielmehr jeder im Auslande wohnende Antragsteller (§ 12 P.G.) binnen einer Ausschlußfrist eine vom Patentamt unter Berücksichtigung auch der etwa zweitinstanzlichen Kosten festzusetzende Sicherheit zu leisten. Vgl. auch P.A. 4. Okt. 81 (411).

Dagegen werden Eingeborene in den deutschen Schutzgebieten, obwohl letztere völkerrechtlich, aber nicht staatsrechtlich zum Deutschen Reiche gehören und somit die Eingeborenen nicht Reichsangehörige sind, den Inländern in Ansehung der Sicherheitsleistung für die Prozeßkosten des Ausländervorschusses und der Zulassung zum Armenrecht nach § 110 C.P.O. u. § 85 Ger.Verf.Ges. auch rücksichtlich des patentamtlichen Nichtigkeitsverfahrens gleichzustellen sein. Verf. d. Preuß. Just.-Min. v. 6. März 02 (58).

Ferner ist durch das zwischen Deutschland, Belgien, Frankreich, Italien, Spanien und Portugal, der Niederlande, der Schweiz, Dänemark, Schweden und Norwegen, Österreich-Ungarn, Rumänien und Rußland geschlossene Abkommen zur Regelung von Fragen des nationalen Privatrechts vom 17. November 1896 (R.G.Bl. 1899 S. 285) (Art. 11) ist zwar vereinbart, daß Angehörigen eines der gen. Vertragsstaaten, welche in einem anderen dieser Staaten als Kläger oder Intervenienten vor Gericht auftreten, sofern sie in irgend einem der Vertragsstaaten ihren Wohnsitz haben, wegen ihrer Eigenschaft als Ausländer oder deswegen, weil sie keinen Wohnsitz oder Aufenthalt im Inlande haben, eine Sicherheitsleistung oder Hinterlegung, unter welcher Benennung es auch sei, nicht auferlegt werden darf, dem Sinne dieses Abkommens entspricht es aber, es auch auf das patentamtliche Nichtigkeits- und Zurücknahme-Verfahren anzuwenden. Dementsprechend ist auch vom Patentamt entschieden und verfahren worden. Vgl. Entscheid. v. 19. Okt. 01 (296) und 26. März 03 (164).

Im übrigen ist für die Sicherheitsleistung bezüglich der Prozeßkosten im Patentnichtigkeitsstreite lediglich § 28 Abs. 5 des Patentgesetzes und nicht § 102 Abs. 1 der Zivilprozeßordnung maßgebend. R.G. 21. Dez. 95 (96, 111).

Wird die Zurücknahmeklage auf § 11, 2 gegründet, so hat der Antragsteller den Nachweis zu führen, daß ihm selbst die Erlaubnis zur Benutzung der Erfindung dem öffentlichen Wohle zuwider versagt worden ist. P.A. 7. Febr. 84 (193). Der Antrag auf Zurücknahme darf nicht deshalb zurückgewiesen werden, weil die 3jährige Frist erst während des Verfahrens abgelaufen ist. R.G. 11. Dez. 86 (90).

§ 29.

Nachdem die Einleitung des Verfahrens verfügt ist, fordert das Patentamt den Patentinhaber unter Mitteilung des Antrags auf, sich über denselben innerhalb eines Monats zu erklären.[1]

Erklärt der Patentinhaber binnen der Frist sich nicht,[2] so kann ohne Ladung und Anhörung der Beteiligten[3] sofort nach dem Antrage entschieden und bei dieser Entscheidung jede von dem Antragsteller behauptete Tatsache für erwiesen angenommen werden.[4]

[1] Gegenüber dem früheren Wortlaut dieses Paragraphen ist nur die Erklärungsfrist von 4 Wochen in 1

Monat geändert. Über die Berechnung der Frist vgl. zu § 21.

Die gesetzliche Frist zur Erklärung des Patentinhabers auf den Nichtigkeitsklageantrag kann zwar nicht verlängert, wohl aber kann für die nähere Begründung der Erklärung eine Frist gewährt, und ebenso eine verspätet eingegangene Erklärung noch berücksichtigt werden. R.G. 1. Mai 80 (101).

2 Wenngleich im Falle der Nichterklärung des Patentinhabers das Versäumnisverfahren im Sinne des § 330 C.P.O. zulässig ist, so ist es doch in das Ermessen des Patentamts gestellt, mit Rücksicht auf die bei Anfechtung eines Patents in Frage kommenden öffentlich-rechtlichen Interessen, die Behauptungen des Antragstellers nicht unbedingt als zugestanden und erwiesen anzusehen, sondern über dieselben von Amts wegen zu befinden und erforderlichen Falles Beweis zu erheben.

Das Ausbleiben einer Partei hat auf die Beurteilung von Anträgen und Behauptungen keinen Einfluß. P.A. 16. Juli 81 (228).

Auch soll namentlich der Zurückweisung des Nichtigkeitsantrages stets das vollständige Verfahren, namentlich unter Ladung und Anhörung der Beteiligten voraufgehen, während bei Gewährung der Anträge auf Nichtigkeitserklärung oder Zurücknahme nach § 29, 2 verfahren werden kann.

Alle Erklärungen sind in 2 Exemplaren einzureichen. P.A. 15. Okt. 79 (529).

3 In dem Termin zur Anhörung der Parteien können noch neue Tatsachen und Beweismittel, ebenso wie neue Einreden gegen die Klage vorgebracht, andererseits auch der Klageantrag auf andere Ansprüche ausgedehnt werden; nur die Änderung, nicht die Erweiterung oder Ergänzung des Klagegrundes ist nach Mitteilung des Antrags an den Beklagten nicht mehr zulässig. R.G. 12. Mai 80 (103), R.G. 14. Juni 84 (263). P.A.

7. April 78 (287), 30. Okt. 79 (81, 16), 5. Juli 80 (205), 11. Jan. 81 (122).

Der beklagte Patentinhaber, der im Auslande wohnt, bedarf eines Vertreters, ohne den er nicht zugelassen wird.

[4] Wer ein rechtliches Interesse an der Sache dartut, kann als Nebenintervenient zur Unterstützung des Klägers oder Beklagten auftreten und Rechtsmittel einlegen (§§ 68 ff. C.P.O.), dagegen ist Adhäsion an das gegnerische Rechtsmittel im patentrechtlichen Verfahren unzulässig. P.A. 22. Juni 82 R.G. 18. Febr. 84 (84, 139 ff.).

[5] Durch die Veräußerung des Patents wird das Verfahren nicht beeinflußt, vielmehr gegen den Veräußerer fortgesetzt. P.A. 21. Juli 82 (91).

Im Falle des Todes einer Partei wird das Verfahren ausgesetzt unter Bestimmung einer Frist, in welcher die Rechtsnachfolger der Partei sich zu erklären haben. Geht eine Erklärung nicht ein, so wird das Verfahren, wenn der Kläger gestorben, als erledigt angesehen, im Falle des Todes des Beklagten, ohne Rücksicht auf den Patentinhaber, fortgeführt, geeigneten Falles unter sofortiger Vernichtung oder Zurücknahme des Patents. — Letzteres gilt auch für den Fall, daß der Kläger in Konkurs gerät. Vgl. P.A. 4. Okt. 88 (89, 39).

§ 30.

Widerspricht der Patentinhaber rechtzeitig, oder wird im Falle des § 29 Absatz 2 nicht sofort nach dem Antrage entschieden, so trifft das Patentamt, und zwar im ersteren Falle unter Mitteilung des Widerspruchs an den Antragsteller, die zur Aufklärung der Sache erforderlichen Verfügungen. Es kann die Vernehmung von Zeugen und Sachverständigen anordnen. Auf dieselben finden die Vorschriften der Zivilprozeßordnung entsprechende Anwendung. Die Beweisverhandlungen sind unter Zuziehung eines beeidigten Protokollführers aufzunehmen.[1]

Die Entscheidung erfolgt nach Ladung und Anhörung der Beteiligten.[2]

Wird die Zurücknahme des Patents auf Grund des § 11 Nr. 2 beantragt, so muß der diesem Antrage entsprechenden Entscheidung eine Androhung[3] der Zurücknahme unter Angabe von Gründen und unter Festsetzung einer angemessenen Frist vorausgehen.

[1] Zur Feststellung und Aufklärung des Sachverhalts kann das Patentamt von den Parteien Beweis verlangen und die beschlossene Beweiserhebung von der Stellung einer Sicherheit wegen der voraussichtlichen Kosten abhängig machen, auch von Amts wegen Ermittelungen über ihm nicht vorgetragene Tatsachen anstellen, ohne sich überhaupt bei Würdigung der Tatsachen an die Beweisanträge der Parteien zu binden. Die Widerklage ist im Nichtigkeitsverfahren statthaft, der Parteieid unzulässig, Urkundenbeweis zulässig. P.A. 18. März 79 (241), 18. Febr. 79 (287), R.G. 12. Mai 80 (105), P.A. 23. Febr. 81 (146), 3. Jan. 84, R.G. 28. Juni 84 (294).

Im Nichtigkeitsverfahren dürfen im Rahmen der Klagebegründung neue Umstände von Amts wegen berücksichtigt werden, jedoch nur nachdem auf letztere sich zu äußern den Parteien Gelegenheit gegeben war. Ist dies verabsäumt, so kann es in der Berufungsinstanz vom Reichsgericht gut gemacht werden. R.G. 17. Okt. 98 (99, 28). Nach Ans. d. R.G. 12. April 02 (204) ist der P.A. berechtigt und verpflichtet, innerhalb des zur Klage gestellten Nichtigkeitsgrundes solche Beweistatsachen, welche nicht von den Parteien vorgebracht, sondern ihm aus eigener Wissenschaft bekannt geworden sind, von Amts wegen zu berücksichtigen, da nach den obigen Bestimmungen das Patentamt die zur Aufklärung der Sache erforderlichen Verfügungen zu treffen hat.

Wird das Hauptpatent für nichtig erklärt, so wird das älteste Zusatzpatent ohne weiteres Hauptpatent (unter der Verpflichtung der Fortzahlung der Gebühren für das frühere Hauptpatent). P.A. 25. Nov. 80 (80, 226). Vgl. im übr. zu § 7 Abs. 2.

Der Beschluß der Nichtigkeitsabteilung über die Art einer Ausführung einer Beweisaufnahme ist ebensowenig mit der Beschwerde anfechtbar wie der Beweisbeschluß selbst. Handelt es sich um eine Beweiserhebung im prozeßrechtlichen Sinne, über deren Ergebnis später zu verhandeln ist, und nicht etwa um eine bloße Information des P.A. durch eine Partei, so hat ein solcher Beschluß zugleich kraft Gesetzes die Tragweite, daß die Gegnerin der vorführenden Partei zur Ausführung der Versuche zuzuziehen ist. P.A. 2. Juli 03 (187).

² Die Entscheidung kann auch auf Tatsachen gestützt werden, die von den Parteien nicht vorgebracht sind. Nur wird den Parteien vor der Entscheidung Gelegenheit zu geben sein, sich über die neuen Tatsachen zu äußern. Vgl. R.G.E. 17. Okt. 98.

³ Die im Abs. 3 vorgeschriebene Androhung kann in jeder Lage des Verfahrens bis zur Entscheidung erfolgen; sie ist nach § 16 anfechtbar. Nach Ablauf der Frist wird das Verfahren ohne neuen Antrag fortgesetzt; noch im Berufungsverfahren kann durch Einräumung einer angemessenen Benutzung des Patents die Abweisung der Klage herbeigeführt werden. (Kom.Bericht zum früh. P.G.).

§ 31.

In der Entscheidung (§§ 29, 30) hat das Patentamt nach freiem Ermessen zu bestimmen, zu welchem Anteile die Kosten des Verfahrens[1] den Beteiligten zur Last fallen.

[1] Zu den Kosten des Verfahrens gehören, außer der mit dem Antrage zu zahlenden Gebühr (§ 28 Abs. 4) und den aus der Kasse des Patentamts für Zeugen- und Sachverständigen-, Schreibgebühren usw. bestrittenen Auslagen, diejenigen den Beteiligten erwachsenen Kosten, die nach freiem Ermessen des Patentamts zur zweckentsprechenden Wahrung der Rechte, namentlich auch für Vertretung, notwendig waren. Vgl. auch § 14 Verordn. v. 11. Juli 91 unten unter Ausführungsbestimmungen.

Die Kosten werden vom Patentamt nach Maßgabe der C.P.O. (§§ 98 u. 99) festgesetzt, nachdem das Duplikat des Festsetzungsgesuchs dem Gegner zur Erklärung mitgeteilt worden ist. Der Festsetzungsbeschluß ist mit der Beschwerde nach § 16 anfechtbar. Die Beschwerde ist somit frist- und kostenlos. Die Bestimmungen der Zivilprozeßordnung über die sofortige Beschwerde finden keine Anwendung. P.A. 15. Febr. 02 (128). Auf voraufgehenden Antrag des Erstattungsberechtigten läßt das Patentamt den Festsetzungsbeschluß von dem Gericht, in dessen Bezirk die zahlungspflichtige Partei ihren Wohnsitz hat — (R.G. 19. Sept. 94, 94/95, 13) —, mit der Vollstreckungsklausel versehen und den Beschluß mit letzterer dem Gläubiger zugehen, der nunmehr im Wege der Zwangsvollstreckung die Kosten beitreiben kann.

Im Kostenfestsetzungsverfahren können nach Erlaß des Beschlusses Kosten, die vor Aufstellung der Kostenrechnung entstanden, aber in diese nicht aufgenommen waren, nicht nachgefordert werden. R.G. 28. Nov. 94 (94/95, 125).

Mit den Vorschriften der C.P.O. über die Vernehmung von Zeugen finden auch die Bestimmungen über deren Vereidigung usw. Anwendung. C.P.O. §§ 393 ff. u. 406 ff. Die Beweisführung kann ohne Zuziehung der Parteien erfolgen, dieselben werden aber von der bevorstehenden Vernehmung benachrichtigt und zur Äußerung über das Ergebnis derselben verstattet.

§ 32.

Die Gerichte sind verpflichtet, dem Patentamt Rechtshilfe zu leisten.[1] Die Festsetzung einer Strafe[2] gegen Zeugen und Sachverständige, welche nicht erscheinen oder ihre Aussage oder deren Beeidigung verweigern, sowie die Vorführung eines nicht erschienenen Zeugen erfolgt auf Ersuchen durch die Gerichte.

[1] Die Rechtshülfe wird nicht nach Maßgabe des Gesetzes vom 21. Juni 69 (B.G.Bl. 305), sondern nach Titel XIII Ger.Verf.Ges. v. 27. Jan. 77 (R.G.Bl. 805) §§ 157—169 beansprucht und geleistet, und zwar nach der Praxis auch in dem Patenterteilungs-Verfahren; sie wird auf Handlungen richterlicher Natur, zumeist zeugeneidliche Vernehmung außerhalb Berlins und seiner Umgebung wohnender Personen, beschränkt. Soweit sonst angängig, werden Zeugen (und Sachverständige) vom Patentamt in allen vor ihm schwebenden Verfahren von ihm selbst vernommen.

Die Verpflichtung der Gerichte, dem Patentamt Rechtshülfe zu leisten, erstreckt sich auch darauf, daß das Gericht, in dessen Bezirk die zahlungspflichtige Partei ihren Wohnsitz hat, die Ausfertigungen der Kostenfestsetzungsbeschlüsse des Patentamts mit der Vollstreckungsklausel zu versehen hat. R.G. 19. Sept. 94 (94/95, 18).

[2] Bei Festsetzung der Strafen gegen Zeugen hat das Gericht auch den Anlaß zur Bestrafung zu prüfen.

§ 33.

Gegen die Entscheidung des Patentamts[1] (§§ 29, 30) ist die Berufung zulässig. Die Berufung geht an das Reichsgericht. Sie ist binnen sechs Wochen[2] nach der Zustellung[3] bei dem Patentamt schriftlich anzumelden und zu begründen.[4]

Durch das Urteil des Gerichtshofs ist nach Maßgabe des § 31 auch über die Kosten des Verfahrens[5] zu bestimmen.

Im übrigen wird das Verfahren vor dem Gerichtshof durch ein Regulativ bestimmt, welches von dem Gerichtshof zu entwerfen ist und durch Kaiserliche Verordnung unter Zustimmung des Bundesrats festgestellt wird.[6]

[1] Nur gegen „Entscheidungen", d. h. gegen Endurteile, nicht schon gegen Beschlüsse der Nichtigkeitsabteilung ist die Berufung zulässig. Letztere sind mit der Beschwerde nach § 16 anzufechten.

[2] Die Frist ist gewahrt, sofern die Schriftstücke am letzten Tage vor Schluß der Dienststunden beim Patentamt (Annahmestelle) eingegangen sind.

Ebenso ist das Rechtsmittel selbst gewahrt, wenn die Berufungsanträge rechtzeitig angebracht und eingegeben werden, während die Unterlassung einer rechtzeitigen Begründung nur zur Folge hat, daß die Berücksichtigung der vom Berufungskläger geltend gemachten Tatsachen und Beweismittel, soweit diese neu sind, nach § 7 Kais. Verordn. v. 6. Dez. 91 (S. Anh.) in das Ermessen des Berufungsgerichts gestellt sind. R.G. 4. Dez. 97 (98, 19).

Die Berufung selbst muß übrigens, um statthaft zu sein, eine Beschwernis des Berufungsklägers erkennen lassen. R.G. 26. Sept. 98 (254).

[3] Von der Zustellung an den Gegner ist die Rechtswirksamkeit der Einlegung und der Zurücknahme der Berufung nicht abhängig. Anschlußberufung ist nicht statthaft. R.G. 24./31. März 97 (147).

[4] Vertretung im Berufungsverfahren ist nur durch einen zur Praxis bei dem Reichsgericht zugelassenen Rechtsanwalt möglich. Letzterer ist auch zur Einlegung der Berufung beim Patentamt im Nichtigkeitsverfahren befugt. R.G. 14. Nov. 1900 (01, 116); er bedarf übrigens zum Verzicht auf das Rechtsmittel keiner Spezialvollmacht. R.G. 24./31. März (147).

Auslagen, die einer Partei durch Bezahlung eines Patentanwalts im Berufungsverfahren für schriftliche oder sonstige Tätigkeit erwachsen sind, können als notwendige Kosten nicht angesehen werden. R.G. 14. Juli 02 (206).

Der im Auslande wohnende Patentinhaber muß außerdem nach § 12 vertreten sein. Den Parteien und ihren Vertretern ist es gestattet, mit einem technischen Beistande zu erscheinen. Vgl. auch § 14 Verordn. 6. Dez. 91, betr. das Berufungsverfahren in Patentsachen vor dem Reichsgericht unten unter Ausführungsbestimmungen.

Tatsachen, die von einer Partei zu spät oder gar nicht vorgebracht sind, können vom Gericht nach Ermessen gewürdigt werden. O.H.G. 10. Dez. 78, R.G. 24. Jan. 80 (54).

Dagegen kann ein in erster Instanz nicht erhobener Anspruch nicht in zweiter Instanz vorgebracht werden. Vgl. hierzu R.G. 6. Febr. 97 (70).

Ebensowenig kann das Gericht über den Antrag hinausgehen, oder einen andern Klagegrund unterstellen. Vgl. auch zu § 29.

Berufungsanträge, welche nach Ablauf der Berufungsfrist gestellt werden, können im Nichtigkeitsverfahren keine Berücksichtigung finden. Vgl. R.G. 25. Sept. 98 (93, 587).

Übrigens ist diejenige Partei, zu deren Gunsten die Entscheidung des Patentamts ergangen ist, zur Einlegung der Berufung nicht berechtigt. R.G. 13. März 97 (117).

Ebensowenig kann die Berufung, wenn das Patent für nichtig erklärt ist, vom Kläger darauf gestützt werden, daß das Patent auch aus anderen Gründen hätte für nichtig erklärt werden müssen. R.G. 26. Sept. 98 (254).

5 Wie im Zivilprozeß, so soll auch in dem patentrechtlichen Berufungsverfahren die Entscheidung über den Kostenpunkt für sich allein nicht Gegenstand der Berufung sein. R.G. 20. Dez. 81 (82, 25). Wohl aber entscheidet das Gericht auch über die Verteilung der Kosten erster Instanz, soweit diese angefochten ist.

Wird ein Patent teilweise für nichtig erklärt, so wird die Patentschrift neu gedruckt und mit einem Zusatz versehen, welcher der Bekanntmachung der teilweisen Nichtigkeitserklärung im Reichsanzeiger entspricht. Der Neudruck wird als zweite Auflage bezeichnet.

6 Das Regulativ zu Abs. 3 ist die Verordn. v. 6. Dez. 91, betr. Beruf.Verfahren vor dem Reichsgerichte. Siehe unten unter Ausführungsbestimmungen.

§ 34.

In betreff der Geschäftssprache vor dem Patentamt finden die Bestimmungen des Gerichtsverfassungsgesetzes über die Gerichtssprache entsprechende Anwendung. Eingaben, welche nicht in deutscher Sprache abgefaßt sind, werden nicht berücksichtigt.

Wie die Gerichtssprache nach §§ 186 ff. G.V.G., so soll auch die Geschäftssprache vor dem Patentamte die deutsche sein, was indessen nicht ausschließt, daß auch in nichtdeutscher Sprache abgefaßte Eingaben und Anlagen sowie Urkunden, insbesondere Vollmachten, angenommen und berücksichtigt werden können.

Vierter Abschnitt.

Strafen und Entschädigung.

§ 35.

Wer wissentlich oder aus grober Fahrlässigkeit[1] den Bestimmungen der §§ 4 und 5 zuwider[2] eine Erfindung in Benutzung nimmt,[3] ist dem Verletzten[4] zur Entschädigung[6] verpflichtet.[5]

Handelt es sich um eine Erfindung, welche ein Verfahren zur Herstellung eines neuen Stoffes zum Gegenstand hat, so gilt bis zum Beweise des Gegenteils jeder Stoff von gleicher Beschaffenheit als nach dem patentierten Verfahren hergestellt.[7]

Während im alten Patentgesetz die zivil- und die strafrechtliche Patentverletzung in einem Paragraphen (34) behandelt war, sind im neuen Gesetz beide Verletzungsarten getrennt (im § 35 u. § 36) gehalten.

[1] Als subjektive Voraussetzung der zivilrechtlichen Entschädigungspflicht ist im neuen Gesetz der Wissentlichkeit (nach dem alten Gesetz) die grobe Fahrlässigkeit gleichgestellt. Nachdem in der Praxis bereits mit dem direkten Vorsatz der eventuelle in der Begründung der Strafbarkeit der Handlung identifiziert ist. — R.G. 1. Nov. 86 (429) —, soll durch die neue Bestimmung auch bei zivilrechtlichen Patentverletzungs-Verfolgungen dem Patent-Inhaber der bisher vielfach mit großen Schwierigkeiten verbundene Nachweis der Wissentlichkeit erleichtert, und andererseits derjenige zu ver-

schärfster Aufmerksamkeit angehalten werden, den ohnehin sein Beruf in fortgesetzte Berührung mit den Erzeugnissen patentierter Erfindungen bringt. (Mot.) Wissentlichkeit ist ausgeschlossen, wenn der Täter über Gegenstände und Umfang des Patents im (entschuldbaren) Irrtum sich befunden hat. R.G. 17. Mai 82 (89). Vorsatz setzt Wissentlichkeit nicht voraus. R.G. 5. Nov. 86 (427). Ebensowenig bedingt Fortsetzung der Benutzung der geschützten Erfindung seitens des Beklagten, nachdem gegen ihn auf Einstellung der Benutzung geklagt ist, notwendigerweise Wissentlichkeit. R.G. 9. Juni 88.

Nicht jede Drohung oder Warnung, welche der Patentinhaber an den Verletzer des Patents ergehen läßt, läßt grobe Fahrlässigkeit seitens des letzteren annehmen; wohl aber kann sich dieser, falls die Drohung oder Verwarnung geeignet war, rechtliche Zweifel an der Rechtslage wachzurufen, mit gutem Glauben nicht entschuldigen. R.G. 9. Dez. 99 (00, 235).

Der Unternehmer eines Betriebes, gegen den der Anspruch auf Zahlung einer Lizenzgebühr mit der Begründung erhoben wird, daß sein Betrieb ein Patent verletze, hat sich davon zu überzeugen, ob die behauptete Patentverletzung vorliege; er handelt grobfahrlässig, wenn er sich nicht selbst (z. B. an der Hand der jedermann zugänglichen Patentschrift oder mit Hilfe eines unbeteiligten Fachmannes) untersucht, ob die gegnerische Behauptung berechtigt ist. R.G.C.S. 1. Dez. 01 (08, 100).

Hat von einer offenen Handelsgesellschaft auch nur ein zur Vertretung der Gesellschaft befugter Gesellschafter in Vertretung der Gesellschaft sich einer wissentlichen oder grobfahrlässigen Patentverletzung schuldig gemacht, so haften für deren Folgen die Gesellschaft und sämtliche Gesellschafter. Denn die Gesellschaft hatte die Pflicht, von dem ihr bekannten Patent jedem ihrer sie vertretenden Mitglieder Kenntnis zu geben, um eine Patentverletzung zu verhüten. R.G.C.S. 30. Sept. 99 (292).

[2] Die Patentverletzungsklage setzt voraus, daß der Beklagte das Recht des Klägers verletzt habe oder wenigstens zu verletzen beabsichtige. — Liegt der Schluß nahe, daß das vom Beklagten angewendete Verfahren im wesentlichen dasselbe sein muß, welches der Kläger anwendet, so hat der Beklagte den Nachweis zu erbringen, daß sein Verfahren von dem des Klägers in wesentlichen Punkten abweicht. R.G. 5. Juli 93 (504).

Eine Verletzung im Sinne des § 4 P.G. ist nicht erst nach Erteilung des Patents, sondern gemäß § 23 Abs. 1 P.G. bereits von der Bekanntmachung ab möglich.

Vollendet ist die Verletzung des Patents mit der gewerbsmäßigen Ausübung eines dieser Rechte. Zur Erfüllung des Begriffs der Gewerbsmäßigkeit genügt eine Handlung, sofern durch dieselbe ein auf ihre Wiederholung gerichteter Erwerbswille betätigt wird. R.G. 25. Jan. 83.

Als Patentverletzung ist auch der Transitverkehr anzusehen, d. h. die auch ohne Vertrieb im Inlande bewirkte Einfuhr und Ausfuhr ohne Einwilligung des Patentinhabers hergestellter geschützter Waren. R.G. 25. Okt. 90.

Ebenso liegt unbedenklich eine Patentverletzung vor, wenn ein im Auslande mittels des im deutschen Reiche patentierten Verfahrens hergestelltes Produkt in Deutschland verkauft wird.

Bei einem patentierten Verfahren ist eine Patentverletzung durch in Verkehr bringen und Feilhalten darin zu erblicken, daß ein Unberechtigter das Rezept eines ihm durch die Patentschrift bekannt gewordenen Verfahrens, um es gewerblich zu verwerten, an Interessenten gegen Entgelt weitergibt. R.G. 28. Febr. 00 (00, 197).

In der Benutzung einzelner der in einem Apparat zur Verwendung gelangenden Einrichtungen und Stücke ist eine Verletzung des darauf erteilten Kombinationspatentes zu finden, falls der aus dem Patent zu entnehmende Schutz einzelner Einrichtungen nur Ausfluß des dem Apparat als solchem gewährten Schutzes ist. R.G. 7. Dez. 91 (92, 206). Ebenso liegt eine Patentverletzung schon dann vor, wenn der Erfindungsgedanke zwar nicht vollständig, aber doch in wesentlichen Teilen, auf welche sich der Erfindungsgedanke erstreckt, nachgebildet oder beim patentierten Verfahren, nachgeahmt wird, und wer die patentierte Erfindung auch nur zum Teil verwendet oder an die Stelle eines Elementes derselben ein gleichwertiges setzt, benutzt nicht weniger die patentierte Erfindung als derjenige, der sich in seiner Tätigkeit vollkommen und genau an den geschützten Erfindungsgedanken hält. R.G. 28. Febr. 00 (00, 197).

[3] „In Benutzung nehmen" heißt eines der im § 4 bezeichneten Rechte (gewerbsmäßig) ausüben.

Für die fahrlässige Ausbringung einer einstweiligen Verfügung wegen einer dem Beklagten vorgeworfenen Patentverletzung ist Kläger haftbar. R.G. 24. Jan. 94 (94, 268).

Bei Patentverletzungen sind einstweilige Verfügungen nach § 940 C.P.O. nur dann zu erlassen, wenn glaubhaft gemacht wird, daß der Verletzende sich in bösem Glauben befindet und daß der Erlaß der einstweiligen Verfügung notwendig ist, um dem Patentinhaber den Beweis seines Schadens zu erbringen. R.G. 20. Jan. 94 (303).

Die Auslegung des vermeintlich verletzten Patents ist lediglich Sache des Richters. Dagegen hat der Richter nicht zu beurteilen, ob die Voraussetzungen für die Erteilung oder Vernichtung eines Patents vorliegen. Vgl. R.G. 9. Juni 94 (404).

[4] Verletzt und somit entschädigungsberechtigt ist jeder, der zur Zeit der Verletzung zur gewerbsmäßigen Inbenutzungnahme des Patents nach § 4 P.G. befugt ist.

Die zu leistende Entschädigung umfaßt den ganzen, durch die Patentverletzung verursachten unmittelbaren und mittelbaren Schaden, also auch den entzogenen Gewinn. R.G. 9. Juni 88 (339). Vgl. auch §§ 5, 249—255 B.G.B.

Übrigens hat der verletzte Patentinhaber die Wahl, ob er vom Beklagten, der das Patent unbefugt in Benutzung genommen hat, Lizenzgebühr oder Herausgabe des Gewinnes verlangen will. R.G. 31. Dez. 98 (99, 106).

[5] Bei Feststellung von Patentverletzungen ist zu prüfen, welche Erfindung durch die Erteilung des Patents als neu anerkannt und unter Schutz gestellt ist. Entscheidend ist, ob die Abweichungen der Maschine, durch welche die Patentrechtsverletzung begangen sein soll, das durch das Patent geschützte Wesen der Erfindung oder nur Punkte betreffen, in denen der nach Inhalt des Patents in der Konstruktion der Maschine verkörperte Erfindungsgedanke nicht zum Ausdruck gelangt ist. R.G. 29. März 92 (348).

[6] Für Entschädigungsklagen aus Patentverletzungen ist, abgesehen von dem Gerichte, in dessen Bezirk der Beklagte seinen Wohnsitz, bei dem er also seinen allgemeinen Gerichtsstand hat, — nach § 32 C.P.O. auch das Gericht zuständig, in dessen Bezirk die patentverletzende Handlung begangen ist. R.G. 21. März 85.

[7] Abs. 2 ist zum Schutze der einheimischen Chemie auf Antrag der Kommission aufgenommen worden. Während bisher der klagbare Patentinhaber den Beweis zu führen hatte, daß der nach einem ihm im Inlande patentierten Verfahren geschützte, ohne seine Erlaubnis feilgehaltene oder in Verkehr gebrachte Stoff mittels des geschützten Verfahrens hergestellt sei (R.G. 14. März 88 (187), hat nunmehr der beklagte Patentverletzer das Gegenteil zu beweisen.

§ 36.

Wer wissentlich[1] den Bestimmungen der §§ 4 und 5 zuwider eine Erfindung in Benutzung nimmt, wird mit Geldstrafe bis zu fünftausend Mark oder mit Gefängnis bis zu einem Jahre bestraft.

Die Strafverfolgung tritt nur auf Antrag ein.[2] Die Zurücknahme des Antrags ist zulässig.[3]

Wird auf Strafe erkannt,[4] so ist zugleich dem Verletzten die Befugnis zuzusprechen, die Verurteilung auf Kosten des Verurteilten öffentlich bekannt zu machen. Die Art der Bekanntmachung, sowie die Frist zu derselben ist im Urteil zu bestimmen.

[1] Die strafrechtlich verfolgbare Patentverletzung wird nicht wie die zivilrechtliche auch durch das Vorhandensein von (grober) Fahrlässigkeit begründet; die Wissentlichkeit schließt aber auch den dolus eventualis in sich, sofern der Täter, obwohl er die Möglichkeit des rechtsverletzenden Erfolges seiner Handlung in seine Vorstellung aufgenommen hatte, ohne den Glauben, daß er diesen Erfolg vermeiden werde, die Handlung dennoch ausführt und so den rechtsverletzenden Erfolg schafft. R.G. Str. 5. Nov. 85.

Zum Tatbestande des § 36 ist nur erforderlich, daß der Angeklagte wußte, daß das in dem Patente beschriebene Verfahren einem Dritten patentiert worden sei, und daß er ohne Zustimmung des Berechtigten von dem patentierten Verfahren Gebrauch mache. R.G. 1. Okt. 94 (94/95, 225).

Ebenso begründet der Glaube an die Nichtigkeit des Patents seitens desjenigen, welcher ein Patent verletzt, für ihn nur insoweit Straflosigkeit, als das Patent demnächst für nichtig erklärt wird. R.G. Str. 21. Juni 97 (173).

Übrigens macht auch die nur teilweise unbefugte Benutzung einer Erfindung straffällig, sofern es sich um einen wesentlichen Teil der letzteren handelt. R.G. 29. Dez. 98 (99, 127).

Der Begriff des Inbenutzungnehmens wird auch nur durch eine der im § 4 des Gesetzes vorgesehenen Tätigkeiten erfüllt. R.G. 25. Febr. 95. (Straff. 27, 51).

Die Tatsache, daß ein patentierter Gegenstand mittelbar auf Veranlassung des Patentinhabers gewerbsmäßig von einem dazu an sich nicht Berechtigten hergestellt worden ist, schließt den Vorwurf der Patentverletzung gegen den letzteren nicht aus, falls der Patentinhaber dem Dritten die gewerbliche Anfertigung, Benutzung oder Verwertung des patentierten Gegenstandes als eine von ihm, dem Patentinhaber gebilligte Tätigkeit, die seinem aus dem bestehenden Patentrechte herfließenden Vermögensrechte entzogen sein sollte, in Wahrheit nicht gestatten und somit als eine das Patentrecht nicht verletzende Handlung sich nicht verwirklichen lassen, sondern zu der gewerblichen Anfertigung und Weiterveräußerung des patentierten Gegenstandes durch den Beschuldigten nur den äußeren Anlaß geben wollte und gegeben hat. R.G. 17. Dez. 92 (93, 62).

Das Vorhandensein einer Patentverletzung haben die Gerichte selbständig zu prüfen und festzustellen. Dagegen entzieht sich die Patentfähigkeit jeder Nachprüfung der Gerichte. In dem Irrtum bei Auslegung eines Patents kann unter Umständen ein exkulpierender Rechtsirrtum gefunden werden. R.G. 29. Jan. 94 (250).

Das Feilbieten einzelner, nicht selbst patentierter Teile eines Kombinationspatentes ist nur dann für eine Patentverletzung zu erachten, wenn der Verkäufer weiß, daß die verkauften Teile zum gewerbsmäßigen Gebrauch der Kombination ohne Erlaubnis des Patentinhabers verwendet werden sollten und hierzu verwendet worden sind. R.G. 17. Jan. 95 (Straff. 95, 377).

Die Einführung nach einem inländischen Patent im Auslande hergestellter Gegenstände stellt eine Patentverletzung dar. Vgl. Bl. 98 S. 10.

2 Antragberechtigt ist der Verletzte, und zwar nicht allein auch der in die Patentrolle nicht eingetragene Rechtsnachfolger des Patentinhabers, sondern auch der, dem der Patentinhaber für ein gewisses Gebiet die Ausübung seines Rechts überlassen hat. R.G. 14. Nov. 84, 5. Juli 97 (97, 204), R.G. 25. Febr. 84 (155). Der im Auslande wohnende Patentinhaber bedarf zur Strafantragstellung keines Vertreters nach § 12 P.G.; andererseits ist der hiernach einmal bestellte auch zur Stellung des Strafantrags befugt.

Der Antrag ist frist- und formgerecht zu stellen, also innerhalb dreier Monate seit dem Tage, an welchem der Antragsberechtigte, nicht sein Vertreter (R.G. 24. März 82), von der Patentverletzung und von der Person des Täters Kenntnis hatte (§ 65 St.G.B.), sowie bei einem Gerichte oder der Staatsanwaltschaft schriftlich oder zu Protokoll, bei einer anderen Behörde schriftlich (§ 156 Abs. 2 St.P.O.). In dem an die Staatsanwaltschaft gerichteten Ersuchen um Haussuchung (wegen Verletzung eines Patentrechts) liegt ein wirksamer Strafantrag. R.G. 1. Dez. 92 (74).

3 Die Zulässigkeit der Antragszurücknahme ist nach Analogie der übrigen Urheberrechtsgesetze in das neue Gesetz aufgenommen.

Das Strafverfahren ist auf Antrag des Beschuldigten auszusetzen, falls derselbe nachweislich den Antrag auf Vernichtung des verletzten Patents gestellt hat. Ob die Voraussetzungen für die Erteilung oder Vernichtung eines Patents vorliegen, hat der Richter nicht zu beurteilen. R.G. 24. Okt. 82 (97). Nach Vernichtung des Patents können auch ältere Patentverletzungen nicht mehr verfolgt werden. R.G. 2. Juli 86.

4 Zuständig als erkennende Gerichte für Patentverletzungen sind die Strafkammern der Landgerichte; im Falle des § 40 kann auf Antrag der Staatsanwaltschaft die Verhandlung und Entscheidung dem Schöffengerichte überwiesen werden. §§ 78 Nr. 1 (27) und 75 Nr. 14 G.V.G.

Die Strafverfolgung der Patentverletzungen verjährt in fünf Jahren. § 67 Abs. 2 St.G.B. Vgl. zu § 39. Die Veröffentlichung der Verurteilung, d. h. des verfügenden Teiles des Urteils (Tenor) ausschließlich der Gründe, ist obligatorisch und ev. durch das Gericht auf Grund des Preßgesetzes v. 7. Mai 74 (§§ 10 u. 19) R.G.Bl. 65 zu erzwingen.

In Betreff der Einziehung der zu den strafbaren Handlungen benutzten oder durch dieselben hervorgebrachten Gegenstände hat es bei den allgemeinen Rechtsgrundsätzen sein Bewenden. Vgl. St.G.B. §§ 40 und 42 der St.P.O. §§ 477 ff. Es ist also auch ein objektives Patentverletzungsstrafverfahren, ohne die Verfolgung einer bestimmten Person, zulässig.

§ 37.

Statt jeder aus diesem Gesetze entspringenden Entschädigung[5] kann auf Verlangen[2] des Beschädigten[3] neben der Strafe auf eine an ihn zu erlegende Buße[1] bis zum Betrage von zehntausend Mark erkannt werden.[4] Für diese Buße haften die zu derselben Verurteilten als Gesamtschuldner.

Eine erkannte Buße schließt die Geltendmachung eines weiteren Entschädigungsanspruchs aus.

1 Buße ist die dem Verletzten nur in einem Strafverfahren zu gewährende Entschädigung für den durch die

Patentverletzung verursachten Schaden. Das Verlangen (= Antrag) des Verletzten auf Zuerkennung der Buße ist in Gestalt der Nebenklage, einer schriftlichen Anschlußerklärung zur öffentlichen Klage bis zur Verkündung des Urteils erster Instanz zu stellen. Der Antrag kann bis zur Verkündung des Urteils zurückgenommen, ein zurückgenommener Antrag nicht erneuert werden. Wird das Strafverfahren durch Freisprechung des Angeklagten oder durch Einstellung mit oder ohne Urteil erledigt, so gilt auch der Antrag ohne weitere Entscheidung für erledigt. §§ 435 ff. u. 443 ff. St.P.O.

² Der Anspruch auf Buße kann von dem Erben des Verletzten weder erhoben noch weiter verfolgt werden. Ist jedoch auf die Buße rechtskräftig erkannt, so besteht ein Rechtsanspruch, der auf und gegen die Erben übergeht. R.G. 8. Mai 86.

³ Der Verletzte hat den Betrag, welchen er als Buße verlangt, anzugeben, wenn auch nicht bestimmt nachzuweisen. Auf einen höheren als den beantragten Betrag der Buße ist nicht zu erkennen; es darf überhaupt auf Buße nicht erkannt werden, sofern ein Schaden offenbar nicht vorliegt.

⁴ Hinsichtlich der Voraussetzungen, unter denen vom Strafrichter auf eine Buße erkannt werden kann, sind lediglich die Bestimmungen des Strafgesetzbuchs maßgebend. Letzteren gegenüber kommen landesrechtliche Normen über die Statthaftigkeit eines aus einem Delikt hergeleiteten zivilrechtlichen Entschädigungsanspruchs nicht in Betracht. R.G. 10. Nov. 79. — Durch einen Vergleich des Verletzten mit einem Dritten über Zahlung einer Entschädigung wird der Anspruch desselben auf Buße gegen den Täter nicht aufgehoben. Ein solcher Vergleich kann aber bei Bemessung der Buße in Betracht kommen. R.G. 1. Juli 82.

⁵ Eine bereits im Zivilrechtswege erstrittene oder tatsächlich geleistete Entschädigung schließt zwar die Zu-

erkennung einer Buße nicht aus, darf aber jedenfalls bei der Bemessung der Buße in Betracht gezogen werden. R.G. 29. Nov. 83.

§ 38.

In bürgerlichen Rechtsstreitigkeiten, in welchen durch Klage oder Widerklage ein Anspruch auf Grund der Bestimmungen dieses Gesetzes geltend gemacht ist, wird die Verhandlung und Entscheidung letzter Instanz im Sinne des § 8 des Einführungsgesetzes zum Gerichtsverfassungsgesetze dem Reichsgericht zugewiesen.

Vgl. dazu Gesetz, betreffend das Urheberrecht an Werken der Literatur rc. 19. Juni 1901 § 59 (R.G.Bl. 227), Ges. betr. das Urheberrecht an Werken der bildenden Künste 9. Jan. 76 § 16 (R.G.Bl. 4), Ges., betr. das Urheberrecht an Mustern u. Modellen 11. Jan. 79 § 14 (R.G.Bl. 11), Ges., betr. den Schutz von Gebrauchsmustern 1. Juni 91 § 12 (R.G.Bl. 290), Gesetz zum Schutze der Warenbezeichnungen 12. Mai 94 § 21 (R.G.Bl. 441) und Gesetz zur Bekämpfung des unlauteren Wettbewerbes 27. Mai 96 § 15 (R.G.Bl. 145).

§ 39.

Die Klagen wegen Verletzung des Patentrechts verjähren rücksichtlich jeder einzelnen dieselbe begründenden Handlung in drei Jahren.

Diese bereits im alten Patentgesetz enthaltene Bestimmung bezieht sich nach der ausdrücklichen Erklärung der damaligen Kommission behufs Herbeiführung einer Einheitlichkeit in dem Verjährungsrechte Deutschlands nur auf die zivilrechtlichen Klagefristen, nicht auf die strafrechtliche Verfolgung von Patentverletzungen und somit auch nicht auf die von dem Strafverfahren nicht zu trennende Nebenklage auf Buße, rücksichtlich deren die fünfjährige Verjährungsfrist nach § 67 Abs. 2 Str.G.B. Platz greift. — Die (zivilrechtliche) Verjährung läuft nicht vom Zeitpunkte ab, an welchem der Verletzte von der die Verletzung des Patentrechts begründenden Handlung und der Person des Täters Kenntnis hat, sondern von dem Augenblick der Vollendung der Handlung. R.G. 8. Mai 86.

§ 40.

Mit Geldstrafe[2] bis zu eintausend Mark[1] wird bestraft:[3]

1. wer Gegenstände oder deren Verpackung mit einer Bezeichnung versieht,[4] welche geeignet ist, den Irrtum zu erregen, daß die Gegenstände durch ein Patent nach Maßgabe dieses Gesetzes geschützt seien;
2. wer in öffentlichen Anzeigen, auf Aushängeschildern, auf Empfehlungskarten oder in ähnlichen Kundgebungen[5] eine Bezeichnung anwendet, welche geeignet ist,[6] den Irrtum zu erregen, daß die darin erwähnten Gegenstände durch ein Patent nach Maßgabe dieses Gesetzes geschützt seien.

[1] Auf Antrag der Kommission ist die bisherige Strafandrohung von 150 Mark (bezw. sechs Wochen Haft) in der obigen Weise erhöht worden, um nach § 75 Nr. 14 G.V.G. den Strafkammern und erst auf deren ev. Beschluß den Schöffengerichten diese nunmehr ebenfalls als Vergehen anzusehenden patentrechtlichen Verstöße zur Entscheidung zu überweisen.

2 Eine nicht beizutreibende Geldstrafe ist nach § 28 Str.G.B. in Freiheitsstrafe umzuwandeln. Zur Strafverfolgung bedarf es nicht der Stellung eines Antrages. Die Strafverfolgung verjährt in drei Jahren. § 67 Abs. 3 Str.G.B. R.G. 27. Jan. 80.

3 Der Tatbestand des Delikts im vorstehenden Paragraphen verlangt nicht rechtswidrigen Vorsatz, es genügt Fahrlässigkeit. R.G. 23. Nov. 93 (672).

4 Die Bezeichnung eines Gegenstandes als patentiert ist unzulässig, solange über die Erteilung des Patents noch nicht endgültig Beschluß gefaßt ist, oder auch, wenn das Patent nicht mehr besteht.

Ebensowenig ist die Bezeichnung von Gegenständen, in welchen nicht durch Patent geschützte, sondern erst zum Patent angemeldete Erfindungen verkörpert sind, mit den Buchstaben „D.R.P.a“ d. h. angemeldet, ohne Rücksicht auf eine etwaige Verkehrssitte, nicht geeignet, den Tatbestand strafbarer Patentanmaßung zu beseitigen. R.G. 9. Juni 98 (144). Dasselbe muß vor der Bezeichnung „patentamtlich geschützt“ gelten, sofern die hiermit bezeichneten Gegenstände überhaupt nicht durch ein Patent geschützt oder nur als Gebrauchsmuster eingetragen sind.

Auch darin ist eine Patentanmaßung zu finden, wenn der Inhaber eines eingetragenen Warenzeichens die Nummer des letzteren mit einem Zusatz versieht, welcher den Anschein erweckt, als bedeute die Nummer die eines Patents. Schöffenger. Straßburg 2. Mai 01 bestät. v. Ob.L.G. Kolmar (02, 46).

5 Der Tatbestand aus vorsteh. § 40 Abs. 2 kann übrigens mit dem aus § 4 Ges. zur Bekämpfung des unlauteren Wettbewerbes konkurrieren, und umfaßt alsdann die wegen letzteren Vergehens nach § 14 dess. Ges. in Verbindung mit § 443 St.P.O. zulässige Nebenklage bei der Einheit der Tat notwendig auch das Vergehen gegen § 40 Abs. 2 Pat.Ges. R.G. 14. Dez. 97 (98, 11).

Es soll jeder, dem die Möglichkeit offen steht, von der Anpreisung Kenntnis zu nehmen, vor Täuschung bewahrt bleiben. R.G. 12. Nov. 94 (Str. 26, 192).

Übrigens ist die Bezeichnung der durch ein patentiertes Verfahren unmittelbar (§ 4 Abs. 2) gewonnenen Erzeugnisse als patentierte nicht unzulässig. R.G. 14. Dez. 97 (98, 11).

Wenngleich der vorstehende Paragraph nur strafrechtliche Vorschriften enthält, so ist doch aus letzteren herzuleiten, daß jeder, der ein Interesse daran hat, einer der Wahrheit widersprechenden Patentberühmung entgegenzutreten, auch einen privatrechtlichen Anspruch darauf hat, daß sie unterlassen wird. R.G. 28. Nov. (01, 117). Auch würde ein dahin gerichteter Antrag auf §§ 823, 826 B.G.B. gegründet werden können.

6 „Ähnliche Kundgebung" im Sinne der Nr. 2 liegt dann vor, wenn dieselbe nach ihren besonderen Eigenschaften, ihrer Gestaltung und Erscheinungsform Züge an sich trägt, welche mit den entsprechenden Merkmalen der im Gesetze speziell aufgeführten Arten wesentlich übereinstimmen, der betreffenden Kundgebung das gleiche charakteristische Gepräge verleihen (R.G. 11. Jan. 94, Str. 25, 78).

Der Strafandrohung nach § 40 unterliegt auch derjenige, welcher eine Sache nicht nur mit der Nummer eines noch gültigen Patents, sondern außerdem noch mit den Nummern anderer, bezüglich derselben Sache erworbener, nachmals wieder erloschener Patente bezeichnet und in Verkehr bringt. R.G. 14. Nov. 95 (Str. 28, 14).

Über die Zulässigkeit von Anzeigen, in welchen die Behauptung aufgestellt ist, daß Waren unter Patentschutz stehen, entscheidet nicht die Verkehrssitte, sondern die sachliche Prüfung. R.G. 14. Dez. 97 (98, 11).

Als eine die deutsche Patentierung kundgebende Marke sind die Buchstaben D. R. P. nebst dem Datum, mit welchem das Patent begonnen, amtlich empfohlen. P.A. 9. Okt. 77 (27).

Artikel II.

Die Bestimmung im § 28 Absatz 3 des Artikels I findet auf die zurzeit bestehenden Patente mit der Maßgabe Anwendung, daß der Antrag mindestens bis zum Ablauf von drei Jahren nach dem Tage des Inkrafttretens dieses Gesetzes statthaft ist.

Nach § 27 des Patentgesetzes vom 25. Mai 1877 war die Erhebung der Nichtigkeitsklage auch aus § 10, 1 entgegen den jetzigen Bestimmungen des § 28 Abs. 3 an keine Frist gebunden. Um nun die bei Eintritt der Gesetzeskraft des neuen Gesetzes bereits fünf Jahre bestehenden Patente gegenüber jüngeren nicht unanfechtbar zu lassen, ist obige Übergangsbestimmung getroffen worden. Motive.

Artikel III.

Dieses Gesetz tritt mit dem 1. Oktober 1891 in Kraft.

Urkundlich unter Unserer Höchsteigenhändigen Unterschrift und beigedrucktem Kaiserlichen Insiegel.

Gegeben Kiel, den 7. April 1891.

(L. S.) **Wilhelm.**
von Boetticher.

II.

Ausführungsverordnungen und Bestimmungen.

1. Kaiserliche Verordnung

zur

Ausführung des Patentgesetzes vom 7. April 1891 und des Gesetzes, betreffend den Schutz von Gebrauchsmustern, vom 1. Juni 1891.

Vom 11. Juli 1891. (R.G.Bl. S. 349.)

Wir **Wilhelm**, von Gottes Gnaden Deutscher Kaiser, König von Preußen 2c., verordnen auf Grund der Bestimmungen im § 17 des Patentgesetzes vom 7. April 1891 (Reichs-Gesetzbl. S. 79) und im § 14 des Gesetzes, betreffend den Schutz von Gebrauchsmustern, vom 1. Juni 1891 (Reichs-Gesetzbl. S. 290) im Namen des Reichs, nach erfolgter Zustimmung des Bundesrats, was folgt:

I. Patentangelegenheiten.

§ 1. Im Patentamt werden für die Patentanmeldungen vier Abteilungen gebildet, welche die Bezeichnung

Anmeldeabteilung

führen und durch den Zusatz I, II, III, IV unterschieden werden.

Der Reichskanzler bestimmt, für welche Gebiete der Technik eine jede der Abteilungen zuständig ist.

Zu dem Geschäftskreis der Anmeldeabteilungen gehören auch die Beschlüsse über Eintragungen und Löschungen in der Patentrolle (§ 19 des Patentgesetzes) für das einer jeden Abteilung zugewiesene Gebiet der Technik.

§ 2. Für Beschwerden gegen die Beschlüsse der Anmeldeabteilungen und der Nichtigkeitsabteilung (§§ 16, 26 des Patentgesetzes) werden zwei Abteilungen gebildet, welche die Bezeichnung

Beschwerdeabteilung

führen und durch den Zusatz I und II unterschieden werden.

Die Beschwerdeabteilung I ist zuständig für Beschwerden gegen Beschlüsse der Anmeldeabteilungen I und II, sowie für Beschwerden gegen Beschlüsse der Nichtigkeitsabteilung. Die Beschwerdeabteilung II ist zuständig für Beschwerden gegen Beschlüsse der Anmeldeabteilungen III und IV.

Die Beschwerdeabteilungen sind außerdem, und zwar jede innerhalb des durch Absatz 2 festgesetzten Geschäftskreises, zuständig für die vom Patentamt abzugebenden Gutachten.

§ 3. Meinungsverschiedenheiten zwischen mehreren Abteilungen über die Zuständigkeit werden von dem Präsidenten entschieden.

Für Anträge oder Gesuche, welche andere als die in den §§ 1 und 2 bezeichneten Angelegenheiten betreffen, wird die Zuständigkeit von dem Präsidenten bestimmt.

§ 4. Die Geschäftsleitung in den Anmeldeabteilungen steht dem zum Vorsitz berufenen rechtskundigen oder technischen*) Mitgliede, die Geschäftsleitung in den Beschwerdeabteilungen und in der Nichtigkeitsabteilung dem Präsidenten zu. Über die Vertretung des Präsidenten im Vorsitz trifft der Reichskanzler Bestimmung.

§ 5. Die Zuweisung der Mitglieder an die Abteilungen erfolgt durch den Reichskanzler.

Im Falle des Todes, der Erkrankung oder der längeren Abwesenheit eines Mitgliedes können in die davon betroffene Abteilung, solange das Bedürfnis dieses erfordert, durch den Präsidenten Mitglieder anderer Abteilungen zur Aushilfe berufen werden.

§ 6. In den Abteilungen trifft der Vorsitzende die für den Fortgang der Sachen erforderlichen Verfügungen.

In den Abmeldeabteilungen bezeichnet er für jede Klasse der Anmeldungen im voraus das Mitglied, welchem die Vorprüfung (§ 21 des Patentgesetzes) obliegt, sowie einen weiteren Berichterstatter für das Verfahren nach Erlaß des Vorbescheides.

In den Beschwerdeabteilungen und in der Nichtig-

*) Abgeändert durch Kais. Verordn. v. 25. Okt. 99.

keitsabteilung bezeichnet der Präsident für jede Klasse im voraus zwei Berichterstatter.

An Stelle der hiernach berufenen Mitglieder können für den einzelnen Fall andere Berichterstatter bezeichnet werden.

Die Berichterstatter halten den mündlichen Vortrag in der Sitzung und entwerfen alle Beschlüsse und Entscheidungen. Der Vorsitzende prüft die Entwürfe und stellt sie fest. Über sachliche Meinungsverschiedenheiten beschließt die Abteilung.

§ 7. In den Anmeldeabteilungen bedarf es der Beratung und Abstimmung in einer Sitzung für Beschlüsse über die Bekanntmachung der Anmeldung, sowie für Beschlüsse, durch welche die Anmeldung oder ein Einspruch ganz oder teilweise zurückgewiesen wird.

Für die Beschlüsse der Beschwerdeabteilungen, durch welche eine auf Grund des § 16 des Patentgesetzes erhobene Beschwerde erledigt wird, sowie für die nach §§ 26, 29 und 30 des Patentgesetzes ergehenden Entscheidungen der Beschwerdeabteilungen und der Nichtigkeitsabteilung bedarf es der Beratung und Abstimmung in einer Sitzung. An den Entscheidungen nehmen außer dem Präsidenten und dem weiteren rechtskundigen Mitgliede die beiden für die Sache bestellten Berichterstatter und ein drittes von dem Präsidenten vorher bestimmtes technisches Mitglied teil.

§ 8. Bei den Abstimmungen entscheidet die absolute Mehrheit der Stimmen, bei Stimmengleichheit die Stimme des Vorsitzenden.

Ist eine Anhörung der Beteiligten (Patentgesetz § 25, § 26 Absatz 3, § 30 Absatz 2) vorhergegangen, so kann ein Mitglied, welches hierbei nicht zugegen gewesen ist, an der Abstimmung nicht teilnehmen.

§ 9. Dem Präsidenten liegt es ob, auf eine gleichmäßige Behandlung der Geschäfte und auf die Beobachtung gleicher Grundsätze hinzuwirken. Zu diesem Behufe ist er befugt, den Beratungen aller Abteilungen beizuwohnen, auch sämtliche Mitglieder zu Plenarversammlungen zu vereinigen und die Beratung des Plenums über die von ihm vorgelegten Fragen herbeizuführen.

§ 10. Die Sitzungen der Abteilungen finden der Regel nach an bestimmten Tagen und zu bestimmten Stunden statt. Die Verfügung darüber steht dem Präsidenten zu.

§ 11. Die Ausfertigungen der Beschlüsse und Entscheidungen der Abteilungen erhalten die Unterschrift:

Kaiserliches Patentamt

und zusätzlich die vorschriftsmäßige Bezeichnung der Abteilung.

§ 12. Für das Zustellungswesen gelten folgende Vorschriften:

1. Zustellungen, welche den Lauf der im § 26 Absatz 1 des Patentgesetzes bezeichneten Frist bedingen, sowie Zustellungen in dem Verfahren vor der Nichtigkeitsabteilung erfolgen durch die Post. Auf diese Zustellungen finden die Vorschriften der Zivilprozeßordnung mit nachstehenden Maßgaben Anwendung

Der vom Präsidenten bestimmte Beamte trägt für die Bewirkung der Zustellung Sorge und beglaubigt die zu übergebenden Abschriften. Er übergibt die Schriftstücke in einem verschlossenen, mit der Adresse der Person, an welche zugestellt werden soll, sowie mit der Geschäftsnummer versehenen Briefumschlag der Post zur Zustellung. Auf den Briefumschlag wird der Vermerk gesetzt: „Vereinfachte Zustellung". Eine Bescheinigung der Übergabe an die Post (Zivilprozeßordnung §§ 177, 179) ist nicht erforderlich.

Die von dem Postboten aufzunehmende Zustellungsurkunde muß die Adresse und die Geschäftsnummer des Briefes, den Ort und die Zeit der Zustellung, sowie die Person, welcher zugestellt ist, und wenn die Zustellung nicht an den Adressaten persönlich erfolgt ist, den Grund hiervon angeben. Die Urkunde ist von dem Postboten zu unterschreiben. Abschrift der Zustellungsurkunde wird nicht übergeben. Der

Tag der Zustellung ist von dem Postboten auf dem Briefumschlag zu vermerken.

2. Zustellungen, welche den Lauf sonstiger Fristen bedingen, erfolgen mittels eingeschriebenen Briefes.

Kann in den Fällen der Nr. 1 und 2 eine Zustellung im Inlande nicht erfolgen, so wird sie durch Aufgabe zur Post nach Maßgabe der §§ 161, 175 der Zivilprozeßordnung bewirkt.

§ 13. Zeugen und Sachverständige erhalten Gebühren nach Maßgabe der Gebührenordnung vom 30. Juni 1878 (Reichs-Gesetzbl. S. 173).

§ 14. Zu den Kosten des Verfahrens, über welche das Patentamt nach § 26 Absatz 5 und § 31 des Patentgesetzes zu bestimmen hat, gehören außer den aus der Kasse des Patentamts bestrittenen Auslagen diejenigen den Beteiligten erwachsenen Kosten, welche nach freiem Ermessen des Patentamts zur zweckentsprechenden Wahrung der Ansprüche und Rechte notwendig waren.

§ 15. Ist eine Patentgebühr (§ 8 Absatz 2 des Patentgesetzes) nicht innerhalb sechs Wochen nach der Fälligkeit entrichtet, so benachrichtigt das Patentamt hiervon den Patentinhaber.

Aus dem Umstande, daß der Patentinhaber eine Benachrichtigung nicht erhält, erwachsen Rechtsfolgen nicht.

§ 16. Die Orte außerhalb Berlins, an welchen eine Auslegung der Patentanmeldungen erfolgen soll, sowie die Art und Zeitdauer dieser Auslegung werden vom Reichskanzler bezeichnet. Wenn eine Auslegung an diesen Orten unterbleibt, so wird dadurch ein Mangel des Verfahrens nicht begründet.

§ 17. Der Präsident verfügt im Einvernehmen mit der für die Anmeldung zuständigen Abteilung über Modelle und Proben, deren Rückgabe nicht binnen sechs Monaten nach endgültiger Abweisung der Anmeldung oder nach der Bekanntmachung von der Erteilung des Patents (§ 27 Absatz 1 des Patentgesetzes) beantragt ist.

§ 18. Soweit für Patentangelegenheiten aus der Zeit vor dem 1. Oktober 1891 Übergangsbestimmungen erforderlich sind, werden dieselben vom Reichskanzler erlassen.

II. Angelegenheiten des Gebrauchsmusterschutzes.

§ 19. Für Anträge in Sachen des Schutzes von Gebrauchsmustern wird in dem Patentamt eine besondere Anmeldestelle errichtet.

Die Leitung dieser Stelle liegt einem von dem Reichskanzler bezeichneten rechtskundigen Mitgliede ob.

Im Falle einer Verhinderung dieses Mitgliedes kann der Präsident einem anderen rechtskundigen Mitgliede die Vertretung übertragen.

§ 20. Die Verfügungen der Anmeldestelle erhalten die Unterschrift:

Kaiserliches Patentamt,
Anmeldestelle für Gebrauchsmuster.

§ 21. Über Vorstellungen gegen die Verfügung der Anmeldestelle befindet der Präsident.

§ 22. Änderungen in der Person des Eingetragenen oder des nach § 13 Absatz 2 des Gesetzes vom 1. Juni 1891 bestellten Vertreters, welche in der Rolle vermerkt werden sollen, sind in beweisender Form zur Kenntnis des Patentamts zu bringen.

§ 23. Nach der Eintragung in der Rolle erhält der Eingetragene eine Ausfertigung des Eintragungsvermerks.

§ 24. Der Präsident verfügt über Modelle, deren Rückgabe nicht binnen vier Jahren nach Ablauf der Schutzfrist beantragt wird.

III. Gemeinschaftliche Bestimmungen.

§ 25. Die Einrichtung der Bureaus, die Verwaltung der Kasse, der Bibliothek und der Sammlungen werden durch den Präsidenten geordnet. Der Präsident erläßt die erforderlichen Geschäftsanweisungen.

§ 26. Die Leitung und Beaufsichtigung des gesamten Geschäftsbetriebes steht dem Präsidenten zu. Er verfügt in allen Verwaltungsangelegenheiten.

§ 27. Sämtliche eingehende Geschäftssachen werden, ohne Rücksicht auf ihren verschiedenen Inhalt, nach der Zeit ihres Eingangs mit einer laufenden Nummer, als Geschäftsnummer, und mit dem Datum bezeichnet.

Geschäftssachen, welche während der Dienststunden eingehen, sind alsbald, andere Geschäftssachen bei dem Wiederbeginn der Dienststunden von dem dazu bestimmten Beamten hiernach zu bezeichnen. Wenn die Reihe des Eingangs nicht feststeht, so sind sie nach der Reihe, in welcher sie von dem Beamten übernommen werden, mit der Bezeichnung zu versehen.

Von zwei an demselben Tage an das Patentamt gelangten Geschäftssachen gilt diejenige als später eingegangen, welche die höhere Geschäftsnummer trägt.

§ 28. Vertreter in Patentangelegenheiten und in Angelegenheiten des Gebrauchsmusterschutzes haben dem Patentamt gegenüber ihre Bevollmächtigung durch eine Vollmacht nachzuweisen.

Die Vollmachten müssen auf prozeßfähige, mit ihrem bürgerlichen Namen bezeichnete Personen lauten.

Sind mehrere Personen bevollmächtigt, so gelten dieselben für befugt, sowohl gemeinschaftlich als auch einzeln die Vertretung wahrzunehmen. Eine abweichende Bestimmung dürfen die Vollmachten nicht enthalten.

§ 29. Das Patentamt kann nach seinem Ermessen von den bei ihm beruhenden Eingaben und Verhandlungen, soweit die Einsicht in dieselben gesetzlich nicht beschränkt ist, an jedermann Abschriften und Auszüge gegen Einzahlung der Kosten erteilen.

§ 30. Das Siegel des Patentamts enthält in der Mitte den Reichsadler und in der Umschrift die Worte „Kaiserliches Patentamt".

Urkundlich unter Unserer Höchsteigenhändigen Unterschrift und beigedrucktem Kaiserlichen Insiegel.

Gegeben Buckingham Palace London,
den 11. Juli 1891.

(L. S.) **Wilhelm.**
von Boetticher.

---

2. Verordnung,

betreffend

das Berufungsverfahren beim Reichsgericht in Patentsachen.

Vom 6. Dezember 1891. (R.G.Bl. 1891, Nr. 28, S. 389.)

Wir **Wilhelm**, von Gottes Gnaden Deutscher Kaiser, König von Preußen &c. verordnen auf Grund des § 33 des Patentgesetzes vom 7. April 1891 (Reichs-Gesetzbl. S. 79) im Namen des Reichs, nach erfolgter Zustimmung des Bundesrats, was folgt:

§ 1. Die in Gemäßheit des § 33 Absatz 1 des Patentgesetzes vom 7. April 1891 bei dem Patentamt einzureichende Berufungsschrift muß die Berufungsanträge sowie die Angabe der neuen Tatsachen und Beweismittel enthalten, welche der Berufungskläger geltend machen will.

§ 2. Ist die Berufungsschrift nicht rechtzeitig eingegangen oder nicht in deutscher Sprache abgefaßt oder enthält sie nicht die Berufungsanträge, so hat das Patentamt die Berufung als unzulässig zu verwerfen.

Der Berufungskläger kann binnen einer Woche nach Zustellung dieses Beschlusses auf die Entscheidung des Reichsgerichts antragen.

§ 3. Ist die Berufnng zulässig, so wird die Berufungsschrift von dem Patentamt dem Berufungsbeklagten mit der Auflage mitgeteilt, seine schriftliche Erklärung innerhalb eines Monats nach der Zustellung bei dem Patentamt einzureichen.

Die Erklärung muß die Gegenanträge sowie die Angabe der neuen Tatsachen und Beweismittel enthalten, welche der Berufungsbeklagte geltend machen will.

§ 4. Das Patentamt legt die Verhandlungen nebst den Akten erster Instanz dem Reichsgericht vor und benachrichtigt hiervon die Parteien unter Mitteilung der Gegenerklärung an den Berufungskläger.

§ 5. Das Reichsgericht trifft nach freiem Ermessen die zur Aufklärung der Sache erforderlichen Verfügungen.

Beweiserhebungen können durch Vermittelung des Patentamts erfolgen.

§ 6. Das Urteil des Reichsgerichts ergeht nach Ladung und Anhörung der Parteien.

Die Ladungsfrist beträgt mindestens zwei Wochen.

§ 7. Die Geltendmachung neuer Tatsachen und Beweismittel im Termin ist nur insoweit zulässig, als sie durch das Vorbringen des Berufungsbeklagten in der Erklärungsschrift veranlaßt wird.

Das Gericht kann auch Tatsachen und Beweise berücksichtigen, mit welchen die Parteien ausgeschlossen sind.

Auf eine noch erforderliche Beweisaufnahme findet die Bestimmung im § 5 Anwendung.

Soll das Urteil auf Umstände gegründet werden, welche von den Parteien nicht berührt sind, so sind diese zu veranlassen, sich hierüber zu äußern.

§ 8. Von einer Partei behauptete Tatsachen, über welche die Gegenpartei sich nicht erklärt hat, können für erwiesen angenommen werden.

Erscheint in dem Termin keine der Parteien, so ergeht das Urteil auf Grund der Akten.

§ 9. Das Reichsgericht kann zu der Beratung Sachverständige zuziehen; dieselben dürfen an der Abstimmung nicht teilnehmen.

§ 10. Zu den Kosten des Verfahrens, über welche das Reichsgericht nach § 33 Absatz 2 des Patentgesetzes zu bestimmen hat, gehören außer den aus der Kasse des Patentamts zu bestreitenden Auslagen diejenigen den Parteien erwachsenen Auslagen, welche nach freiem Ermessen des Gerichtshofes zur zweckentsprechenden Wahrung der Ansprüche und Rechte notwendig waren.

§ 11. In dem Termin ist ein Protokoll aufzunehmen, welches den Gang der Verhandlung im allgemeinen angibt.

Das Protokoll ist von dem Vorsitzenden und dem Gerichtsschreiber zu unterschreiben.

§ 12. Die Verkündung des Urteils erfolgt in dem Termin, in welchem die Verhandlung geschlossen ist, oder in einem sofort anzuberaumenden Termin.

Wird die Verkündung der Entscheidungsgründe für angemessen erachtet, so erfolgt sie durch Verlesung der Gründe oder durch mündliche Mitteilung des wesentlichen Inhalts.

Die Ausfertigungen des mit Gründen zu versehenden Urteils werden durch Vermittelung des Patentamts zugestellt.

§ 13. Wird beantragt, daß in Abänderung der Entscheidung des Patentamts die Zurücknahme des Patents auf Grund des § 11 Nr. 2 des Patentgesetzes ausgesprochen werde, so findet die Vorschrift des § 30 Absatz 3 dieses Gesetzes entsprechende Anwendung.

§ 14. Die zur Praxis bei dem Reichsgericht zugelassenen Rechtsanwälte sind befugt, im Berufungsverfahren in Patentsachen die Vertretung zu übernehmen.

Den Parteien und deren Vertretern ist es gestattet, mit einem technischen Beistande zu erscheinen.

§ 15. Im übrigen ist für das Berufungsverfahren in Patentsachen das den Geschäftsgang beim Reichsgericht normierende Regulativ maßgebend.

Urkundlich unter Unserer Höchsteigenhändigen Unterschrift und beigedrucktem Kaiserlichen Insiegel.

Gegeben Neues Palais, den 6. Dezember 1891.

(L. S.) Wilhelm.

von Boetticher.

3. Bestimmungen
über die
Anmeldung von Erfindungen.

Auf Grund des § 20 Abs. 2 des Patentgesetzes vom 7. April 1891 (R.G.Bl. S. 79) werden die nachfolgenden Bestimmungen über die Erfordernisse einer Patentanmeldung erlassen. Die Bestimmungen treten am 1. Januar 1899 in Kraft.

§ 1. Die Anmeldung einer Erfindung behufs Erteilung eines Patentes geschieht in der Form eines schriftlichen Gesuchs, dem die sonst erforderlichen Stücke als Anlagen beizufügen sind.

§ 2. Das Gesuch muß enthalten:

a) die Angabe des Namens und des Wohnorts oder der Hauptniederlassung des Anmelders;

b) eine für die Veröffentlichung (§ 23 Abs. 2 des Patentgesetzes) geeignete Benennung der Erfindung;

c) die Erklärung, daß für die Erfindung ein Patent nachgesucht werde. Bei Zusatzanmeldungen ist die Angabe des Hauptpatentes nach Gegenstand und Nummer oder der Hauptanmeldung nach Gegenstand und Aktenzeichen erforderlich;

d) die Erklärung, daß die gesetzliche Gebühr von 20 Mark an die Kasse des Kaiserlichen Patentamts gezahlt worden sei oder gleichzeitig mit der Anmeldung gezahlt werde;

e) die Aufführung der Anlagen unter Angabe ihrer Nummer und ihres Inhalts;

f) falls der Anmelder einen Vertreter bestellt hat, die Angabe der Person, der Berufsstellung und des Wohnorts des Vertreters; als Anlage ist eine Vollmacht beizufügen (§ 28 der Kaiserlichen Verordnung vom 11. Juli 1891);

g) die Unterschrift des Anmelders oder seines Vertreters.

§ 3. Die Beschreibung ist in zwei Ausfertigungen einzureichen. Dasselbe gilt für alle Nachträge. Die Schriftstücke, welche die Beschreibung bilden, müssen sowohl am Rande als auch zwischen den Zeilen ausreichenden Raum für Zusätze und Änderungen frei lassen.

Maße, Gewichte, sowie elektrische Einheiten müssen nach den gesetzlichen Vorschriften, Temperaturen nach Celsius angegeben werden. Bei chemischen Formeln sind die in Deutschland üblichen Atomgewichtszeichen und Molekularformeln anzuwenden.

Die Einfügung von Figuren in die Beschreibung ist nicht zulässig.

§ 4. Die für die Veranschaulichung der Erfindung bestimmten Zeichnungen sind auf das zur Klarstellung der Erfindung Erforderliche zu beschränken. Sie sind in zwei Ausfertigungen einzureichen.

a) Für die Hauptzeichnung ist weißes, starkes und glattes Zeichenpapier, sogenanntes Kartonpapier, für die Nebenzeichnung Zeichenleinwand zu verwenden.

Das Blatt der Hauptzeichnung soll 33 cm hoch und 21 cm breit sein. In Ausnahmefällen ist, falls die Deutlichkeit es erfordert, ein Blatt in der Höhe von 33 cm und in der Breite von 42 cm zulässig. Die Nebenzeichnung muß bei beliebiger Breite 33 cm hoch sein. Für die Hauptzeichnung wie für die Nebenzeichnung ist die Verwendung mehrerer Blätter zulässig.

b) Die Figuren und Schriftzeichen sind in tiefschwarzen, kräftigen, scharf begrenzten Linien auszuführen. Auf der Hauptzeichnung sind Querschnitte entweder tiefschwarz anzulegen oder durch Schrägstriche in tiefschwarzen Linien zum Ausdruck zu bringen. Ist zur Darstellung unebener Flächen ausnahmsweise eine Schattierung erforderlich, so darf sie ebenfalls nur in tiefschwarzen Linien ausgeführt werden. Die Anwendung bunter Farben ist bei der Hauptzeichnung unzulässig.

Alle auf den Zeichnungen angebrachten Schriftzeichen müssen einfach und deutlich sein. Die Hauptzeichnung muß sich zur photographischen Verkleinerung eignen.

c) Die einzelnen Figuren müssen durch einen angemessenen Zwischenraum voneinander getrennt sein.

d) Die Figuren sind nach ihrer Stellung fortlaufend und ohne Rücksicht auf die Anzahl der Blätter mit Zahlen zu versehen.

e) Erläuterungen sind in die Zeichnung nicht aufzunehmen. Ausgenommen sind kurze Angaben wie „Wasser", „Dampf", „Schnitt nach A B (Fig. 3)", sowie Inschriften, die auf den dargestellten Gegenständen angebracht werden sollen, z. B. „offen", „zu".

f) In der rechten unteren Ecke jedes Blattes ist der Name des Anmelders anzugeben.

g) Die Hauptzeichnungen dürfen weder gefaltet noch gerollt werden, sondern sind in glattem Zustande vorzulegen.

§ 5. Die für die Veranschaulichung der Erfindung bestimmten Modelle und Probestücke brauchen nur in einer Ausführung eingereicht zu werden.

Proben sind stets einzuführen zu den Anmeldungen, welche die Herstellung neuer chemischer Stoffe betreffen. Ausgenommen sind explosive und leicht entzündliche Stoffe, deren Einsendnng nur auf besondere Aufforderung zulässig ist.

Bildet ein chemisches Verfahren von allgemeiner Anwendbarkeit, nach dem ganze Gruppen von Stoffen hergestellt werden können, den Gegenstand der Anmeldung, so sind Proben der typischen Vertreter der Gruppen einzureichen. Werden jedoch besondere Ausführungsformen eines chemischen Verfahrens unter Aufzählung der einzelnen nach ihnen entstehenden Stoffe beansprucht, so sind die Stoffe sämtlich mit Proben zu belegen. Bei Farbstoffen sind außerdem Ausfärbungen auf Wolle, Seide oder Baumwolle in je einer Ausführung beizufügen.

Über die Beschaffenheit der Modelle und Probestücke gilt folgendes:

a) Modelle und Probestücke, die leicht beschädigt werden können, sind in festen Hüllen einzureichen. Gegenstände von kleinem Umfange sind auf steifem Papier zu befestigen.

b) Proben von giftigen, ätzenden, explosiven oder leicht entzündlichen Stoffen sind auf der Umhüllung und, soweit möglich, auf dem Gegenstande selbst durch eine deutliche Aufschrift als solche zu kennzeichnen.

c) Proben chemischer Stoffe sind in Glasflaschen ohne vorspringenden Fuß von etwa 3 cm äußerem Durchmesser und 8 cm Gesamthöhe einzureichen; die Flaschen sind mit einem haltbaren Siegel zu verschließen und mit einer dauerhaft befestigten Inhaltsangabe zu versehen. Den Proben ist ein nach der Beschreibung oder dem Patentanspruche geordnetes Verzeichnis beizulegen.

d) Ausfärbungen müssen möglichst flach auf steifem Papier von 33 cm Höhe und 21 cm Breite dauerhaft befestigt und mit genauen, den Angaben der Beschreibung entsprechenden Aufschriften versehen sein. Den Ausfärbungen ist eine Beschreibung des angewendeten Färbeverfahrens beizulegen mit genauen Angaben über den Gehalt der Flotte an Farbstoff, die etwa gebrauchten Beizen, die Temperatur usw., sowie auch darüber, ob die gebrauchte Flotte erschöpft war oder erheblichere Mengen von Farbstoff zurückgehalten hat.

§ 6. Die Anlagen des Gesuchs müssen mit einer ihre Zugehörigkeit zur Anmeldung kennzeichnenden Aufschrift versehen sein. Dasselbe gilt für Modelle und Probestücke.

Schriftstücke, die zur Mitteilung an andere Personen bestimmt sind, sind in der dazu erforderlichen Zahl von Ausfertigungen einzureichen.

Zu allen Schriftstücken ist dauerhaftes, nicht durchscheinendes weißes Papier, zu Schriftstücken, die Anträge enthalten oder zur Beschreibung der Erfindung gehören, Papier in der Seitengröße von 33 cm zu 21 cm zu verwenden.

Alle Schriftstücke müssen leicht lesbar sein. Die Schriftzüge müssen in dunkler Farbe ausgeführt sein. Schriftstücke, die mittels der Schreibmaschine hergestellt sind, müssen deutliche Druckzeichen und zwischen den einzelnen Buchstaben, Worten und Zeilen einen angemessenen Zwischenraum aufweisen.

Auf den später eingereichten Anmeldestücken ist der Name des Anmelders und das Aktenzeichen anzugeben.

Berlin, den 22. November 1898.

Kaiserliches Patentamt.
von Huber.

---

4. Bekanntmachung.

Durch Bekanntmachung vom heutigen Tage hat das Kaiserliche Patentamt auf Grund des § 20 des Patentgesetzes vom 7. April 1891 neue Bestimmungen über die Anmeldung von Erfindungen erlassen. Im Anschluß an diese Bestimmungen werden die nachstehenden Erläuterungen bekannt gegeben, die den Beteiligten einen weiteren Anhalt für die Anfertigung und Einreichung einer Patentanmeldung darbieten sollen.

1. Gebühr.

Die Anmeldegebühr ist zweckmäßig entweder unmittelbar bei der Kasse des Kaiserlichen Patentamts (Berlin NW. 6, Luisenstraße 32/34) einzuzahlen oder unter genauer Angabe der Anmeldung, für die das Geld bestimmt ist, durch Postanweisung zu übersenden.

Die Beifügung baren Geldes als Anlage der Anmeldung ist nicht erwünscht. Wird das Geld gleichwohl beigefügt, so ist darüber in dem Gesuch ein deutlicher Vermerk in Rotschrift zu machen. Enthält eine Sendung das Geld für mehrere Anmeldungen, so ist ein besonderes Verzeichnis über die Zugehörigkeit des Geldes beizufügen.

Anmerkung. Eine Stundung oder ein Erlaß der Anmeldegebühr ist gesetzlich unzulässig.

2. Gesuch.

a) Ein Antrag auf Aussetzung der Bekanntmachung (§ 23 Abs. 4 des Patentgesetzes) wird entweder in einem besonderen Schriftstück einzureichen oder, falls er mit dem Anmeldegesuch oder mit anderen Erklärungen verbunden wird, augenfällig, z. B. durch Unterstreichen oder in Rotschrift, hervorzuheben sein.

Für die Aussetzung der Bekanntmachung auf länger als drei Monate bedarf es einer Begründung. Es empfiehlt sich, die Begründung erst gegen Ende der ersten Frist beizubringen.

b) Falls der Anmelder die Rechte aus einer früheren Anmeldung in einem Staate, mit dem das Deutsche Reich einen entsprechenden Vertrag geschlossen hat, geltend machen will, soll dieser Anspruch gleichfalls in das Gesuch aufgenommen werden.

c) Soll für den Fall der Zurückweisung einer Patentanmeldung derselbe Gegenstand in die Rolle für Gebrauchsmuster eingetragen werden, so bedarf es hierzu einer besonderen an das „Kaiserliche Patentamt, Anmeldestelle für Gebrauchsmuster" zu richtenden Anmeldung.

d) Zur Angabe der Person des Anmelders gehört, daß jeder Zweifel darüber ausgeschlossen wird, ob das Patent von Einzelpersonen oder von einer Gesellschaft, ob von einem Manne oder von einer Frau, ob auf den bürgerlichen Namen oder auf die kaufmännische Firma nachgesucht wird. Bei Einzelpersonen ist der Rufname, bei Frauen außerdem der Familienstand und der Geburtsname anzugeben.

Die Angabe des Wohnorts muß bei größeren Städten auch Straße und Hausnummer, bei kleineren Orten und bei Orten, deren Name mehrfach vorkommt, sowie in der Regel bei ausländischen Orten den Staat und Bezirk enthalten. Dies gilt auch für den Fall, daß der Anmelder einen Vertreter bestellt hat.

e) Für den Fall der Vertretung ist zu beachten, daß nach § 28 der Kaiserlichen Verordnung vom 11. Juli 1891 die Vollmacht auf prozeßfähige, mi ihrem bürgerlichen Namen bezeichnete Personen nicht auf eine Firma auszustellen ist.

Eine Beglaubigung der Unterschrift des Anmelders unter der Vollmacht ist nur auf besonderes Erfordern des Patentamts beizubringen.

f) Falls mehrere Personen ohne Bestellung eines gemeinsamen Vertreters anmelden, soll diejenige Person namhaft gemacht werden, der die amtlichen Verfügungen zugesandt werden sollen.

3. Beschreibung.

a) Für den Gegenstand der Erfindung ist der Gebrauchszweck anzugeben.

b) Die Beschreibung hat sich aller nicht streng zur Sache gehöriger Ausführungen zu enthalten. Sie beginnt zweckmäßig mit der Darstellung der Aufgabe, welche die Erfindung lösen soll. Hieran schließt sich die Beschreibung der Erfindung im einzelnen.

Besteht die Erfindung in der Vereinigung von bekannten Einzelheiten zu einem neuen Ganzen, so wird die Beschreibung zum Ausdruck bringen müssen, daß die Einzelheiten weder als neu, noch für sich als schutzfähig angesehen werden, und daß der Schutz sich nur auf die neue Gesamtheit beziehen soll.

Soweit Hinweise auf Bekanntes oder Geschütztes, insbesondere auf öffentliche Druckschriften oder Patente, zur klaren Abgrenzung der Erfindung erforderlich sind, werden sie gleichfalls in die Beschreibung aufzunehmen sein.

4. Zeichnung.

a) Auf den Nebenzeichnungen sind die Figuren und Bezeichnungen so zu stellen, daß für den Beschauer die 33 cm-Kante aufrecht steht. Am linken und rechten Rande ist ein mindestens 3 cm breiter Raum frei zu lassen.

b) Für die einzelnen Teile der Figuren sind Bezugszeichen nur soweit zu verwenden, als ein Hinweis auf die Darstellung des betreffenden Teiles in der Beschreibung zum Verständnis der Erfindung erforderlich ist.

Dieselben Teile müssen in allen Figuren gleiche Bezugszeichen erhalten. Für verschiedene Teile dürfen die gleichen Bezugszeichen nicht verwendet werden, auch wenn die Figuren auf verschiedenen Blättern stehen. Bei Zusatzanmeldungen werden für Teile, die bereits in dem Hauptpatente sich vorfinden, die dort für diese Teile gewählten Bezugszeichen beizubehalten sein.

Für die Bezugszeichen sind die kleinen lateinischen Buchstaben (a, b, c) in einfacher, leicht lesbarer Schrift zu verwenden. Sind mehr als 25 Zeichen nötig, so sind arabische Ziffern zu verwenden. Zur Bezeichnung von Schnittlinien dienen die großen lateinischen Buchstaben. Winkel sind mit kleinen griechischen Buchstaben (α, β, γ) zu bezeichnen.

Die Beifügung von Strichen, Häkchen oder Ziffern zu den Bezugszeichen ist zu vermeiden. Nur wenn innerhalb derselben Figur ein Teil in mehreren

Stellungen gezeichnet wird, ist, unter Beibehaltung desselben Buchstabens für alle Stellungen, die Unterscheidung durch oben rechts angebrachte Striche oder Ziffern herbeizuführen.

Ist unmittelbar bei den dargestellten Teilen kein genügender Raum für die Bezugszeichen vorhanden, so sind die Teile mit den möglichst nahe zu setzenden Zeichen durch geschwungene Linien zu verbinden.

Bewegungsrichtungen sind durch Pfeile anzudeuten, falls dadurch das Verständnis erleichtert wird.

Projektions- und Mittellinien sind in der Regel wegzulassen.

5. Anspruch.

a) Der Anspruch geht zweckmäßig von dem Gattungsbegriff aus, dem die Erfindung möglichst nahe untergeordnet ist. Dieser Gattungsbegriff wird auch der für die Veröffentlichung bestimmten Benennung der Erfindung zugrunde zu legen sein. Zur Unterscheidung von anderen Gegenständen derselben Gattung sind in den Anspruch nur solche Bestimmungsmerkmale aufzunehmen, die für die Kennzeichnung des Wesens der Erfindung notwendig sind. Gehört der Zweck zu dieser Kennzeichnung, so ist auch er im Anspruch zu erwähnen.

b) Allgemeine Hinweise auf die Zeichnung oder die Beschreibung, z. B. „wie gezeichnet und beschrieben", sind zu vermeiden. Hauptanspruch und

Nebenansprüche sind mit fortlaufenden arabischen Ziffern zu versehen.

c) In dem Anspruch eines Zusatzpatentes ist auf das Hauptpatent Bezug zu nehmen und zum Ausdruck zu bringen, was an der früheren Erfindung durch die neue Erfindung abgeändert oder ergänzt werden soll.

d) Längere Ansprüche werden zweckmäßig der Beschreibung nicht unmittelbar angefügt, sondern als besondere Anlage in zwei Ausfertigungen eingereicht.

6. Modelle und Probestücke.

Bei der Erreichung von Modellen und Probestücken ist zu erklären, ob sie im Falle der Entbehrlichkeit zurückgegeben werden sollen oder vernichtet werden können.

Haben Modelle oder Probestücke einen besonderen Wert, so ist in dem Anschreiben hierauf hinzuweisen. Können sie schon durch ein unvorsichtiges Auspacken leicht beschädigt oder durch Einwirkung von Licht, Feuchtigkeit u. dergl. verdorben werden, so ist die Umhüllung mit der deutlichen Aufschrift zu versehen: „Ungeöffnet in den Geschäftsgang."

7. Verschiedenes.

a) In allen Schriftstücken sind entbehrliche Fremdwörter zu vermeiden.

b) Schriftsätze, die mehrere Seiten umfassen, sind mit Seitenzahlen zu versehen. In allen Schriftsätzen ist an der linken Seite ein Raum von mindestens 5 cm für amtliche Vermerke frei zu lassen.

c) In allen Eingaben, zu denen Anlagen gehören, sind die Anlagen besonders aufzuzählen.

d) Die Sendungen an das Patentamt müssen kostenfrei eingehen. Bei Geld- und Paketsendungen ist die Bestellgebühr vom Absender im voraus zu entrichten.

e) Empfangsbescheinigungen werden in der Regel nur über Anmeldungen erteilt, und zwar nur in einer Ausfertigung. Die Erteilung der Bescheinigung erfolgt nur dann, wenn ein Schriftstück mit folgendem Wortlaut eingesandt wird:

„Ihre Patentanmeldung vom . . . . .
. . . .

oder:

„Die Patentanmeldung vom . . . . .
. . . .
vom . . . .
auf . . . .
. . . .
ist am . . . .
hier eingegangen und unter dem Aktenzeichen . . . . in den Geschäftsgang gegeben worden.“

Wird die Empfangsbescheinigung nicht auf der Rückseite einer Postkarte vorbereitet, so ist ein mit der Adresse des Empfängers versehener Briefumschlag beizufügen.

f) Über Gebührenbeträge, die mit der Post eingehen, wird nur auf besonderen Antrag des Einzahlers eine Quittung erteilt.

Berlin, den 22. November 1898.

Kaiserliches Patentamt.
von Huber.

---

5. Einteilung von Patentklassen
(ohne Unterklassen).

1. Aufbereitung von Erzen, Mineralien, Brennstoffen.
2. Bäckerei.
3. Bekleidungsindustrie.
4. Beleuchtung, außer elektrischer und Gasbeleuchtung.
5. Bergbau.
6. Bier, Branntwein, Wein, Essig, Hefe.
7. Blech-, Metallrohr- und Drahterzeugung.
8. Bleicherei, Wäscherei, Färberei, Zeugdruck und Appretur.
9. Borstenwaren.
10. Brennstoffe.
11. Buchbinderei, Alben, Briefordner und Sammelmappen.
12. Chemische Verfahren und Apparate.
13. Dampfkessel.
14. Dampfmaschinen.
15. Druckerei, Liniirmaschinen, Schreibmaschinen, Stempel.
16. Düngerbereitung.
17. Eis- und Kälteerzeugung, Gas- und Luftverflüssigung.
18. Eisenerzeugung.
19. Eisenbahn-, Straßen- und Brückenbau.
20. Eisenbahnbetrieb.
21. Elektrotechnik.
22. Farbstoffe, Firnisse, Lacke.
23. Fett- und Mineralölindustrie.
24. Feuerungsanlagen.
25. Flechten, Herstellung von Spitzen, Wirken und Posamentieren.
26. Gasbereitung.
27. Gebläse und Lüftungsvorrichtungen.
28. Gerberei, Lederbearbeitung.
29. Gespinstfasern.
30. Gesundheitspflege, auch Tierheilkunde.
31. Gießerei.

32. Glas.
33. Hand- und Reisegeräte.
34. Hauswirtschaftliche Maschinen und Geräte, Möbel.
35. Hebezeuge.
36. Heizungs- und Lüftungsanlagen.
37. Hochbauwesen.
38. Holzbearbeitung und Konservierung.
39. Horn, Elfenbein, Kautschuk, Guttapercha und andere plastische Massen.
40. Hüttenwesen, Legierungen.
41. Hutherstellung und Filzen.
42. Instrumente.
43. Kontrollvorrichtungen und Selbstkassierer.
44. Kurzwaren, Rauch- und Schnupfgeräte.
45. Land- und Forstwirtschaft, Garten- und Weinbau, Molkerei, Tierzucht und -Pflege, Tierfang, Hufbeschlag.
46. Luft- u. Gasmaschinen, Feder- u. Gewichtskraftmaschinen.
47. Maschinenelemente.
48. Metallbearbeitung, chemische.
49. Metallbearbeitung, mechanische.
50. Müllerei.
51. Musik-Instrumente.
52. Näherei und Stickerei.
53. Nahrungs- und Genußmittel.
54. Papier- und Pappenerzeugnisse, Reklamewesen.
55. Papier- und Pappenherstellung.
56. Pferde- und Geschirre für andere Tiere.
57. Photographie.
58. Pressen.
59. Pumpen und andere Flüssigkeitshebewerke.
60. Regler für Kraftmaschinen.
61. Rettungswesen.
62. Fällt weg, mit Kl. 12 vereinigt.
63. Sattlerei und Wagenbau, Motorwagen und Fahrräder.
64. Schankgeräte.
65. Schiffbau und Seewesen.
66. Schlachterei und Fleischverarbeitung.
67. Schleifen und Polieren.
68. Schlossereierzeugnisse, sowie Geldschränke.
69. Schneidwerkzeuge, einschl. Hieb- und Stichwaffe.
70. Schreib- und Zeichengeräte.
71. Schuhwerk.
72. Schußwaffen, Geschosse, Verschanzung.
73. Seilerei.
74. Signalwesen.
75. Skulptur, Malerei, Oberflächenverzierung.
76. Spinnerei.
77. Sport, Spiele, Spielzeuge, Volksbelustigung, Luftschiffahrt.

78. **Sprengstoffe, Zündwarenherstellung.**
79. **Tabak, Zigarren, Zigaretten.**
80. **Tonwaren, Steine, Kalk, Zement, Gips, Asphalt, auch Brikettpressen.**
81. **Transportwesen und Verpackung.**
82. **Trocknerei, auch Darren, Kaffeebrenner, Schleudermaschinen.**
83. **Uhren.**
84. **Wasser- und Grundbau.**
85. **Wasser, Wasserleitung und Kanalisation.**
86. **Weberei.**
87. **Werkzeuge und Arbeitsgeräte.**
88. **Wind- und Wasserkraftmaschinen.**
89. **Zucker- und Stärkegewinnung.**

---

6. Veröffentlichungen des Patentamts.

Als das amtliche Blatt, welches in Gemäßheit des § 19 des Patentgesetzes herauszugeben ist, gelten das Patentblatt und die zugehörigen Patentschriften.

Das **„Patentblatt“**

ist zunächst für die durch das Patentgesetz vorgeschriebenen, auch in dem Reichs-Anzeiger zu veröffentlichenden Bekanntmachungen bestimmt. Demgemäß finden darin Aufnahme: alle Bekanntmachungen über die Anmeldung von Erfindungen behufs Erlangung eines Patentes, über die Zurückziehung der Anmeldung, über die Erteilung oder Versagung des Patentes, über den Anfang, den Ablauf, das Erlöschen, die Erklärung der Nichtigkeit und Zurücknahme, die Übertragung der Patente.

Ferner enthält das Patentblatt die auch im Reichs-Anzeiger zu veröffentlichenden amtlichen Bekanntmachungen des Patentamts in Angelegenheiten des Gebrauchsmuster-Schutzes.

Der Verlag des Patentblattes ist der Verlagsbuchhandlung Carl Heymann's Verlag, Berlin W. 41, Mauerstr. 44, übertragen. Für das Inland beträgt der halbjährige Bezugspreis des Patentblattes 10 Mk.

Neben dem Patentblatte erscheinen die

„Patentschriften"

in besonderen Heften, welche je nach der Fertigstellung ausgegeben werden. Dieselben enthalten — für jedes Patent getrennt — die vollständigen Beschreibungen und Zeichnungen, auf Grund deren die Erteilung der Patente erfolgt ist.

Die Patentschriften sind durch das Kaiserliche Patentamt (Bekanntmachung vom 9. September 1895, Blatt für Patent-, Muster- und Zeichenwesen 1895, Heft 12) unter folgenden Bedingungen zu beziehen:

Einzelne Hefte der Patentschriften werden, soweit der Vorrat reicht, zum Preise von 1 Mk. abgegeben. Bei der Bestellung sind die Nummern der gewünschten Patentschriften anzugeben.

Vorbestellungen, bei denen das Heft mit 0,50 Mk. berechnet wird, werden angenommen:

a) auf einzelne Klassen:

Die Bestellung hat schriftlich zu erfolgen und muß enthalten:

1. die vollständige Adresse des Bestellers,
2. die genaue Angabe derjenigen Klassen, deren Zusendung erfolgen soll,
3. die Angabe des Datums, von welchem ab die erschienenen Patentschriften gewünscht werden.

Gleichzeitig mit der Bestellung ist ein Betrag von 20 Mk., oder ein Vielfaches desselben einzuzahlen, worauf die Zusendung der gewünschten Patentschriften so lange erfolgt, bis der eingezahlte Betrag erschöpft ist;

b) auf 20 oder mehr Hefte einer bestimmten Patentschrift:

Die Bestellung ist innerhalb der ersten 14 Tage nach der Veröffentlichung der Erteilung des Patentes im Reichs-Anzeiger schriftlich zu machen und muß enthalten:

1. die vollständige Adresse des Bestellers,
2. die genaue Bezeichnung des Patentes, nach Nummer, Namen und Gegenstand.

Gleichzeitig ist der Betrag von 0,50 Mk. für je ein Heft einzuzahlen.

Später eingehende Bestellungen können nur soweit Berücksichtigung finden, als der vorhandene Vorrat der Patentschriften es gestattet.

Bestellungen auf Patentschriften, welche **vor** der Veröffentlichung der Erteilung des Patentes eingehen, finden keine Berücksichtigung; die mit vorzeitigen Bestellungen eingezahlten Gelder werden zurückgewiesen. Bestellkarten auf einzelne Patentschriften und zu den Vorbestellungen nach Klassen werden im Kaiserlichen Patentamt unentgeltlich abgegeben. In Ermangelung einer solchen Bestellkarte kann die Bestellung unter genauer Bezeichnung der gewünschten Patentschriften mittels gewöhnlicher Postkarte erfolgen.

Alle an das Kaiserliche Patentamt gerichteten Sendungen sind ausreichend zu frankieren. Unfrankierte oder unzureichend frankierte Sendungen werden nicht angenommen. Die Geldbeträge sind in den gesetzlichen Zahlungsmitteln, also mit Ausschluß von Postfreimarken und sonstigen Wertzeichen, portofrei und unter Wertangabe einzusenden.

Bestellungen, welche den obigen Bedingungen nicht entsprechen, bleiben unberücksichtigt.

Das Patentamt veröffentlicht ferner

„Auszüge aus den Patentschriften".

Dieselben erscheinen alsbald nach Ausgabe der betr. Patentschriften.

Zweck der Auszüge ist, die beteiligten Kreise alsbald und in leichter Weise von dem wesentlichen Inhalt der neuen Erfindungen in Kenntnis zu setzen;

sie sollen einem jeden die Prüfung erleichtern, ob sein Interesse durch die erteilten Patente berührt wird, und ob er daher von den vollständigen Patentschriften Einsicht zu nehmen veranlaßt ist. Abbildungen der zu den Patentschriften gehörigen Zeichnungen werden auf die zum Verständnisse der Beschreibung unerläßlichen Teile beschränkt und nur dann beigefügt, wenn dies im Interesse einer leicht übersichtlichen Darstellung erforderlich oder dienlich erscheint.

Die Auszüge werden als Anhang des Patentblattes veröffentlicht und sind durch die Verlagsbuchhandlung Carl Heymann's Verlag, Berlin W.41, Mauerstr. 44, für den halbjährigen Preis von 25 Mk. (einschl. des Patentblattes) zu beziehen.

Außerdem erscheint alljährlich in Carl Heymann's Verlag ein systematisch und chronologisch geordnetes

„Verzeichnis der im Vorjahre erteilten Patente“

mit alphabetischem Namen- und Sachregister. Der Bezugspreis für den Jahrgang richtet sich nach der Stärke. Der Preis für den Jahrgang 1898 beträgt 15 Mk.

An weiteren Veröffentlichungen werden herausgegeben:

Das

„Blatt für Patent-, Muster- und Zeichenwesen“.

Dasselbe erscheint in monatlichen Zwischenräumen und bezweckt die Mitteilung von Vorgängen auf den Gebieten des Patent-, Muster- und Warenzeichenrechts, einschließlich des Geschmacksmusterrechts, welche für die beteiligten gewerblichen Kreise und für die juristische Wissenschaft und Praxis ein Interesse darbieten, insbesondere von Gesetzen und Verordnungen, Entscheidungen und Verfügungen des In- und Auslandes, internationalen Verträgen, statistischen Zusammenstellungen, auch Abhandlungen usw.

Der Verlag dieses Blattes ist der Verlagsbuchhandlung Carl Heymann's Verlag, Berlin W. 41, Mauerstr. 44, übertragen. Der Preis beträgt für den Jahrgang 6 Mk.

Abnehmer des Patentblattes oder des Warenzeichen-Blattes erhalten das Blatt für Patent-, Muster- und Zeichenwesen kostenfrei.

Das

„Repertorium der technischen Journal-Literatur"

erscheint alljährlich im Verlage von Carl Heymann, Berlin W. 41, Mauerstr. 44.

Es gibt in kurzen Auszügen den Inhalt der in mehr als 300 Zeitschriften deutscher, englischer, französischer und italienischer Sprache erscheinenden Abhandlungen wieder, welche nahezu das ganze Gebiet der Technik umfassen. Der Inhalt ist alphabetisch nach 41 Hauptklassen geordnet, welche wiederum in zahlreiche Unterklassen zerlegt sind. Die Zeitschriften sind in alphabetischer und sachlicher Reihenfolge aufgeführt. Autoren- und Sachregister erleichtern das Nachschlagen.

Der Bezugspreis für den Jahrgang richtet sich nach der Stärke. Der Preis für den zuletzt erschienenen Jahrgang 1897 beträgt 18 Mk.

---

7. Verzeichnis
der
Behörden, Vereine ꝛc., welche die Patentschriften erhalten und zur unentgeltlichen Einsichtnahme auslegen.

I. Deutsches Reich.

Aachen Technische Hochschule.

Altona Industrie-Verein.

Augsburg Technischer Verein.

Barmen Stadtbibliothek.

Berlin Kaiserliches Patentamt.
Berg-Akademie. (Klassen 1, 5, 121, 18, 19e, 21h, 40, 42c, 50c, 78e, 84c.)
Hygiene-Museum. (Klassen 30 und 61.)

Beuthen O.-Schl. Bezirksverein deutscher Ingenieure (Rathaus).

Bielefeld Handelskammer. (Klassen 3, 6, 8, 13, 14, 28, 29, 31, 32, 42, 46, 49, 50, 52, 53, 55, 60, 63, 66, 68, 73, 75, 79, 86, 87, 89.)

Bochum Westf. Berggewerkschaftskasse.

Bonn Handelskammer.

Braunschweig Technische Hochschule.

Bremen Gewerbekammer.

Breslau Magistrat. (Stadtbibliothek.)

Cassel Gewerbehalle.

Charlottenburg Technische Hochschule.

Chemnitz Direktion der technischen Staatslehranstalten.

Coblenz Stadtbibliothek (Klassen 1, 4, 8, 12, 13, 14, 18, 21, 24, 26, 27, 28, 31, 34, 35, 36, 37, 38, 39, 40, 41, 45, 46, 47, 49, 51, 53, 55, 57, 63, 65, 68, 80, 84, 85, 87, 89.)

Cöln Bezirksverein deutscher Ingenieure. (Auslegestelle Stadtbibliothek Gereonskloster 8.)

Cöthen Direktion des höheren technischen Instituts.

Cottbus Magistrat (Kgl. höhere Webschule). (Klassen 3, 5, 6, 8, 10, 13, 14, 15, 21, 22, 23, 24, 25, 28, 29, 32, 36, 38, 40, 41, 46, 47, 49, 50, 52, 60, 63, 68, 71, 75, 76, 79, 80, 81, 82 und 86.)

Crefeld Kuratorium der Königl. höheren Webeschule. (Klassen 3, 4, 8, 10, 12, 13, 14, 21, 22, 23, 24, 25, 26, 27, 29, 36, 42, 46, 47, 48, 49, 59, 60, 75, 76, 81, 82, 85, 86, 88.)

Danzig Verband Ostdeutscher Industrieller. (Klassen 2, 6, 12, 13, 14, 19, 20, 21, 24, 26, 30, 31, 35, 36, 37, 38, 42, 45, 46, 47, 49, 50, 59, 60, 65, 68, 72, 78, 80, 82, 84, 85, 88, 89.)

Darmstadt Technische Hochschule. — Großhzgl. Zentralstelle für die Gewerbe.

Dessau Bezirksverein deutscher Ingenieure. (Auslegestelle: Herzogl. Behörden-Bibliothek.)

Dortmund Magistrat.

Dresden Technische Hochschule.

Düsseldorf Zentral-Gewerbe-Verein. (Kunstgewerbe-Museum.)

Duisburg Bezirksverein deutscher Ingenieure. (Auslegestelle: Kgl. Maschinenbau- und Hüttenschule, Bismarckstr.)

Einbeck Magistrat. (Preuß. Fachschule für Textilindustrie. Klassen 4, 6, 8, 11, 14, 15, 24, 25, 29, 34, 38, 46, 47, 68, 71, 76, 86.

Erfurt Gewerbeverein.

Essen Verein für die bergbaulichen Interessen im Oberbergamtsbezirk Dortmund. (Auslegestelle: Linden-Allee 67.)

Flensburg Handelskammer.

Frankfurt a. M. Handelskammer.

Freiberg i. S. Berg-Akademie.

Furtwangen Großherzoglich Badische Uhrmacherschule. (Klassen 21, 83.)

Geestemünde Handelskammer. (Klassen 13, 14, 17, 38, 65, 68, 73, 76, 79.)

Gera Handelskammer. (Klassen 6, 8, 13, 24, 28, 31, 49, 51, 53, 76, 79, 85, 86.)

Gießen Großhzgl. Universitäts-Bibliothek. (Klassen 2, 6, 22, 28, 49, 70, 79, 80, 85.)

Görlitz Handelskammer für die preußische Oberlausitz.

Gotha Herzogliche Bibliothek.

Hagen i. W. Handelskammer. (Auslegestelle bei der Firma Bechem & Post.)

Halle a. S. Bezirksverein deutscher Ingenieure.

Hamburg Hamburgische Gesellschaft zur Beförderung der Künste und nützlichen Gewerbe. (Beim alten Rathaus.)

Hanau Handelskammer.

Hannover Technische Hochschule.

Hildesheim Industrieverein. (Stadtbibliothek.)

Hirschberg i. Schl. Magistrat.

Ilmenau Direktion der Großherzoglichen Präzisionstechnischen Anstalten. (Klassen 6*, 12*, 21*, 30* [*soweit sich die Patentschriften auf Apparate beziehen], 32 und 42.)

Jena Öffentliche Lesehalle. (Klassen 4, 12, 21, 24, 26, 31, 32, 42, 45, 47, 49, 57, 67, 80, 87.)

Kaiserslautern Pfälzisches Gewerbemuseum.

Karlsruhe Technische Hochschule u. Großherzl. Landesgewerbehalle.

Kiel Handelskammer.

Königsberg i. Pr. Gewerblicher Zentralverein der Provinz Ostpreußen. (Kunstgewerbliches Museum.)

Konstanz Handelskammer. (Klassen 2, 3, 4, 6, 7, 8, 9, 10, 11, 12, 13, 14, 15, 17, 21, 22, 23, 24, 25, 26, 27, 28, 29, 30, 31, 32, 33, 34, 38, 42, 43, 44, 45, 46, 49, 50, 52, 53, 54, 55, 57, 59, 60, 61, 63, 66, 67, 68, 69, 70, 71, 73, 76, 77, 79, 80, 81, 82, 83, 85, 86, 87 a—c, 88 a.)

Leipzig Handelskammer.

Liegnitz Fabrikanten-Verein. (Klassen 6, 8, 23, 25, 31, 34, 36, 38, 50, 51, 58, 80, 86, 89.)

Ludwigshafen a. Rh. Pfälzische Handels- und Gewerbekammer. (Klassen 6, 8, 12, 13, 14, 15, 16, 20, 22, 23, 24, 26, 27, 28, 31, 34, 35, 36, 37, 38, 42, 45, 46, 47, 49, 50, 55, 57, 58, 59, 60, 75, 76, 79, 80, 81, 85, 86, 89.)

Lübeck Gewerbekammer.

Magdeburg Stadtbibliothek.

Mainz Großh. Hess. Bürgermeisterei. (Auslegestelle: Stadtbibliothek.)

Mannheim Handelskammer.

Metz Handelskammer.

Mühlhausen i. Th. Preuß. Fachschule für Textilindustrie.

Mülhausen i. E. Handelskammer. (Klassen 2, 3, 4, 6, 7, 8, 9, 10, 12, 13, 14, 15, 17, 19, 20, 21, 22, 23, 24, 25, 26, 27, 28, 29, 31, 35, 36, 37, 38, 42, 46, 47, 48, 49, 50, 52, 54, 55, 57, 58, 59, 60, 63, 67, 68, 69, 73, 75, 76, 81, 82, 84, 85, 86, 87, 88.)

München Technische Hochschule. — Polytechnischer Verein.

Nürnberg Gewerbe-Museum.

Offenbach Handelskammer.

Oldenburg. Handelskammer. (Klassen 6, 8, 10, 13, 14, 18, 21, 24, 26, 31, 32, 35, 36, 37, 38, 45, 48, 49, 65, 76, 80, 86.)

Pforzheim Handelskammer. (Klassen 12, 15, 22, 26, 27, 33, 34, 39, 40, 42, 44, 48, 49, 50, 54, 55, 67, 68, 70, 74, 80.)

Plauen i. V. Königl. Industrieschule. (Klassen 3, 8, 9, 25, 29, 43, 52, 76, 86.)

Posen Landesbibliothek.

Remscheid Bergischer Fabrikanten-Verein. (Klassen 13, 14, 24, 27, 31, 38, 46, 47, 48, 49, 59, 67, 68, 69, 77 [Schlittschuhe], 87, 88.)

Roßwein Direktion der deutschen Schlosserschule. (Klassen 21 — Elektrische Leitungs- und Verteilungsanlagen, elektrische Maschinen und elektrische Beleuchtung — 49, 68.)

Rostock Chem. Univers.-Laboratorium. (Klassen 12 a—d, q—r, 22.)

Saarbrücken Bezirksverein deutscher Ingenieure. (Auslegestelle in der Bergwerksdirektion.)

Schmalkalden Gewerbeverein.

Solingen Handelskammer. (Klassen 31, 67, 69.)

Sorau Handelskammer für die östliche Niederlausitz.

Straßburg i. E. Handelskammer.

Stuttgart Königlich Württembergische Zentralstelle für Handel und Gewerbe. — Technische Hochschule.

Trier Handelskammer.

Waldenburg i. Schl. Verein für die bergbaulichen Interessen Niederschlesiens.

Wetzlar Handelskammer

Wiesbaden Gewerbeverein. (Gewerbeschule.)

Worms Handelskammer. (Auslegestelle: Goethestr. 31.) (Klassen 3, 6, 12, 13, 14, 15, 17, 21, 22, 23, 26, 28, 30, 31, 34, 42, 44, 50, 58, 68, 71, 76, 80, 81, 83, 86, 87.)

Würzburg Handels- und Gewerbekammer für Unterfranken und Aschaffenburg. (Auslegestelle: Sekretariat des Polytechnischen Zentralvereins in der Maxschule.)

Zwickau Direktion der Ingenieurschule. (Klassen 1, 3, 7, 8, 10, 12—14, 18, 21, 23, 24, 29, 31, 46, 47, 49, 55, 59, 76, 80, 88.)

II. Ausland.

1. Belgien.

Brüssel Ackerbau-Ministerium.

2. **Dänemark.**

Kopenhagen Königliche Patent-Kommission.

3. **Frankreich.**

Paris Amt für Erfindungspatente und Fabrikmarken.

4. **Großbritannien.**

Leeds Öffentliche Bibliothek.
London Patentamt.

5. **Japan.**

Tokio Patentamt.

6. **Italien.**

Rom Ministerium für Ackerbau, Industrie und Handel.

7. **Luxemburg.**

Luxemburg Staatsministerium und Präsidium des Großherzogtums Luxemburg.

8. **Österreich-Ungarn.**

Budapest Handelsministerium. Ungarisches Patentamt.
Wien Patentamt. Technische Hochschule. Niederösterreich. Gewerbe-Verein. (Klassen 8, 12, 22, 29, 43.)

9. **Portugal.**

Lissabon Ministerium des Handels und der Industrie. (Nur die bis Juli 1898 erschienenen Patentschriften.)

10. **Rußland.**

Petersburg Reichs-Ministerium. Kaiserliche öffentliche Bibliothek.
Riga Polytechnische Schule.

11. **Schweden und Norwegen.**

Christiania Königl. Patent-Kommission.
Stockholm Patentamt.

12. **Schweiz.**

Bern Eidgenössisches Amt für geistiges Eigentum.
Zürich Polytechnikum.

13. **Spanien.**

Madrid Ministerium des Innern.

14. **Vereinigte Staaten von Amerika.**

Boston Öffentliche Bibliothek.
St. Louis Öffentliche Bibliothek.
Washington Patentamt.

8. Bekanntmachung
vom 19. Juni 1900, betr. den Bezug der Patentschriften.
(1900, 224.)

In nächster Zeit werden die Patentschriften nach Haupt- und Unterklassen getrennt zur Ausgabe gelangen.

Für den Bezug derselben gelten an Stelle der unterm 9. September 1895 veröffentlichten fortan die nachfolgenden Bedingungen.

1. Preis.

	Für das Stück ℳ	₰
Der Preis der Patentschriften beträgt bei der Bestellung:		
a) von einzelnen Patentschriften in weniger als 20 Stücken von jeder Nummer	1	—
b) von mindestens 20 Stücken einer einzelnen Patentschrift	—	50
c) von sämtlichen Patentschriften aus einer bestimmten Haupt- oder Unterklasse, wenn mindestens 20 Stücke aus der Klasse geliefert werden	—	50

2. Bestellung.

Die Bestellungen sind an das Kaiserliche Patentamt in Berlin, Luisenstraße 32/34, zu richten. Die Bestellung kann auf dem Abschnitt einer Postanweisung erfolgen (vergl. unter 3: Postanweisungsformulare mit vorgedruckter Adresse werden vom Patentamt unentgeltlich verabfolgt).

In der Bestellung ist außer der genauen Adresse des Bestellers anzugeben:

a) Bei der Bestellung einzelner Patentschriften in mehr oder weniger als 20 Stücken:

Die Nummer der Patentschrift (die stets mit der Nummer des Patents übereinstimmt) und die Anzahl der gewünschten Stücke.

Wird eine Bestellung auf Grund der Bekanntmachung der Patenterteilung im Reichsanzeiger und Patentblatt gemacht, so empfiehlt es sich, die Bestellung spätestens innerhalb 14 Tagen nach der Bekanntmachung an das Patentamt gelangen zu lassen, damit sie noch bei der Erteilung des Auftrags zum Druck der Patentschrift berücksichtigt werden kann.

b) Bei der Bestellung der sämtlichen Patentschriften aus einer bestimmten Klasse oder Unterklasse:

Nummer und Titel der Klasse oder Unterklasse, aus der die Patentschriften gewünscht werden, der Zeitpunkt, von welchem ab die Lieferung erfolgen soll.

3. Bezahlung.

a) Die Beträge für die in bestimmter Stückzahl bestellten Patentschriften sind gleichzeitig mit der Bestellung zu entrichten.

b) Bei Klassenbestellungen sind mindestens 20 M. im voraus zu zahlen. Die Zusendung der Patentschriften erfolgt bis zur Erschöpfung des eingezahlten Betrages. Für rechtzeitige Ergänzung der Einzahlung ist Sorge zu tragen.

c) Die Beträge sind entweder bei der Entnahme der Patentschriften bar einzuzahlen, durch Postanweisung an die Kasse des Patentamts einzusenden oder dem Girokonto der Kasse bei der Reichsbank zuzuführen.

d) Die Bestimmung des Geldes ist in jedem Falle auf dem Abschnitte der Postanweisung zu vermerken.

e) Die Bezahlung der Patentschriften durch Einsendung von Postfreimarken ist nicht gestattet. Schecks sind zur Überweisung des Geldes an die Kasse des Patentamts der betreffenden Bank, nicht dem Patentamt, zuzustellen.

4. Sonstiges.

a) Unvollständige Bestellungen oder Bestellungen, die vor der Veröffentlichung der Patenterteilung eingehen, werden nicht berücksichtigt. Die derartigen Bestellungen beigegebenen Gelder werden gegebenen Falls portopflichtig zurückgesandt.

b) Alle Sendungen an das Kaiserliche Patentamt sind zu frankieren. Die Briefumschläge von nicht ausreichend oder überhaupt nicht frankierten Sendungen gehen an den Absender zurück.

Berlin, den 19. Juni 1900.

Der Präsident des Kaiserlichen Patentamts:
von Huber.

9. Allgemeine Bestimmungen des Kaiserlichen Patentamts über die Zulässigkeit der Einzahlung von Guthaben zur fortlaufenden Verrechnung.

1. Zur Deckung der innerhalb größerer Zeitabschnitte an die Kasse des Kaiserlichen Patentamts zu leistenden Zahlungen, insbesondere von Gebühren, können Gelder als Guthaben überwiesen werden.
2. Derartige Überweisungen dürfen nicht weniger betragen als 2000 Mark.[1])
3. Die Geldbeträge werden zweckmäßig entweder dem Reichsbank-Girokonto für die Kasse des Patentamts zugewiesen, oder durch Postanweisung eingesandt. Die Barzahlung ist nicht erwünscht.
4. Die Zahlung durch ein Guthaben bezweckt eine Erleichterung des äußeren Zahlungsgeschäfts. Dagegen ist die Rechtzeitigkeit der Zahlung von Gebühren durch ein solches Guthaben allein noch nicht sichergestellt, vielmehr durch die Erfüllung der allgemeinen gesetzlichen Vorschriften bedingt. Die Verantwortlichkeit hierfür verbleibt dem Zahlenden.
5. Zur Begleichung von Gebühren aus einem Gut-

[1]) Auf Verordn. des Präsid. d. P.-A. vom 1. März 1901 auf 800 Mark herabgesetzt. (01, 65.)

haben ist ein besonderes schriftliches Ersuchen vorzulegen, das an das Kaiserliche Patentamt (nicht an die Kasse) zu richten ist und ergeben muß:

a) die Höhe des vorhandenen Guthabens,
b) die Bezeichnung der Beträge, die aus dem Guthaben beglichen werden sollen, im einzelnen und im ganzen,
c) den verbleibenden Betrag des Guthabens.

Für die Form des Ersuchens ist das beiliegende Muster maßgebend. Anträge, welche nicht lediglich die Verrechnung von Gebühren betreffen, dürfen mit dem Ersuchen nicht verbunden werden.

6. Über die Rechtzeitigkeit der Zahlung einer Gebühr entscheiden in dem gesetzlich geordneten Verfahren, wie bisher, die Abteilungen des Patentamts. Der Zahlende wird insbesondere zu beachten haben, daß eine Gebühr nur dann als rechtzeitig gezahlt anzusehen sein wird, wenn

a) das Ersuchen (Ziffer 5) spätestens am letzten Tage der Frist für die Gebührenzahlung gemäß § 27 der Kaiserlichen Verordnung vom 11. Juli 1891 (Reichs-Gesetzblatt Seite 349) mit dem Tagesstempel der Annahmestelle versehen ist und
b) das Guthaben zur Begleichung der Gebühren ausreicht.

Es bleibt hierbei zu berücksichtigen, daß die

Belag Nr. ....

Firma.

Konto Nr. .... **Ausgabe: Kassenbuch B Nr.** ....

Es wird ersucht, aus meinem Guthaben bei der Kasse des Kaiserlichen Patentamts die nachbezeichneten Gebühren zu begleichen:

Lfde. Nr.	Bezeichnung der Gebühr	Vor- und Zuname des Zahlungspflichtigen	Aktenzeichen 2c.	Betrag der Gebühr ℳ	Betrag der Gebühr ₰	Guthaben ℳ	Guthaben ₰	Vereinnahmt im Gegenbuch
		Höhe des Guthabens . . .	—	—	—	5000	—	
		Davon sind zu verwenden:						
		A. In Patentsachen:						
1.	Anmeldegebühr	Friedrich Schulze	—	20	—			
2.	Beschwerdegebühr	Heinrich Möller	M. 4060 II/21	20	—			
3.	5. Jahresgebühr	Karl Lehmann laut Einzahlungsschein	Patent 75672	200	—			
				240	—			
		B. In Gebrauchsmustersachen:						
4.	Anmeldebühr	Gustav Bäcker	—	15	—			
5.	Verlängerungsgebühr	Wilhelm Schuster laut Einzahlungsschein	Gebr.-Mstr. 75672	60	—			

		C. In Warenzeichensachen:					
6.	Anmeldegebühr	Hermann Schneider	—	30			
7.	Beschwerdegebühr	Emil Koch	Sch. 475/21 Wz.	20	—		
				125	—		
		D. Für Patentschriften:					
8.		Auf Grund beiliegenden Bestellscheins	—	20	—		
		oder					
		Zur Verstärkung des Guthabens für zu liefernde Patentschriften laut Einzahlungsschein.					
		E. Sonstige Zahlungen.					
		Schreibgebühren	Sch. 4740 G.M.	—	—		
			Zusammen	—	—	385	—
			Verbleibendes Guthaben	—	—	4615	—

Berlin, 2c. den 19

Unterschrift.

An

das Kaiserliche Patentamt

Berlin.

nach Schluß der Dienststunden eingehenden Sendungen erst am folgenden Werktage geöffnet und abgestempelt werden. In dringenden Fällen wird es sich deshalb empfehlen, zur Begleichung der Gebühren nicht das Guthaben heranzuziehen, sondern den Betrag zur Überweisung an die Patentamtskasse bei einer Postanstalt im Gebiete des Deutschen Reiches bar einzuzahlen.

7. Zur Rückzahlung angewiesene Gebührenbeträge werden künftig, sofern nicht im einzelnen Falle rechtzeitig ein anderer Antrag gestellt wird, nicht mehr bar zurückgezahlt, sondern bei dem Guthaben des Empfangsberechtigten in Einnahme nachgewiesen werden.

Vor der Gutschrift der Beträge wird den Kontoinhabern seitens der Kasse zwecks Ergänzung ihres Kontos Nachricht gegeben werden.

8. Schreibgebühren, Rollgelder, Portokosten, sowie ähnliche vom Patentamt zu liquidierende, ihrer Höhe nach nicht ein für allemal feststehende Kosten sollen von den Guthaben-Inhabern bis auf weiteres nicht mehr durch Nachnahme erhoben, sondern, um die Begleichung aus dem Guthaben zu ermöglichen, eingefordert werden.

Die Beträge müssen aber innerhalb der für die Zahlung bestimmten Frist durch Aufnahme in ein Ersuchen gemäß Ziffer 5 zur Begleichung kommen. Geschieht dies nicht, so wird die Erhebung in der früheren Weise erfolgen.

9. In allen Fällen, in denen Patentjahres-, -Zuschlags-, Gebrauchsmusterverlängerungs - Gebühren oder Warenzeichenerneuerungs- und Zuschlagsgebühren verrechnet werden sollen, sind dem Ersuchen (Ziffer 5) die für den Einzelfall erforderlichen, von der Kasse des Patentamts unentgeltlich zu beziehenden Einzahlungsscheine beizufügen.
10. Ein eingerichtetes Konto kann vom Kaiserlichen Patentamt jederzeit geschlossen werden.

Mit den vorstehenden Bestimmungen erkläre ich mich einverstanden.

................................, den .... 1......

---

10. Bekanntmachung

vom 18. Dezember 1902, betr. Beobachtung der Kursschwankungen bei Gebührenzahlung.

Es wird darauf hingewiesen, daß die an das Patentamt zu entrichtenden Gebühren der Kasse in jedem Falle in der vollen Höhe, welche das Gesetz vorgesehen hat, zugeführt werden müssen, wenn der Eintritt der Folgen der überhaupt nicht erfolgten Zahlung verhindert werden soll.

---

11. Bekanntmachung,

betreffend Schließung der Kasse an Revisionstagen.

Die Kasse des Kaiserlichen Patentamts bleibt fortan an jedem ersten Werktage eines Monats während der in der Regel von 9 bis längstens 11 Uhr vormittags dauernden Revision für jeglichen Verkehr geschlossen. Eine gleiche Sperrung wird für die Zeit stattfinden, während welcher unvermutete Kassenrevisionen abgehalten werden.

Berlin, den 22. Mai 1903.

Kaiserliches Patentamt.
Hauß.

III.

Völkerrechtliche Verträge.

1. Internationaler Vertrag zum Schutze des gewerblichen Eigentums.[1]) (Union.)

(Paris, den 20. März 1883.)

Seine Majestät der König der Belgier, Seine Majestät der Kaiser von Brasilien, Seine Majestät der König von Spanien, der Präsident der französischen Republik, der Präsident der Republik Guatemala, Seine Majestät der König von Italien, Seine Majestät der König der Niederlande, Seine Majestät der König von Portugal und Algarbien, der Präsident der Republik San Salvador,[2]) Seine Majestät der König von Serbien und der Bundesrat der Schweizer Eidgenossenschaft, haben

gleichmäßig von dem Wunsche beseelt, der Industrie und dem Handel der Angehörigen ihrer betreffenden

---

[1]) Der nachfolgenden Übersetzung liegt der (französische) Urtext des in „La propriété industrielle" 1885 (Bern) S. 2ff. wiedergegebenen Wortlautes des Vertrages zugrunde. Vgl. hierzu auch das in der Einleitung hierüber Gesagte.

[2]) San Salvador ist am 17. August 1887 aus der Union wieder ausgetreten, dagegen sind Großbritannien und Irland unter dem 17. März 84, Tunis unter dem 20. März 84, Republik San Domingo unter dem 20. Oktober 84, Schweden und Norwegen unter dem 26. Juni 85 die Vereinigten Staaten unter dem 30. Mai 87 sowie Dänemark, Spanien, Tunis, Japan, das deutsche Reich mit Rechtswirkung vom 1. Mai 1903, sowie Mexiko unter dem 7. September 1903 der Union beigetreten.

Staaten durch eine gemeinsame Übereinkunft einen vollkommenen und wirksamen Schutz in völliger Übereinstimmung zu sichern und zur Gewährleistung der Rechte der Erfinder und der Redlichkeit des Handelsverkehrs beizutragen, beschlossen, zu diesem Zweck einen Vertrag zu schließen, und haben zu ihren Bevollmächtigten ernannt, nämlich . . . . .

Dieselben sind, nachdem sie sich ihre betreffenden Vollmachten mitgeteilt und dieselben in guter und gehöriger Form befunden, über die folgenden Artikel übereinkommen.

Art. 1. Die Regierungen von Belgien, Brasilien, Spanien, Frankreich, Guatemala, Italien, den Niederlanden, Portugal, Salvador, Serbien und der Schweiz sind zu einem Verbande zum Schutze des gewerblichen Eigentums zusammengetreten.

Art. 2. Die Untertanen oder Bürger der vertragschließenden Staaten sollen in allen anderen Staaten der Union in betreff der Erfindungspatente, der gewerblichen Muster oder Modelle, der Fabrik- oder Handelsmarken und der Handelsfirmen die Vorteile genießen, welche die betreffenden Gesetze den Staatsangehörigen tatsächlich gewähren oder in Zukunft gewähren werden.

Demzufolge sollen sie denselben Schutz wie diese und dieselbe gesetzliche Rechtshilfe gegen jeden Angriff auf ihre Rechte haben, vorbehaltlich der Erfüllung der Förmlichkeiten und Bedingungen, welche den Staatsangehörigen durch die innere Gesetzgebung jedes Staates auferlegt sind.

Art. 3. Den Untertanen oder Bürgern der vertragschließenden Staaten werden die Untertanen oder Bürger der der Union nicht beigetretenen Staaten gleichgestellt, welche auf dem Gebiet eines der Vereinsstaaten ihren Wohnsitz oder gewerbliche oder Handelsniederlassungen haben.

Art. 4. Derjenige, welcher in einem der vertragschließenden Staaten ein Gesuch um ein Erfindungspatent, ein gewerbliches Muster oder Modell eine Fabrik- oder Handelsmarke vorschriftsmäßig niederlegt, soll zum Zweck der Niederlegung (eines gleichen Gesuches) in den anderen Staaten während der unten bestimmten Fristen und vorbehaltlich der Rechte Dritter ein Prioritätsrecht genießen.

Demzufolge soll die später, jedoch vor Ablauf dieser Fristen in einem der übrigen Vereinsstaaten bewirkte Hinterlegung durch inzwischen eingetretene Umstände, namentlich durch eine anderweitige Hinterlegung durch Veröffentlichung oder Ausführung der Erfindung seitens eines Dritten, durch Feilhalten von Exemplaren des Musters oder Modelles, durch Benutzung der Marke nicht unwirksam gemacht werden können.

Die oben erwähnten Prioritätsfristen sollen sechs Monate für Erfindungspatente und drei Monate für gewerbliche Muster oder Modelle sowie für Fabrik- oder Handelsmarken betragen;

sie sollen für überseeische Länder um einen Monat verlängert werden.

Art. 5. Die Einfuhr von Gegenständen, welche in einem oder dem anderen Vereinsstaat hergestellt sind, seitens des Patentinhabers in das Land, in welchem das Patent erteilt worden ist, soll den Verfall des letzteren nicht zur Folge haben.

Gleichwohl soll der Patentinhaber der Verpflichtung unterworfen bleiben, sein Patent nach Maßgabe der Gesetze des Landes, in welches er die patentierten Gegenstände einführt, zur Ausführung zu bringen.

Art. 6. Jede in dem Ursprungslande vorschriftsmäßig eingetragene Fabrik- oder Handelsmarke soll in gleicher Weise in allen anderen Vereinsstaaten zur Eintragung zugelassen und geschützt werden.

Als Ursprungsland soll das Land angesehen werden, in welchem der Anmelder bezw. Inhaber der Marke seine Hauptniederlassung hat. Liegt die Hauptniederlassung nicht in einem der Vereinsstaaten, so soll als Ursprungsland dasjenige angesehen werden, welchem der Anmelder bezw. Inhaber der Marke angehört.

Die Eintragung kann zurückgewiesen werden, wenn der Gegenstand, für welchen sie verlangt wird, den guten Sitten oder der öffentlichen Ordnung zuwiderläuft.

Art. 7. Die Natur des Erzeugnisses, auf welchem die Fabrik- oder Handelsmarke angebracht werden soll, darf in keinem Falle für die Eintragung der Marke ein Hindernis bilden.

Art. 8. Die Handelsfirma soll in allen Vereinsstaaten, ohne Verpflichtung zur Eintragung, geschützt werden, gleichviel, ob sie einen Teil einer Fabrik- oder Handelsmarke bildet oder nicht.

Art. 9. Jedes widerrechtlich mit einer Fabrik- oder Handelsmarke oder mit einer Handelsfirma versehene Erzeugnis kann bei der Einführung in diejenigen Vereinsstaaten, in welchen die Marke oder die Handelsfirma Recht auf gesetzlichen Schutz hat, beschlagnahmt werden.

Die Beschlagnahme soll nach Maßgabe der inneren Gesetzgebung jedes Staats auf Antrag der Staatsanwaltschaft oder der Beteiligten stattfinden.

Art. 10. Die Bestimmungen des voraufgehenden Artikels sollen auf jedes Erzeugnis anwendbar sein, welches fälschlicherweise als Herkunftsbezeichnung den Namen eines bestimmten Ortes trägt, wenn diese Bezeichnung mit einer erfundenen oder entlehnten Handelsfirma in betrügerischer Absicht in Verbindung gebracht ist.

Als Beteiligter gilt jeder Fabrikant oder Kaufmann, welcher sich mit der Herstellung oder dem Vertriebe dieses Erzeugnisses befaßt und der in dem fälschlich als Herkunftsort bezeichneten Orte seine Niederlassung hat.

Art. 11. Die vertragschließenden Teile verpflichten sich, den patentfähigen Erfindungen, den gewerblichen

Mustern und den Modellen sowie den Fabrik- oder Handelsmarken für Erzeugnisse, welche auf amtlichen oder amtlich anerkannten Weltausstellungen ausgestellt werden, einen zeitweiligen Schutz zu gewähren.

Art. 12. Jeder der vertragschließenden Teile verpflichtet sich, eine besondere Behörde für das gewerbliche Eigentum und eine Zentralstelle zur Mitteilung der Erfindungspatente, der gewerblichen Muster oder Modelle und der Fabrik- oder Handelsmarken an das Publikum einzurichten.

Art. 13. Unter der Bezeichnung: „Internationales Bureau des Verbandes zum Schutze des gewerblichen Eigentums" soll ein internationales Amt eingerichtet werden.

Dieses Bureau, dessen Kosten durch die Regierungen sämtlicher vertragschließenden Staaten zu tragen sind, wird der Autorität der obersten Behörde (des Bundesrats) der Schweizerischen Eidgenossenschaft unterstellt und soll unter deren Aufsicht tätig sein. Die Befugnisse desselben werden durch gemeinsame Übereinkunft der Vereinsstaaten bestimmt.

Art. 14. Der gegenwärtige Vertrag soll wiederkehrenden Prüfungen unterzogen werden, um Verbesserungen behufs Vervollkommnung der Union vorzunehmen.

Zu diesem Zweck sollen in einem der vertragschließenden Staaten der Reihe nach Konferenzen zwischen den Delegierten der genannten Staaten stattfinden.

Die nächste Zusammenkunft soll 1885 in Rom*) stattfinden.

Art. 15. Man ist darüber einverstanden, daß die vertragschließenden Teile sich das Recht vorbehalten, besondere Übereinkommen zum Schutze des gewerblichen Eigentums miteinander zu treffen, sofern dieselben den Bestimmungen des gegenwärtigen Vertrages nicht entgegenstehen.

Art. 16. Den Staaten, welche an dem gegenwärtigen Vertrage nicht teilgenommen haben, soll der Beitritt auf ihren Antrag gestattet sein.

Dieser Beitritt ist auf diplomatischem Wege der Regierung der schweizerischen Eidgenossenschaft und von dieser den übrigen anzuzeigen.

Er erfolgt zu allen Bestimmungen mit voller Rechtswirkung und hat die Zulassung zu allen Vorteilen zur Folge, welche in dem gegenwärtigen Vertrage vereinbart sind.

Art. 17. Die Ausführung der in dem gegenwärtigen Vertrage enthaltenen gegenseitigen Verbindlichkeiten unterliegt, soweit erforderlich, der Erfüllung der Förmlichkeiten und Vorschriften, welche die verfassungsmäßigen Gesetze derjenigen vertragschließenden Teile erfordern, die deren Anwendung herbeizuführen gehalten sind, was diese in möglichst kürzester Frist zu tun sich verpflichten.

Art. 18. Der gegenwärtige Vertrag soll inner-

---

*) Vgl. das in der Einleitung über die Union Gesagte.

halb eines Monats nach Austausch der Ratifikationen in Kraft treten und auf unbestimmte Zeit bis nach Ablauf eines Jahres vom Tage der erfolgten Kündigung ab in Kraft bleiben.

Diese Kündigung ist an die mit der Entgegennahme von Beitrittserklärungen beauftragte Regierung zu richten. Sie erstreckt ihre Wirkung nur auf den Staat, welcher sie ausspricht; für die übrigen vertragschließenden Teile bleibt der Vertrag in Kraft.

Art. 19. Der gegenwärtige Vertrag soll ratifiziert und die Ratifikationen sollen in Paris spätestens binnen Jahresfrist ausgetauscht werden.

Zur Beurkundung haben die Bevollmächtigten den Vertrag unterzeichnet und ihm ihre Siegel beigedrückt.

Geschehen zu Paris, am 20. März 1883.

(Unterschriften.)

Schluß-Protokoll.

Im Begriff, den am heutigen Tage zwischen den Regierungen von Belgien, Brasilien, Spanien, Frankreich, Guatemala, Italien, den Niederlanden, Portugal, San Salvador, Serbien und der Schweiz zum Schutz des gewerblichen Eigentums abgeschlossenen Vertrag zu unterzeichnen, haben die unterzeichneten Bevollmächtigten noch folgendes vereinbart:

1. Die Worte „Gewerbliches Eigentum" sollen in ihrer weitesten Bedeutung verstanden werden, so daß sie nicht bloß auf Erzeugnisse der Industrie im eigentlichen Sinne, sondern ebenso auf die Erzeugnisse der Landwirtschaft (Wein, Getreide, Früchte, Vieh 2c.) und auf die in den Handel gebrachten mineralischen Erzeugnisse (Mineralwasser 2c.) zu beziehen sind.

2. Unter dem Namen „Erfindungspatente" sind die von den Gesetzgebungen der vertragschließenden Staaten zugelassenen verschiedenen Arten gewerblicher Patente, wie Einführungs-, Verbesserungs- 2c. Patente, einbegriffen.

3. Man ist darüber einverstanden, daß die Schlußbestimmung des Art. 2 des Vertrages die Gesetzgebung jedes der vertragschließenden Staaten in betreff des Verfahrens vor den Gerichten und der Zuständigkeit dieser Gerichte in keiner Weise berühren soll.

4. Absatz 1 des Art. 6 ist in dem Sinne zu verstehen, daß keine Fabrik- oder Handelsmarke von dem Schutze in einem der Vereinsstaaten lediglich der Tatsache wegen ausgeschlossen werden darf, daß dieselbe hinsichtlich der Zeichen, aus denen sie besteht, den Anforderungen der Gesetzgebung dieses

Staates nicht genügt, vorausgesetzt, daß sie in dieser Beziehung der Gesetzgebung des Ursprungslandes genügt und daß sie in diesem letzteren Lande Gegenstand einer vorschriftsmäßigen Eintragung gewesen ist. Von dieser Ausnahme abgesehen, welche nur die Form der Marke betrifft, und vorbehaltlich der Bestimmungen der übrigen Artikel des Vertrages soll die innere Gesetzgebung jedes Staates Anwendung finden.

Um jede falsche Auslegung zu vermeiden, ist man darüber einig, daß der Gebrauch der öffentlichen Wappen und Ehrenzeichen als im Sinne des Schlußsatzes des Artikels 6 der öffentlichen Ordnung zuwiderlaufend angesehen werden kann.

5. Bei Einrichtung der im Artikel 12 erwähnten besonderen Behörde für das gewerbliche Eigentum soll auf die Veröffentlichung eines periodischen amtlichen Blattes in jedem Staate möglichst Bedacht genommen werden.

6. Die gemeinsamen Kosten des nach Artikel 13 eingesetzten internationalen Bureaus dürfen in keinem Falle eine Gesamtsumme von durchschnittlich 2000 Frank jährlich für jeden vertragschließenden Staat übersteigen.

Um den Beitrag jedes Staates zu dieser Gesamtumme der Kosten zu bestimmen, werden die vertragschließenden Staaten und diejenigen, welche dem Verein später beitreten würden, in sechs Klassen geteilt, von denen jede im Verhältnis einer bestimmten Zahl von Einheiten beisteuert, nämlich:

die 1. Klasse . . .	25	Einheiten
„ 2. „ . . .	20	„
„ 3. „ . . .	15	„
„ 4. „ . . .	10	„
„ 5. „ . . .	5	„
„ 6. „ . . .	3	„

Diese Koeffizienten werden mit der Zahl der Staaten jeder Klasse multipliziert, und die Summe der so erhaltenen Produkte bildet die Zahl der Einheiten, mit der die Gesamtausgabe zu dividieren ist. Der Quotient ergibt dann den Betrag der Beitragseinheit.

Die vertragschließenden Staaten werden hinsichtlich der Verteilung der Kosten, wie folgt klassifiziert:

1. Klasse Frankreich, Italien,
2. „ Spanien,
3. „ Belgien, Brasilien, Portugal, Schweiz,
4. „ Niederlande,
5. „ Serbien,
6. „ Guatemala, San Salvador.

Die schweizerische Regierung wird die Ausgaben des internationalen Bureaus überwachen, die nötigen Vorschüsse leisten und die Jahresrechnung aufstellen, welche allen anderen Regierungen mitgeteilt wird.

Das internationale Bureau hat die auf den Schutz des gewerblichen Eigentums bezüglichen Mitteilungen jeder Art zu sammeln und in einer allgemeinen Statistik zusammenzustellen, welche an alle Regierungen zu verteilen ist. Es hat sich mit gemeinnützigen Studien, welche für den Verein von Interesse sind, zu befassen und mit Hilfe des ihm von den verschiedenen Regierungen zur Verfügung gestellten Aktenmaterials ein periodisches Blatt in französischer Sprache zu redigieren, welches die den Zweck des Vereins betreffenden Fragen behandelt.

Die Nummern dieses Blattes sowie alle von dem internationalen Bureau veröffentlichten Schriftstücke sind an die Regierungen der Vereinsstaaten im Verhältnis der Zahl der oben erwähnten Beitragseinheiten zu verteilen. Die außerdem von den genannten Regierungen oder von Gesellschaften oder Privatpersonen etwa bestellten Exemplare und Schriftstücke sind besonders zu bezahlen.

Das internationale Bureau hat sich jeder Zeit zur Verfügung der Mitglieder der Union zu halten, um ihnen über die auf die internationale Verwaltung des gewerblichen Eigentums bezüglichen Fragen die speziellen Mitteilungen zu machen, deren sie bedürfen könnten.

Die Regierung des Landes, in welchem die nächste Konferenz tagen soll, hat mit Hilfe des internationalen Bureaus die Arbeiten dieser Konferenz vorzubereiten.

Der Vorsteher des internationalen Bureaus hat den Sitzungen der Konferenzen beizuwohnen und an den Verhandlungen ohne beschließende Stimme teilzunehmen. Über seine Amtsführung hat er jährlich einen Bericht zu erstatten, welcher den Mitgliedern des Vereins mitzuteilen ist.

Die Amtssprache des internationalen Bureaus soll die französische Sprache sein.

7. Das gegenwärtige Schlußprotokoll, welches gleichzeitig mit dem am heutigen Tage abgeschlossenen Vertrage ratifiziert werden wird, ist als integrierender Teil dieses Vertrages anzusehen und soll dieselbe Kraft, Gültigkeit und Dauer haben.

Zur Beurkundung dessen haben die unterzeichneten Bevollmächtigten das gegenwärtige Protokoll aufgenommen.

(Unterschriften.)

Madrider Protokoll.

Protokoll betreffend die Ausstattung des internationalen Bureaus des zum Schutze des gewerblichen Eigentums zwischen Belgien, Brasilien, Spanien, den Vereinigten Staaten von Amerika, Frankreich, Großbritannien, Guatemala, Italien, Norwegen, den Niederlanden, Portugal, Schweden, der Schweiz und Tunis geschlossenen Verbandes.

Die Unterzeichneten, Bevollmächtigte der oben aufgeführten Staaten, haben angesichts der am 12. März 1883 von der in Paris versammelten internationalen Konferenz zum Schutze des gewerblichen Eigentums angenommenen Deklaration im Einvernehmen miteinander und unter Vorbehalt der Ratifikation das folgende Protokoll abgeschlossen:

Art. 1. Der erste Absatz der Ziffer 6 des der internationalen Übereinkunft zum Schutze des gewerblichen Eigentums vom 20. März 1883 beigefügten Schlußprotokolls wird aufgehoben und durch die folgende Bestimmung ersetzt:

„Die Ausgaben des nach Artikel 13 eingesetzten internationalen Bureaus werden gemeinsam von den vertragschließenden Staaten getragen. Sie dürfen in keinem Falle die Summe von 60000 Franken jährlich übersteigen."

Art. 2. Das vorliegende Protokoll soll ratifiziert werden, und die Ratifikationen sollen in Madrid spätestens innerhalb 6 Monaten ausgetauscht werden.

Es soll einen Monat nach Austausch der Ratifikationen in Kraft treten und dieselbe Kraft und Dauer haben wie die Übereinkunft vom 20. März 1883, als deren integrierender Teil es angesehen werden soll.

Zu Urkund dessen haben die Bevollmächtigten der oben aufgeführten Staaten das vorliegende Protokoll in Madrid am 15. April 1891 unterzeichnet.

Brüsseler Zusatzakte

vom 14. Dezember 1900, durch welche die Übereinkunft vom 20. März 1883 sowie das beigefügte Schlußprotokoll abgeändert wird.

Seine Majestät der König der Belgier, der Präsident der Vereinigten Staaten von Brasilien, Seine Majestät der König von Dänemark, der Präsident der Dominikanischen Republik, Seine Majestät der König von Spanien und in Seinem Namen Ihre Majestät die Königin-Regentin des Königreichs, der Präsident der Vereinigten Staaten von Amerika, der Präsident der Französischen Republik, Ihre Majestät die Königin des Vereinigten Königreichs von Großbritannien und Irland, Kaiserin von Indien, Seine Majestät der König von Italien, Seine Majestät der Kaiser von Japan, Ihre Majestät die Königin der Niederlande, Seine Majestät der König von Portugal und Algarbien, Seine Majestät der König von Serbien, Seine Majestät der König von Schweden und Norwegen, der Bundesrat der Schweizerischen Eidgenossenschaft, die Regierung von Tunis,

haben es für nützlich erachtet, gewisse Abänderungen und Zusätze der internationalen Übereinkunft vom 20. März 1883 sowie des der genannten Übereinkunft beigefügten Schlußprotokolls zu veranlassen und zu Ihren Bevollmächtigten ernannt:

welche nach gegenseitiger Mitteilung ihrer in guter und gehöriger Form befundenen Vollmachten über folgende Artikel übereingekommen sind:

Art. 1. Die internationale Übereinkunft vom 20. März 1883 wird geändert, wie folgt:

I. Art. 3 der Übereinkunft erhält folgenden Wortlaut:

Art. 3. Den Untertanen oder Bürgern der vertragschließenden Staaten werden gleichgestellt die Untertanen oder Bürger der dem Verbande nicht beigetretenen Staaten, welche in dem Gebiet eines der Verbandsstaaten ihren Wohnsitz oder tatsächliche und wirkliche gewerbliche oder Handelsniederlassungen haben.

II. Art. 4 erhält folgenden Wortlaut:

Art. 4. Derjenige, welcher in einem der vertragschließenden Staaten ein Gesuch um ein Erfindungspatent, ein gewerbliches Muster oder Modell, eine Fabrik- oder Handelsmarke vorschriftsmäßig hinterlegt, soll zum Zwecke der Hinterlegung in den anderen Staaten während der unten bestimmten Fristen und vorbehaltlich der Rechte Dritter ein Prioritätsrecht genießen.

Demgemäß soll die hiernächst in einem der übrigen Verbandsstaaten vor Ablauf dieser Fristen bewirkte Hinterlegung durch inzwischen eingetretene Tatsachen, wie namentlich durch eine andere Hinterlegung, durch die Veröffentlichung der Erfindung oder deren Ausübung, durch das Feilbieten von Exemplaren des Musters oder Modells, durch die Anwendung der Marke, nicht unwirksam gemacht werden können.

Die oben erwähnten Prioritätsfristen sollen zwölf Monate für Erfindungspatente und vier Monate für gewerbliche Muster oder Modelle, sowie für Fabrik- oder Handelsmarken betragen.

III. In die Übereinkunft wird ein Art. 4b eingefügt, der folgendermaßen lautet:

Art. 4b. Die Patente, deren Erteilung in den verschiedenen vertragschließenden Staaten von den zur Wohltat der Übereinkunft nach Maßgabe der Art. 2 und 3 verstatteten Personen beantragt wird, sollen von den für dieselbe Erfindung in anderen zum Verbande gehörigen oder nicht gehörigen Staaten erteilten Patenten unabhängig sein.

Diese Bestimmung soll auf die bestehenden Patente mit dem Zeitpunkte, in welchem sie in Kraft tritt, Anwendung finden.

Für den Fall des Beitritts neuer Staaten soll es mit den im Zeitpunkte des Beitritts auf beiden Seiten bestehenden Patenten ebenso gehalten werden.

IV. Dem Art. 9 werden zwei Absätze hinzugefügt, die folgendermaßen lauten:

In den Staaten, deren Gesetzgebung die Beschlagnahme bei der Einführung nicht zuläßt, kann diese Beschlagnahme durch das Verbot der Einführung ersetzt werden.

Die Behörden sollen nicht gehalten sein, die Beschlagnahme im Falle der Durchfuhr zu bewirken.

V. Art. 10 erhält folgenden Wortlaut:

Art. 10. Die Bestimmungen des vorigen Artikel sollen auf jedes Erzeugnis anwendbar sein, welches als Bezeichnung der Herkunft fälschlich den Namen eines bestimmten Ortes trägt, wenn diese Bezeichnung einen erfundenen oder einem zum Zwecke der Täuschung entlehnten Handelsnamen beigefügt wird.

Als Beteiligter gilt jeder Produzent, Fabrikant oder Kaufmann, welcher die Produktion oder die Fabrikation des Erzeugnisses oder den Handel mit demselben betreibt und in dem fälschlich als Herkunftsort bezeichneten Orte oder in der Gegend, in der dieser Ort liegt, seine Niederlassung hat.

VI. In die Übereinkunft wird ein Art. 10b eingefügt, der folgendermaßen lautet:

Art. 10b. Die unter der Übereinkunft stehenden Personen (Art. 2 und 3) sollen in allen Verbandsstaaten den den Staatsangehörigen gegen den unlauteren Wettbewerb zugesicherten Schutz genießen.

VII. Art. 11 erhält folgenden Wortlaut:

Art. 11. Die hohen vertragschließenden Teile werden den patentfähigen Erfindungen, den gewerblichen Mustern oder Modellen sowie den Fabrik- oder Handelsmarken für Erzeugnisse, welche auf den auf dem Gebiet eines von ihnen veranstalteten amtlichen oder amtlich anerkannten internationalen Ausstellungen zur Schau gestellt werden, in Gemäßheit der Gesetzgebung jedes Landes einen zeitweiligen Schutz gewähren.

VIII. Art. 14 erhält folgenden Wortlaut:

Art. 14. Die vorliegende Übereinkunft soll periodischen Revisionen unterzogen werden, um Verbesserungen herbeizuführen, welche geeignet sind, das System des Verbandes zu vervollkommnen.

Zu diesem Zwecke werden der Reihe nach in einem der vertragschließenden Staaten Konferenzen zwischen den Delegierten der genannten Staaten stattfinden.

IX. Art. 16 erhält folgenden Wortlaut:

Art. 16. Die Staaten, welche an der vorliegenden Übereinkunft nicht teil genommen haben, sollen auf ihren Antrag zum Beitritte zugelassen werden.

Dieser Beitritt ist auf diplomatischem Wege der Regierung der Schweizerischen Eidgenossenschaft und von dieser den übrigen anzuzeigen.

Er hat mit voller Rechtswirkung den Anschluß an alle Bestimmungen und die Zulassung zu allen Vorteilen zur Folge, welche in der vorliegenden Übereinkunft vereinbart sind und tritt einen Monat nach der Absendung der Anzeige durch die Schweizerische Regierung an die übrigen Verbandsstaaten in Kraft, sofern der beitretende Staat nicht einen späteren Zeitpunkt angibt.

Art. 2. Das der internationalen Übereinkunft vom 20. März 1883 beigefügte Schlußprotokoll wird durch die Hinzufügung einer Nummer 3b vervollständigt, die folgendermaßen lautet:

3b. Der Verfall eines Patents wegen Nicht-Ausübung soll in jedem Lande nicht vor Ablauf von drei Jahren seit der Hinterlegung des Gesuchs in dem Lande, um das es sich handelt, und nur dann ausgesprochen werden können, wenn der Patentinhaber rechtfertigende Gründe für seine Untätigkeit nicht dartut.

Art. 3. Die vorliegende Zusatzakte soll dieselbe Gültigkeit und Dauer haben wie die Übereinkunft vom 20. März 1883.

Sie soll ratifiziert werden und die Ratifikationen sollen in Brüssel im Ministerium der auswärtigen Angelegenheiten sobald als möglich und spätestens innerhalb achtzehn Monaten seit dem Tage der Unterzeichnung niedergelegt werden.

Sie soll drei Monate nach dem Abschlusse des Niederlegungs-Protokolls in Kraft treten.

Zu Urkund dessen haben die betreffenden Bevollmächtigten die vorliegende Zusatzakte unterzeichnet.

So geschehen zu Brüssel in einem einzigen Exemplar, am 14. Dezember 1900.

Mitteilung des Präsidenten des Kaiserl. Patentamts v. 18. April 1903 (Bl. S. 118/130),

betreffend die Durchführung der Verträge des Deutschen Reiches mit anderen Staaten auf dem Gebiete des gewerblichen Rechtsschutzes.

I. Nachdem das Deutsche Reich in Gemäßheit des durch die Brüsseler Zusatzakte vom 14. Dezember

1900 ergänzten Art. 16 der Übereinkunft zum internationalen Schutz des gewerblichen Eigentums vom 20. März 1883 der Regierung der Schweizerischen Eidgenossenschaft seinen Beitritt zu dem Staatenverbande, welcher auf Grund dieser Übereinkunft in der durch die Brüsseler Zusatzakte abgeänderten Fassung ins Leben getreten ist, zum 1. Mai 1903 angezeigt hat, treten die Rechtswirkungen der Übereinkunft gemäß der Bekanntmachung vom 9. April 1903 (Reichs-Gesetzblatt S. 147) mit dem 1. Mai 1903 ein.

Das Patentamt wird sich zur Bezeichnung des in Rede stehenden Staatenverbandes des Ausdrucks „Internationale Union" (abgekürzt: J. U.) und zur Bezeichnung der durch die Brüsseler Zusatzakte abgeänderten Übereinkunft des Ausdrucks „Unionvertrag" (abgekürzt: U.-V.) bedienen.

Es wird empfohlen, in allen Eingaben diese Bezeichnungsweise gleichfalls anzuwenden.

II. Der Unionsvertrag ist maßgebend für das Verhältnis zwischen dem Deutschen Reich und den Staaten Belgien, Frankreich und Tunis, Italien, Spanien, Portugal, den Niederlanden, der Schweiz, Großbritannien, Dänemark, Schweden und Norwegen, Japan und den Vereinigten Staaten von Amerika.

In diesem Verhältnis stehen gleich:

1. Dem Deutschen Reich dessen Schutzgebiete: Togo, Kamerun, Deutsch-Südwestafrika, Deutsch-Ostafrika, Deutsch-Neuguinea, Marschallinseln, Brown-

und Providenceinseln, Somoainseln, Kiautschou, die Karolinen-, Marianen- und Palauinseln.

2. Großbritannien dessen Kolonien: Neu-Seeland und Queensland.

3. Frankreich dessen Kolonien: Martinique, Reunion, Guadalupe und Zubehör, St. Pierre und Miquelin, Guyana, Senegal und Sudan, Französisch-Guinea, Elfenbeinküste, Dahomey, Französisch-Kongo, Mayotte, Nossi-Bé, Französisch-Indien, Neu-Kaledonien, Französisch-Ozeanien, Madagaskar und Zubehör, Obok und Djibouti, Cochinchina, Kambodscha, Annam und Tonking.

4. Portugal: Die Azoren und Madeira.

5. Den Niederlanden dessen Kolonien: Surinam, Curaçao und Niederländisch-Indien.

6. Dänemark: Die Faröer-Inseln.

III. Der Unionvertrag ist für das Verhältnis zwischen dem Deutschen Reich und den Staaten Serbien, den Vereinigten Staaten von Brasilien und der Dominikanischen Republik zunächst nicht maßgebend, da diese Staaten die Brüsseler Zusatzakte bisher nicht ratifiziert haben.

IV. Dem auf Grund der Madrider Konferenz vom 14. April 1891, betreffend die internationale Registrierung von Fabrik und Handelsmarken, bestehenden Staatenverbande gehört das Deutsche Reich nicht an.

V. Die Angehörigen der unter II genannten Staaten sowie die Angehörigen eines anderen Staates, welche in dem Gebiete eines der Verbandsstaaten einen Wohnsitz oder eine tatsächliche und wirkliche gewerbliche oder Handelsniederlassung haben, genießen in bezug auf die von ihnen in einem Unionsstaate bewirkten Anmeldungen einer Erfindung zum Patent oder eines Gebrauchsmusters oder eines Warenzeichens für die demnächst auf die gleiche Erfindung, auf das gleiche Gebrauchsmuster oder auf das gleiche Warenzeichen bei dem Kaiserlichen Patentamt bewirkten Anmeldung ein Prioritätsrecht, falls diese letztere Anmeldung binnen bestimmter Frist erfolgt ist. Diese Frist beträgt:

a) wenn die Anmeldung im Auslande auf ein Patent gerichtet war, 12 Monate;

b) wenn die Anmeldung im Auslande auf ein Gebrauchsmuster gerichtet war, 4 Monate,

gleichviel in den Fällen zu a und b, ob bei dem Patentamt auf die Erfindung ein Patent oder der Gebrauchsmusterschutz nachgesucht wird;

c) wenn die Anmeldung im Auslande auf den Geschmacksmusterschutz oder auf ein Warenzeichen gerichtet war, 4 Monate.

VI. Nach der bisherigen Übung des Patentamts darf derjenige, welcher sich auf die Verträge des Deutschen Reichs mit Österreich-Ungarn vom 6. Dezember 1891, mit Italien vom 18. Januar 1892 mit der Schweiz vom 13. April 1892, und mit Serbien vom 21./9. August 1892 beruft, die Prioritätsrechte in jeder Lage des Verfahrens vor dem Patentamt geltend machen. Voraussichtlich werden die zuständigen Instanzen des Patentamts dies auch dann gestatten, wenn die Prioritätsrechte nach dem Unionsvertrage in Anspruch genommen werden.

Insoweit aber ein Berechtigter Grund zu der Annahme hat, daß ihm in bezug auf die Anmeldung einer Erfindung zum Patent oder eines Warenzeichens im Laufe des Prüfungsverfahrens vor dem Patentamt Umstände werden entgegengehalten werden, welche im Falle der Berufung auf ein vorhandenes Prioritätsrecht ihre Bedeutung verlieren würden, wird es sich behufs Beschleunigung des Verfahrens und zur Vermeidung nutzloser Nachforschungen bei der Prüfung auf Neuheit oder auf ähnliche, früher erfolgte Anmeldungen empfehlen, das Prioritätsrecht sofort mit der Anmeldung geltend zu machen.

VII. Die zuständigen Stellen im Patentamt werden vorbehaltlich der freien Beweiswürdigung von einem Beteiligten, der das Prioritätsrecht auf Grund des Unionsvertrages geltend macht, in der Regel folgende Urkunden fordern:

a) Eine Abschrift der früheren Anmeldung mit einer Bescheinigung, welche seitens der gemäß Art. 13 der Übereinkunft in dem Staate, in welchem die frühere Anmeldung erfolgt ist, vorgesehenen Behörde*), auszustellen ist, und aus welcher die Über-

*) Es sind dies für:

Belgien: Service de la propriété industrielle, 8 rue de l'Orangerie, Bruxelles.

Dänemark: Patentkommission, Holmerskanal 14, Kopenhagen, Kontor for Indregistrering af Varemaerker, Kopenhagen.

Frankreich: Office Nationale de la Propriété industrielle, rue Saint-Martin 292 (8 earrondissement), Paris.

Großbritannien: Patent Office, 25 Southampton Buildings, London W.C.

Italien: Ufficio speciale della proprieta industriale. Ministerio del Agricoltura, de l'Industria et del Commercio, Rom.

Japan: Patentamt Tokio.

Niederlande: Bureau voor den industriellen eigendom, Haag.

Norwegen: Kontor for Registrering af Vare-Märker, Christiania.

Österreich: K. K. Öster. Patentamt, Wien VII, Siebensterngasse 14.

Portugal: Bureau für die Industrie beim Ministerium der öffentlichen Arbeiten, Lissabon.

Schweden: Kungl. Patent- och Registreringverket, Stockholm.

Schweiz: Bureau fédéral de la propriété intellectuelle, Bern.

Spanien: Negociado de Industria y Registro de la propriedad industrial y commercial, al Ministero de Fomento, Madrid.

Tunis: Bureau de la propriété industrielle, Dar el Bey, Tunis.

Ungarn: Kgl. ungar. Patentamt, Budapest.

Vereinigte Staaten von Amerika: United Staates Patent Office, Washington.

einstimmung der Abschrift mit der Urschrift der Anmeldung, sowie der Zeitpunkt erhellt, in welchem diese Anmeldung erfolgt ist.

Bei der Anmeldung von Warenzeichen wird regelmäßig die nach § 23 des Gesetzes zum Schutz der Warenbezeichnungen vom 12. Mai 1894 beigebrachte Bescheinigung der ausländischen Behörde über das Bestehen des Markenschutzes auch über den Inhalt und den Zeitpunkt der Anmeldung den nötigen Nachweis erhalten.

b) Falls die frühere Anmeldung oder die Bescheinigung nicht in deutscher Sprache abgefaßt ist, eine deutsche Übersetzung dieser Schriftstücke durch einen öffentlich bestellten Sprachkundigen. Die Unterschrift des Übersetzers sowie die Tatsache, daß dieser für derartige Zwecke öffentlich bestellt ist, bedarf, falls diese Tatsache bei dem Patentamt nicht ohnehin bekannt ist, der urkundlichen Beglaubigung.

Die Übersetzung soll bis auf weiteres der Regel nach, — d. h. sofern nicht besondere Umstände eine Ausnahme erheischen — nicht gefordert werden, wenn die frühere Anmeldung in englischer oder in französischer Sprache abgefaßt und die Schrift durchweg leicht lesbar ist.

VIII. In allen Fällen, in welchen die Tatsache der früheren Anmeldung in einem Unionsstaate für das Verfahren vor dem Patentamt ohne Bedeutung ist, namentlich also bei sämtlichen Anmeldungen zum Gebrauchsmusterschutz, steht es dem Anmelder frei, eine Bescheinigung der ausländischen Behörde beizubringen, aus welcher der Gegenstand der früheren Anmeldung seiner allgemeinen Bezeichnung nach, der Tag dieser Anmeldung und der Name des Anmelders erhellt. Eine Prüfung dieser Bescheinigung sowie etwaiger weiterer hierauf bezüglicher Urkunden tritt jedoch in solchen Fällen nicht ein, vielmehr werden die Urkunden lediglich zu den Akten genommen.

XI. Die Legalisation der in Nr. VII und VIII gedachten Urkunden durch einen Gesandten des Deutschen Reichs oder einen deutschen Konsul in Gemäßheit des Gesetzes, betreffend die Beglaubigung öffentlicher Urkunden, vom 1. Mai 1878 (R.G.Bl. S. 89) wird auch insoweit, als diese Forderung nicht schon durch einen Staatsvertrag ausgeschlossen ist, im Interesse der Vereinfachung und Beschleunigung des Verfahrens bis auf weiteres nicht gefordert werden. Trägt indessen die zur Prüfung berufene Stelle des Patentamts Bedenken, die Echtheit der Urkunde anzuerkennen, so bleibt es ihr unbenommen, die Legalisation zu fordern.

Die Ausführungen zu Nr. VI bis IX beziehen sich auch auf diejenigen Personen, welche ein Prioritätsrecht nicht auf Grund des Unionsvertrags, sondern auf Grund der gleichzeitig mit diesem in Kraft tretenden Sonderverträge des Deutschen Reichs mit der Schweiz vom 26. Mai 1902 oder mit Italien vom 4. Juni 1902 sowie auf Grund der bis auf weiteres in Kraft bleibenden, zu Nr. VI erwähnten Sonderverträge mit Österreich-Ungarn vom 6. Dezember 1891 und mit Serbien vom 21./9. August 1892 geltend machen. Es ist aber in diesen Fällen außer den zu Nr. VII gedachten Urkunden bei der Anmeldung von Erfindungen zum Patent noch eine Bescheinigung der zuständigen fremden Behörde beizubringen, aus welcher die Tatsache der auf die frühere Anmeldung erfolgten Erteilung des Patents, sowie

a) bei in Österreich, Ungarn oder Italien erteilten Patenten, der Tag der Zustellung des Beschlusses über die endgültige Erteilung des Patents,
b) bei in der Schweiz erteilten Patenten der Tag, an welchem das Patent in das Patentregister eingetragen ist,

hervorgeht.

Die Bekanntmachung des Kaiserlichen Patentamts vom 8. März 1892 (Patentblatt 1892 S. 149 und oben S. 6) wird damit gegenstandslos.

XI. Falls die zuständige Abteilung des Patentamts ein Prioritätsrecht anerkannt hat, wird den vorgeschriebenen amtlichen Bekanntmachungen (§§ 23 Abs. 2, 27 Abs. 1, 19 Abs. 4 des Patentgesetzes, § 3 Abs. 2 des Gesetzes zum Schutz der Warenbezeichnungen) die Bemerkung angefügt werden:

„Für diese Anmeldung ist bei der Prüfung gemäß dem Unionsvertrage vom $\frac{\text{20. März 1883}}{\text{14. Dezember 1900}}$,

dem Übereinkommen mit
Österreich-Ungarn vom 6. Dezember 1891,
Italien vom $\frac{\text{18 Januar 1892}}{\text{4. Juni 1902}}$,
der Schweiz vom $\frac{\text{13. April 1892}}{\text{26. Mai 1902}}$
die Priorität auf Grund der Anmeldung in . . . .
vom . . . . . anerkannt."

Diese Bemerkung soll die Tatsache der im Verfahren vor dem Patentamt erforderlich gewesenen und erfolgten Prüfung des Bestandes des Prioritätsrechts anzeigen, unterbleibt demzufolge in allen Fällen, wo eine Prüfung des Bestandes des Prioritätsrechts entweder in dem Verfahren vor dem Patentamt nicht erforderlich war oder, wie bei allen Anmeldungen zum Gebrauchsmusterschutz ausgeschlossen ist.

Sie wird auch in die Patentrolle, in die Warenzeichenrolle und in die Bescheinigung über die Eintragung eines Warenzeichens aufgenommen werden.

Berlin, den 18. April 1903.

Der Präsident des Kaiserlichen Patentamts
Hauß.

2a. Übereinkommen zwischen dem Reich u. Österreich-Ungarn über den gegenseitigen Patent-, Muster- und Markenschutz.

Vom 6. Dezember 1891. (R.G.Bl. 1892. S. 289ff.)

Art. 1. Die Angehörigen des einen der vertragschließenden Teile sollen in den Gebieten des anderen in bezug auf den Schutz von Erfindungen, von Mustern (einschließlich der Gebrauchsmuster) und Modellen, von Handels- und Fabrikmarken, von Firmen und Namen dieselben Rechte wie die eigenen Angehörigen genießen.

Art. 2. Den Angehörigen im Sinne dieser Vereinbarung sind gleichgestellt andere Personen, welche in den Gebieten des einen der vertragsschließenden Teile ihren Wohnsitz oder ihre Hauptniederlassung haben.

Art. 3. Wird eine Erfindung, ein Muster oder Modell, eine Fabrik- oder Handelsmarke in den Gebieten des einen der vertragschließenden Teile behufs Erlangung des Schutzes angemeldet, und binnen einer Frist von drei Monaten die Anmeldung auch in den Gebieten des anderen vertragschließenden Teiles bewirkt, so soll

a) diese spätere Anmeldung allen Anmeldungen vorgehen, welche in den Gebieten des anderen Teiles nach dem Zeitpunkt der ersten Anmeldung eingereicht worden sind;

b) durch Umstände, welche nach dem Zeitpunkt der ersten Anmeldung eintreten, dem Gegenstande derselben die Neuheit in den Gebieten des anderen Teiles nicht entzogen werden.

Art. 4. Die im Artikel 3 vorgesehene Frist beginnt:

a) bei Mustern und Modellen, sowie Handels- und Fabrikmarken mit dem Zeitpunkt, in welchem die erste Anmeldung erfolgt;

b) bei Erfindungen mit dem Zeitpunkt, in welchem auf die erste Anmeldung des Patent erteilt wird;

c) bei Gegenständen, welche in Deutschland als Gebrauchsmuster, in Österreich-Ungarn als Erfindungen angemeldet werden, mit dem Zeitpunkt der ersten Anmeldung, falls diese in Deutschland erfolgt, und mit dem Zeitpunkt, in welchem das Patent auf die erste Anmeldung erteilt wird, falls diese in Österreich-Ungarn erfolgt.

Der Tag der Anmeldung oder der Erteilung wird in die Frist nicht eingerechnet.

Als Tag der Erteilung gilt der Tag, an welchem der Beschluß über die endgültige Erteilung des Patents zugestellt worden ist.

Art. 5. Die Einfuhr einer in den Gebieten des einen Teiles hergestellten Ware in die Gebiete des anderen Teiles soll in den letzteren den Verlust des auf Grund einer Erfindung, eines Musters oder Modells für die Ware gewährten Schutzrechtes nicht zur Folge haben.

Art. 6. Dem Inhaber einer in den Gebieten des einen Teiles eingetragenen Handels- und Fabrikmarke kann die Eintragung in den Gebieten des anderen Teiles nicht aus dem Grunde versagt werden, weil die Marke den hier geltenden Vorschriften über die Zusammensetzung und äußere Gestaltung der Marken nicht entspricht.

Zu den Vorschriften über die Zusammensetzung und äußere Gestaltung der Marken werden diejenigen Vorschriften nicht gerechnet, welche in den Marken die Verwendung von Bildnissen der Landesherren oder der Mitglieder der landesherrlichen Häuser oder von Staats- und anderen öffentlichen Wappen verbieten.

Art. 7. Handels- und Fabrikmarken, welche in den Gebieten des einen Teiles als Kennzeichen der Waren von Angehörigen eines bestimmten gewerblichen Verbandes, eines bestimmten Ortes oder Bezirkes Schutz genießen, sind, sofern die Anmeldung dieser Marken vor dem 1. Oktober 1875 in den Gebieten des anderen Teiles erfolgt ist, hier von der Benutzung als Freizeichen ausgeschlossen. Außer den Angehörigen eines solchen Verbandes, Ortes oder Bezirkes hat niemand Anspruch auf Schutz dieser Marken.

Warenzeichen, welche öffentliche Wappen aus den Gebieten des einen Teiles enthalten, sind in den Gebieten des anderen Teiles von der Benutzung als Freizeichen ausgeschlossen. Außer demjenigen, welcher die Erlaubnis zur Benutzung der Wappen besitzt, hat niemand Anspruch auf Schutz dieser Zeichen.

Art. 8. Jeder der vertragschließenden Teile wird, soweit dies noch nicht geschehen ist, Bestimmungen gegen den Verkauf und das Feilhalten solcher Waren treffen, welche zum Zweck der Täuschung in Handel und Verkehr mit Staatswappen des anderen Teiles oder mit Namen oder Wappen bestimmter, in den Gebieten des anderen Teiles belegenen Orte oder Bezirke behufs Bezeichnung des Ursprungs versehen sind.

Art. 9. Muster und Modelle, sowie Handels- und Fabrikmarken, für welche deutsche Angehörige in der Österreichisch-Ungarischen Monarchie einen Schutz erlangen wollen, sind sowohl bei der Handels- und Gewerbekammer in Wien für die im Reichsrat vertretenen Königreiche und Länder, als auch bei der Handels- und Gewerbekammer in Budapest für die Länder der Ungarischen Krone anzumelden.

Art. 10. Das gegenwärtige Übereinkommen tritt am 1. Februar 1892 in Kraft und bleibt bis zum Ablauf von sechs Monaten nach erfolgter Kündigung von Seite eines der vertragschließenden Teile in Wirksamkeit.

Das Übereinkommen soll ratifiziert und die Ratifikationen sobald als möglich in Wien ausgewechselt werden.

Zu Urkund dessen haben die beiderseitigen Bevollmächtigten das gegenwärtige Übereinkommen unterzeichnet und ihre Siegel beigedrückt.

So geschehen zu Wien, den 6. Dezember 1891.

(L. S.) H. VII. P. Reuß. (L. S.) Kálnoky.

Schlußprotokoll.

Bei der am heutigen Tage erfolgten Unterzeichnung des Übereinkommens zwischen dem Deutschen Reich und der Österreichisch-Ungarischen Monarchie über den gegenseitigen Patent-, Muster- und Markenschutz haben die beiderseitigen Bevollmächtigten folgende Erklärung in das gegenwärtige Protokoll niedergelegt:

Die Bestimmung im Artikel 6 Absatz 1 des Übereinkommens bezweckt nicht, der in den Gebieten des einen Teiles eingetragenen Marke in den Gebieten des anderen Teiles auch dann einen Anspruch auf Eintragung zu gewähren, wenn hier befunden wird, daß der Inhalt der Marke gegen die Sittlichkeit oder gegen die öffentliche Ordnung verstößt, oder mit den tatsächlichen Verhältnissen in einem das Publikum irreführenden Widerspruch steht. Lieg eine dieser Voraussetzungen vor, so kann die Eintragung versagt werden.

Das gegenwärtige Protokoll, welches einen integrierenden Bestandteil des Übereinkommens bildet, auf das es sich bezieht, und welches ohne besondere Ratifikation durch die bloße Tatsache der Auswechselung der Ratifikationen dieses Übereinkommens als von den vertragschließenden Teilen gebilligt und bestätigt anzusehen ist, wurde in doppelter Ausfertigung zu Wien am 6. Dezember 1891 unterzeichnet.

(L. S.) H. VII. P. Reuß. (L. S.) Kálnoky.

2 b. Bekanntmachung über die Anmeldung von Erfindungen und von Gebrauchsmustern, für welche die Rechte aus Artikel 3 und 4 der Übereinkommen mit Österreich-Ungarn vom 6. Dezember 1891 und mit Italien vom 18. Januar 1892 über den gegenseitigen Patent-, Muster- und Markenschutz (R.G.Bl. 1892 S. 289 und 293) in Anspruch genommen werden.

Auf Grund des § 2 des Patentgesetzes vom 7. April 1891 und des § 2 Absatz 4 des Gesetzes, betreffend den Schutz von Gebrauchsmustern, vom 1. Juni 1891 wird bestimmt:

Wer bei der Anmeldung einer Erfindung oder eines Gebrauchsmusters im Deutschen Reiche die vertragsmäßigen Rechte aus einer früheren Anmeldung in Österreich-Ungarn oder in Italien geltend machen will, hat vorzulegen:

1. eine beglaubigte Abschrift der früheren Anmeldung und ihrer Beilagen mit einer Bescheinigung über den Zeitpunkt der Anmeldung,
2. eine Bescheinigung über die auf Grund der früheren Anmeldung erfolgte Patenterteilung.

Diese Urkunden müssen von der für die Entgegennahme von Patentanmeldungen oder für die

Erteilung von Patenten zuständigen Behörde Österreich-Ungarns oder Italiens ausgefertigt sein.

Sind die Urkunden nicht in deutscher Sprache abgefaßt, so ist eine beglaubigte Übersetzung beizufügen.

Berlin, den 8. März 1892.

Kaiserliches Patentamt.
Bojanowski.

2c. Verordnung des Österreichischen Handelsministeriums vom 8. November 1892,

betreffend die Durchführung der Artikel 3 und 4 des Übereinkommens mit Deutschland über Patent-, Marken- und Musterschutz.

Im Einvernehmen mit dem Königlich Ungarischen Handelsministerium wird angeordnet wie folgt:

Angehörige des Deutschen Reiches, sowie die ihnen gleichgestellten Personen, welche die im Artikel 3 und 4 des genannten Übereinkommens in der Österreichisch-Ungarischen Monarchie eingeräumten Rechte hinsichtlich des Schutzes ihrer Erfindungen, Gebrauchs- und Geschmacksmuster, Modelle und Marken in Anspruch nehmen, haben bei der Anmeldung in den im Reichsrate vertretenen Königreichen und Ländern folgende Nachweise beizubringen, und zwar:

I. Bei der Anmeldung von Patenten, wenn der Anspruch auf ein Patent des Deutschen Reiches gegründet wird:

1. Ein Exemplar der vom Kaiserlich Deutschen Patentamte im Druck herausgegebenen Patentschrift oder in Ermangelung derselben:

a) eine beglaubigte Abschrift der im Deutschen Reiche überreichten, die Grundlage des dort erteilten Patentes bildenden Beschreibung und Zeichnung der Erfindung;

b) eine Bescheinigung über den Tag der Anmeldung dieser Erfindung;

c) eine Bescheinigung über die Erteilung des deutschen Patentes auf Grund der vorgenannten Beschreibung dieser Erfindung.

2. In allen Fällen eine Bescheinigung über den Tag der Zustellung des Beschlusses über die endgültige Erteilung des deutschen Patentes.

II. Bei der Anmeldung von Patenten, wenn der Anspruch auf ein im Deutschen Reiche angemeldetes Gebrauchsmuster gegründet wird:

a) eine beglaubigte Nach- oder Abbildung des im Deutschen Reiche überreichten Gebrauchsmusters (Modelles) nebst einer beglaubigten Bescheinigung darüber, für welche an diesem Muster (Modelle) angebrachte neue Gestaltung, Anordnung oder Vorrichtung dasselbe im Deutschen Reiche angemeldet wurde, und wofern eine besondere Beschreibung des Gebrauchsmusters im Deutschen Reiche überreicht wurde, auch eine beglaubigte Abschrift dieser Beschreibung;

b) eine Bescheinigung über die erfolgte Eintragung dieses Gebrauchsmusters in die Gebrauchsmusterrolle nebst einer Bescheinigung über die Dauer des Schutzes, oder an Stelle dieser beiden Bescheinigungen einen beglaubigten Auszug aus der diese Daten enthaltenden Gebrauchs-musterrolle;

c) eine Bescheinigung über den Tag der Anmeldung des Gebrauchsmusters, sofern nicht ein diese Angabe enthaltender Auszug aus der Gebrauchsmusterrolle beigebracht wird.

III. Bei der Anmeldung von Mustern und Modellen:

a) Ein begaubligtes Exemplar oder eine beglaubigte Nach- oder Abbildung des im Deutschen Reiche überreichten Gebrauchsmusters oder Geschmacksmusters oder Modelles, oder soferne das Muster oder Modell versiegelt hinterlegt wurde, entweder einen beglaubigten Auszug aus dem Musterregister, aus welchem die Fabriks- oder Geschäftsnummer des Musters oder Modelles bestimmt zu entnehmen ist, oder ein Exemplar des „Deutschen Reichsanzeigers“ mit der vorschriftsmäßigen Bekanntmachung des versiegelt hinterlegten Musters oder Modelles;

b) eine Bescheinigung über die erfolgte Eintragung des betreffenden Gebrauchsmusters in die Gebrauchsmusterrolle, beziehungsweise des Musters oder Modelles in das Musterregister, oder einen beglaubigten Auszug aus der Gebrauchsmusterrolle, beziehungsweise aus dem Musterregister, oder endlich ein Exemplar des „Deutschen Reichsanzeigers“ mit der Bekanntmachung der erfolgten Eintragung des Gebrauchsmusters in die Gebrauchsmusterrolle oder des Musters und Modelles in das Musterregister;

c) ein Bescheinigung über den Tag der Anmeldung dieses Gebrauchsmusters, beziehungsweise dieses Musters oder Modelles, soferne nicht ein diese Angaben enthaltender Auszug aus der Gebrauchsmusterrolle, beziehungsweise aus dem Musterregister oder ein Exemplar des „Deutschen Reichsanzeigers“ beigebracht wird.

IV. Bei der Anmeldung von Marken:

a) Ein beglaubigtes Exemplar der im Deutschen Reiche überreichten Marke;

b) eine Bescheinigung über die erfolgte Eintragung dieser Marke in das Markenregister oder ein Exemplar des „Deutschen Reichsanzeigers“ mit der Bekanntmachung der erfolgten Eintragung, und

c) eine Bescheinigung über den Tag der erfolgten Anmeldung dieser Marke, sofern nicht ein diese Angabe enthaltendes Exemplar des „Deutschen Reichsanzeigers“ beigebracht wird.

Die vom Kaiserlich Deutschen Patentamte im Drucke herausgegebenen Patentschriften bedürfen ebensowenig wie die Exemplare des „Deutschen Reichsanzeigers“ einer Beglaubigung.

Alle Beglaubigungen müssen von den für die Entgegennahme der Anmeldungen zuständigen Behörden (Kaiserlichen Patentamt oder Gericht) ausgestellt sein, und bedürfen im Sinne des Artikels I, Abs. 1 und 4 lit. c des Legalisierungsvertrages mit dem Deutschen Reiche vom 25. Februar 1880 (R.G.Bl. Nr. 85) keiner weiteren Beglaubigung.

Diese Verordnung tritt mit dem Tage ihrer Kundmachung in Wirksamkeit.

3a. Übereinkommen zwischen dem Reich und Italien über den gegenseitigen Patent-, Muster- und Markenschutz.

Vom 18. Januar 1892. (R.G.Bl. 1892. S. 293 ff.)

Art. 1. Die Angehörigen des einen der vertragschließenden Teile sollen in den Gebieten des anderen in bezug auf den Schutz von Erfindungen, von Mustern (einschließlich der Gebrauchsmuster) und Modellen, von Handels- und Fabrikmarken, von Firmen und Namen dieselben Rechte wie die eigenen Angehörigen genießen.

Sie werden demgemäß denselben Schutz und dieselben gesetzlichen Mittel gegen jede Verletzung ihrer Rechte haben wie die Inländer, vorausgesetzt, daß sie die Förmlichkeiten und Bedingungen erfüllen, welche die innere Gesetzgebung eines jeden der beiden Staaten den Inländern auferlegt.

Art. 2. Den Angehörigen im Sinne dieser Vereinbarung sind gleichgestellt andere Personen, welche in den Gebieten des einen der vertragschließenden Teile ihren Wohnsitz oder ihre Hauptniederlassung haben.

Art. 3. Wird eine Erfindung, ein Muster oder Modell, eine Fabrik- oder Handelsmarke in den Gebieten des einen der vertragschließenden Teile behufs Erlangung des Schutzes angemeldet, und binnen einer Frist von drei Monaten die Anmeldung auch in den Gebieten des anderen vertragschließenden Teiles bewirkt, so soll:

a) diese spätere Anmeldung allen Anmeldungen vorgehen, welche in den Gebieten des anderen Teiles nach dem Zeitpunkt der ersten Anmeldung eingereicht worden sind;

b) durch Umstände, welche nach dem Zeitpunkt der ersten Anmeldung eintreten, dem Gegenstande derselben die Neuheit in den Gebieten des anderen Teiles nicht entzogen werden.

Art 4. Die im Artikel 3 vorgesehene Frist beginnt:

a) bei Mustern und Modellen, sowie bei Handels- und Fabrikmarken mit dem Zeitpunkt, in welchem die erste Anmeldung erfolgt;

b) bei Erfindungen mit dem Zeitpunkt, in welchem auf die erste Anmeldung das Patent erteilt wird;

c) bei Gegenständen, welche in Deutschland als Gebrauchsmuster, in Italien als Erfindungen angemeldet werden, mit dem Zeitpunkt der ersten Anmeldung, falls diese in Deutschland erfolgt, und mit dem Zeitpunkt, in welchem das Patent auf die erste Anmeldung erteilt wird, falls diese in Italien erfolgt.

Der Tag der Anmeldung oder der Erteilung wird in die Frist nicht eingerechnet.

Als Tag der Erteilung gilt der Tag, an welchem der Beschluß über die endgültige Erteilung des Patents zugestellt worden ist.

Art. 5. Die Rechtsnachteile, welche nach den Gesetzen der vertragschließenden Teile eintreten, wenn eine Erfindung, ein Muster oder ein Modell nicht innerhalb einer bestimmten Frist ausgeführt oder nachgebildet wird, sollen auch dadurch ausgeschlossen werden, daß die Ausführung oder Nachbildung in dem Gebiete des anderen Teiles erfolgt.

Demgemäß soll auch die Einfuhr einer in den Gebieten des einen Teiles hergestellten Ware in die Gebiete des anderen Teiles in den letzteren den Verlust des auf Grund einer Erfindung, eines Musters oder eines Modells für die Ware gewährten Schutzrechts nicht zur Folge haben.

Art. 6. Dem Inhaber einer in den Gebieten des einen Teiles eingetragenen Handels- und Fabrikmarke kann die Eintragung in den Gebieten des anderen Teiles nicht aus dem Grunde versagt werden, weil die Marke den hier geltenden Vorschriften über die Zusammensetzung und äußere Gestaltung der Marken nicht entspricht.

Art. 7. Handels- und Fabrikmarken, welche in dem Ursprungslande im freien Gebrauch stehen, können auch in den Gebieten des anderen Teiles nicht den Gegenstand ausschließlicher Benutzung bilden.

Art. 8. Das gegenwärtige Übereinkommen tritt am 1. Februar 1892 in Kraft und bleibt bis zum Ablauf von sechs Monaten nach erfolgter Kündigung von Seite eines der vertragschließenden Teile in Wirksamkeit.

Das Übereinkommen soll ratifiziert und die Ratifikationen sobald als möglich in Rom ausgewechselt werden.

Zu Urkund dessen haben die beiderseitigen Bevollmächtigten das gegenwärtige Übereinkommen unterzeichnet und ihre Siegel beigedrückt.

So geschehen zu Rom, den 18. Januar 1892.

(L. S.) Graf Solms. (L. S.) Rudini.

3b. Abkommen zwischen dem Deutschen Reiche und Italien zur Abänderung des Übereinkommens vom 18. Januar 1892, betreffend den gegenseitigen Patent-, Muster und Markenschutz.

Vom 4. Juni 1902. (R.G.Bl. 1903. S. 178.)

Seine Majestät der Deutsche Kaiser, König von Preußen, im Namen des Deutschen Reichs, einerseits, und Seine Majestät der König von Italien, andererseits, haben, nachdem sich die Notwendigkeit ergeben hat, das am 18. Januar 1892 zwischen dem Deutschen Reiche und Italien abgeschlossene Übereinkommen, betreffend den gegenseitigen Patent-, Muster- und Markenschutz, einer Änderung zu unterziehen, zu diesem Zwecke Verhandlungen eröffnen lassen und zu Bevollmächtigten ernannt:

(folgen die Namen)

welche, nach Mitteilung ihrer in guter und gehöriger Form befundenen Vollmachten, das nachstehende Übereinkommen vereinbart und abgeschlossen haben:

Art. 1. Die Artikel 1 bis 4, 6 und 8 des Übereinkommens über den gegenseitigen Patent-, Muster- und Markenschutz vom 18. Januar 1892 werden aufgehoben.

Art. 2. In Artikel 5 des Übereinkommens wird dem Abs. 1 folgender Satz hinzugefügt:

„Durch diese Bestimmungen werden die Vergünstigungen, welche dem Inhaber eines Patents in Artikel 2 der Zusatzakte vom 14. Dezember 1900 zur internationalen Übereinkunft zum Schutze des gewerblichen Eigentums vom 20. März 1883 zugesichert sind, nicht berührt."

Art. 3. Für die in Deutschland als Gebrauchsmuster und in Italien als Erfindungen angemeldeten Gegenstände wird die durch Artikel 4 der Pariser Übereinkunft vom 20. März 1883 vorgesehene, durch die Brüsseler Zusatzakte vom 14. Dezember 1900 modifizierte Prioritätsfrist, wenn die Anmeldung zuerst in Deutschland bewirkt ist, auf 4 Monate, wenn die Anmeldung zuerst in Italien gemacht ist, auf 12 Monate bemessen.

Art. 4. Das vorliegende Abkommen tritt mit dem Zeitpunkt in Kraft, zu welchem der Beitritt des Deutschen Reichs zu der in Paris am 20. März 1883 geschlossenen internationalen Übereinkunft zum Schutze des gewerblichen Eigentums nebst der Brüsseler Zusatzakte vom 14. Dezember 1900 wirksam wird.

Art. 5. Diejenigen Erfindungen, Muster und Modelle, Fabrik- und Handelsmarken, welche vor dem in dem vorstehenden Artikel 4 bezeichneten Zeitpunkt angemeldet sind, genießen ein Vorrecht entweder nach Maßgabe der Artikel 3 und 4 des Übereinkommens vom 18. Januar 1892 oder nach Maßgabe des Artikel 4 der Pariser Übereinkunft, je nachdem das eine oder das andere dem Anmeldenden günstiger ist.

Das Übereinkommen soll ratifiziert und die Ratifikationen sobald als möglich in Rom ausgewechselt werden.

Zu Urkund dessen haben die beiderseitigen Bevollmächtigten das gegenwärtige Übereinkommen unterzeichnet und ihre Siegel beigedrückt.

So geschehen zu Rom, den 4. Juni 1902.

4a. Übereinkommen zwischen dem Deutschen Reich und der Schweiz, betreffend den gegenseitigen Patent-, Muster- und Markenschutz.

Vom 13. April 1892. (R.G.Bl. 1894 S. 511ff.)

Art. 1. Die Angehörigen des einen der vertragschließenden Teile sollen in dem Gebiete des anderen in bezug auf den Schutz von Erfindungen, von Mustern (einschließlich der Gebrauchsmuster) und Modellen, von Handels- und Fabrikmarken, von Firmen und Namen dieselben Rechte wie die eigenen Angehörigen genießen. Sie werden demgemäß denselben Schutz und dieselben gesetzlichen Mittel gegen jede Verletzung ihrer Rechte haben, wie die Inländer, vorausgesetzt, daß sie die Förmlichkeiten erfüllen, welche die innere Gesetzgebung eines jeden der beiden Staaten den Inländern auferlegt.

Art. 2. Den Angehörigen im Sinne dieser Vereinbarung sind gleichgestellt andere Personen, welche in dem Gebiete des einen der vertragschließenden Teile ihren Wohnsitz oder ihre Hauptniederlassung haben.

Art. 3. Wird eine Erfindung, ein Muster oder Modell, eine Handels- oder Fabrikmarke in dem Gebiete des einen der vertragschließenden Teile angemeldet und binnen einer Frist von drei Monaten die Anmeldung auch in dem Gebiete des anderen

Vertragschließenden Teiles bewirkt, so soll diese spätere Anmeldung dieselbe Wirkung haben, als wenn sie am Tage der ersten Anmeldung geschehen wäre.

Art. 4. Die im Artikel 3 vorgesehene Frist beginnt:

a) bei Mustern und Modellen, sowie bei Handels- und Fabrikmarken mit dem Zeitpunkt, in welchem die erste Anmeldung erfolgt;

b) bei Erfindungen mit dem Zeitpunkt, in welchem auf die erste Anmeldung das Patent erteilt wird

c) bei Gegenständen, welche in Deutschland als Gebrauchsmuster, in der Schweiz als Erfindungen angemeldet werden, mit dem Zeitpunkt der ersten Anmeldung, falls diese in Deutschland erfolgt, und mit dem Zeitpunkt, in welchem das Patent auf die erste Anmeldung erteilt wird, falls diese in der Schweiz erfolgt.

Der Tag der Anmeldung oder der Erteilung wird in die Frist nicht eingerechnet.

Als Tag der Erteilung gilt in Deutschland der Tag, an welchem der Beschluß über die endgültige Erteilung des Patents zugestellt, in der Schweiz der Tag, an welchem das Patent in das Patentregister eingetragen worden ist.

Art. 5. Die Rechtsnachteile, welche nach den Gesetzen der vertragschließenden Teile eintreten, wenn eine Erfindung, ein Muster oder Modell, eine Handels- oder Fabrikmarke nicht innerhalb einer bestimmten Frist ausgeführt, nachgebildet oder angewendet wird, sollen auch dadurch ausgeschlossen werden, daß die Ausführung, Nachbildung oder Anwendung in dem Gebiete des anderen Teiles erfolgt.

Die Einfuhr einer in dem Gebiete des einen Teiles hergestellten Ware in das Gebiet des anderen Teiles soll in dem letzteren nachteilige Folgen für das auf Grund einer Erfindung, eines Musters oder Modells oder einer Handels- oder Fabrikmarke gewährte Schutzrecht nicht nach sich ziehen.

Art. 6. Dem Inhaber einer in den Gebieten des einen Teiles eingetragenen Handels- und Fabrikmarke kann die Eintragung in den Gebieten des anderen Teiles nicht aus dem Grunde versagt werden, weil die Marke den hier geltenden Vorschriften über die Zusammensetzung und äußere Gestaltung der Marken nicht entspricht.

Art. 7. Angehörige des einen der vertragschließenden Teile, welche ein Patent in dem Gebiete des anderen Teiles erlangt haben, sind in dem letzteren von jeder gesetzlichen Verpflichtung befreit, behufs Geltendmachung der aus dem Patent sich ergebenden Rechte, die nach dem Patent hergestellten Gegenstände oder deren Verpackung als patentiert zu kennzeichnen. Ist eine solche Kennzeichnung nicht erfolgt, so muß behufs Verfolgung des Nachahmers der Nachweis schuldhaften Verhaltens besonders geführt werden.

Art. 8. Jeder der vertragschließenden Teile wird, soweit dies noch nicht geschehen ist, Bestimmungen gegen den Verkauf und das Feilhalten solcher Waren treffen, welche unrichtigerweise und in der Absicht zu täuschen als von einem im Gebiete des anderen vertragschließenden Teiles belegenen Orte oder Bezirke herrührend bezeichnet sind.

Art. 9. Das gegenwärtige Übereinkommen soll ratifiziert und die Ratifikations-Urkunden sollen sobald als möglich in Berlin ausgewechselt werden.

Das Übereinkommen tritt mit dem Ablauf von zwei Wochen von dem Tage des Austausches der Ratifikations-Urkunden ab in Kraft und bleibt in Wirksamkeit bis zum Ablauf von sechs Monaten nach erfolgter Kündigung seitens eines der vertragschließenden Teile.

Zu Urkund dessen haben die beiderseitigen Bevollmächtigten das gegenwärtige Übereinkommen unterzeichnet und ihre Siegel beigedrückt.

So geschehen zu Berlin, den 13. April 1892.

(L. S.) Freiherr von Marschall.

(L. S.) Roth.

Schlußprotokoll.

Bei der am heutigen Tage erfolgten Unterzeichnung des Übereinkommens zwischen dem Deutschen Reich und der Schweiz über den gegenseitigen Patent-, Muster- und Markenschutz haben die beiderseitigen Bevollmächtigten folgende Erklärungen in das gegenwärtige Protokoll niedergelegt.

1. Zu Artikel 1.

Die Gleichstellung der beiderseitigen Staatsangehörigen soll hinsichtlich des Firmenschutzes auch die Wirkung haben, daß Firmen aus dem Gebiete des einen Teiles, um einen Schutz gegen mißbräuchliche Verwendung zur Warenbezeichnung in dem Gebiete des anderen Teiles zu genießen, hier der Hinterlegung und Eintragung als Marke nicht bedürfen.

2. Zu Artikel 3.

Angehörige des einen der vertragschließenden Teile, welche eine Erfindung, ein Muster oder Modell, eine Handels- oder Fabrikmarke in einem dritten Staate anmelden, können auf Grund dieser Anmeldung in dem Gebiete des anderen vertragschließenden Teiles Rechte aus dem vorliegenden Übereinkommen nicht herleiten.

3. Zu Artikel 4.

Im Sinne des Artikels 4 Absatz 1 kann eine Erfindung auch vor dem Zeitpunkt, in welchem auf die erste Anmeldung das Patent erteilt wird, in dem Gebiete des anderen Teiles mit der im Artikel 3 vorgesehenen Wirkung angemeldet werden, vorausgesetzt, daß die Erteilung des Patentes auf die erste Anmeldung nachträglich erfolgt.

4. Zu Artikel 5.

Rechtsnachteile, welche nach den Gesetzen der vertragschließenden Teile bei Erfindungspatenten im Fall der Lizenzverweigerung eintreten, werden durch die Vorschriften des Artikels 5 nicht ausgeschossen.

5. Zu Artikel 6.

Die Bestimmung im Artikel 6 Absatz 1 des Übereinkommens bezweckt nicht, der in den Gebieten des einen Teiles eingetragenen Marke in den Gebieten des anderen Teiles auch dann einen Anspruch auf Eintragung zu gewähren, wenn hier befunden wird, daß der Inhalt der Marke gegen die Sittlichkeit oder gegen die öffentliche Ordnung verstößt, oder mit den tatsächlichen Verhältnissen in einem das Publikum irreführenden Widerspruch steht. Liegt eine dieser Voraussetzungen vor, so kann die Eintragung versagt werden.

Das vorliegende Protokoll bildet einen integrierenden Bestandteil des Übereinkommens, auf das es sich bezieht, und ist ohne besondere Ratifikation durch die bloße Tatsache der Auswechselung der Ratifikationen dieses Übereinkommens als von den vertragschließenden Teilen gebilligt und bestätigt anzusehen. Dasselbe wurde in doppelter Ausfertigung zu Berlin am 13. April 1892 unterzeichnet

Freiherr von Marschall.

Roth.

Zusatzprotokoll.

In Ergänzung zu dem zwischen dem Deutschen Reich und der Schweiz am 13. April 1892 abgeschlossenen Übereinkommen über den gegenseitigen Patent-, Muster- und Markenschutz haben die Unterzeichneten auf Grund erhaltener Ermächtigung Folgendes vereinbart.

Die Bestimmungen des Artikels 5 des Übereinkommens finden auf diejenigen Erfindungen nicht Anwendung, welche nach den Gesetzen eines der vertragschließenden Teile vom Patentschutz ausgeschlossen sind.

Das vorliegende Zusatzprotokoll bildet einen integrierenden Bestandteil des Übereinkommens, auf das es sich bezieht, und ist ohne besondere Ratifikation durch die bloße Tatsache der Auswechselung der Ratifikationen dieses Übereinkommens als von den vertragschließenden Teilen gebilligt und bestätigt anzusehen. Dasselbe wurde in doppelter Ausfertigung zu Berlin am 16. Juni 1893 unterzeichnet.

Freiherr von Marschall.
Roth.

4b. Abkommen zwischen dem Deutschen Reiche und der Schweiz zur Abänderung des Übereinkommens vom 13. April 1892, betreffend den gegenseitigen Patent-, Muster- und Markenschutz.

Vom 26. Mai 1902. (R.G.Bl. 1903. S. 181.)

Seine Majestät der Deutsche Kaiser, König von Preußen, im Namen des Deutschen Reichs, einerseits, und der Bundesrat der Schweizerischen Eidgenossenschaft, andererseits, haben, in Anbetracht des bevorstehenden Beitritts des Deutschen Reichs zur internationalen Konvention zum Schutze des gewerblichen Eigentums, vom 20. März 1883, Unterhandlungen eröffnen lassen, um das Übereinkommen vom 13. April 1892, betreffend den gegenseitigen Patent-, Muster- und Markenschutz, den Bestimmungen der Konvention vom 20. März 1883 und der hierauf bezüglichen, am 14. Dezember 1900 in Brüssel vereinbarten Zusatzakte anzupassen, und zu Bevollmächtigten ernannt:

(folgen die Namen)

welche, nach gegenseitiger Mitteilung ihrer in guter und gehöriger Form befundenen Vollmachten, nachstehende Artikel vereinbart haben:

Art. I. Die Artikel 1 bis 4, 6, 8 und 9 des Übereinkommens, betreffend den gegenseitigen Patent-Muster- und Markenschutz, vom 13. April 1892, sowie das Schlußprotokoll und das Zusatzprotokoll zu diesem Übereinkommen werden aufgehoben.

Art. II. Dem Artikel 5 des Übereinkommens werden folgende Absätze hinzugefügt:

„Vorstehende Bestimmungen finden auf diejenigen Erfindungen nicht Anwendung, welche nach den Gesetzen eines der vertragschließenden Teile vom Patentschutz ausgeschlossen sind. Jedoch bleiben die Vergünstigungen, welche dem Inhaber eines Patents im Artikel 2 der Zusatzakte vom 14. Dezember 1900 zur internationalen Konvention zum Schutze des gewerblichen Eigentums vom 20. März 1883 zugesichert sind, unberührt.

Rechtsnachteile, welche nach den Gesetzen der vertragschließenden Teile bei Erfindungspatenten im Falle der Lizenzverweigerung eintreten, werden durch die im zweiten Absatz enthaltenen Bestimmungen nicht ausgeschlossen."

Art. III. Das vorliegende Abkommen tritt mit dem Zeitpunkt in Kraft, zu welchem der Beitritt des Deutschen Reichs zu der in Paris am 20. März 1883 geschlossenen internationalen Konvention zum Schutze des gewerblichen Eigentums nebst der Brüsseler Zusatzakte vom 14. Dezember 1900 wirksam wird.

Art. IV. Für diejenigen Erfindungen, Muster und Modelle, Fabrik- und Handelsmarken, welche vor dem in dem Artikel 3 bezeichneten Zeitpunkt angemeldet worden sind, kommt eine Prioritätsfrist entweder nach Maßgabe der Artikel 3 und 4 des Übereinkommens vom 13. April 1892 oder nach Maßgabe des revidierten Artikel 4 der Pariser Konvention zur Geltung, je nachdem die eine oder die andere dem Anmeldenden günstiger ist.

Art. V. Das gegenwärtige Abkommen soll ratifiziert, und die Ratifikationsurkunden sollen sobald als möglich in Bern ausgewechselt werden.

Zu Urkund dessen haben die beiderseitigen Bevollmächtigten das gegenwärtige Abkommen unterzeichnet und ihre Siegel beigedrückt.

So geschehen zu Bern, in doppelter Ausfertigung, den 26. Mai 1902.

IVa. Gesetz,

betreffend

den Schutz von Erfindungen, Mustern und Warenzeichen auf Ausstellungen.

Vom 18. März 1904. (R.G.Bl. S. 141).

Wir **Wilhelm**, von Gottes Gnaden Deutscher Kaiser, König von Preußen rc. verordnen im Namen des Reichs, nach erfolgter Zustimmung des Bundesrats und des Reichstags, was folgt:

Erfindungen, Gebrauchsmustern, Mustern und Modellen, die auf einer inländischen oder ausländischen Ausstellung zur Schau gestellt werden, sowie Warenzeichen, die auf einer daselbst zur Schau gestellten Ware angebracht sind, wird ein zeitweiliger Schutz in Gemäßheit der nachfolgenden Bestimmungen gewährt:

1. Durch eine Bekanntmachung des Reichskanzlers im Reichs-Gesetzblatte wird im einzelnen Falle die Ausstellung bestimmt, auf die der zeitweilige Schutz Anwendung findet.
2. Der zeitweilige Schutz hat die Wirkung, daß die Schaustellung oder eine anderweitige spätere Benutzung oder eine spätere Veröffentlichung der Erfindung, des Musters oder des Warenzeichens der Erlangung des gesetzlichen Patent-, Muster- oder Zeichenschutzes nicht entgegen-

stehen, sofern die Anmeldung zur Erlangung dieses Schutzes von dem Aussteller oder dessen Rechtsnachfolger binnen einer Frist von sechs Monaten nach der Eröffnung der Ausstellung bewirkt wird. Die Anmeldung geht anderen Anmeldungen vor, die nach dem Tage des Beginns der Schaustellung eingereicht worden sind.

Urkundlich unter Unserer Höchsteigenhändigen Unterschrift und beigedrucktem Kaiserlichen Insiegel.

Gegeben Gibraltar, an Bord M. S. „Friedrich Carl", den 18. März 1904.

(L. S.) **Wilhelm.**

Graf von Posadowsky.

IVb. Bekanntmachung,

betreffend

den Schutz von Erfindungen, Mustern und Warenzeichen auf der Weltausstellung in St. Louis 1904.

Vom 23. März 1904. (R.G.Bl. S. 142.)

Der durch das Gesetz, betreffend den Schutz von Erfindungen, Mustern und Warenzeichen auf Ausstellungen, vom 18. März 1904 vorgesehene Schutz findet auf die Weltausstellung in St. Louis 1904 Anwendung.

Berlin, den 23. März 1904.

Der Reichskanzler.

In Vertretung:

Graf von Posadowsky.

V. Gesetz, betreffend die Patentanwälte.

Vom 21. Mai 1900. (R.G.Bl. 1900. S. 233.)

Wir Wilhelm, von Gottes Gnaden Deutscher Kaiser, König von Preußen 2c. verordnen im Namen des Reichs, nach erfolgter Zustimmung des Bundesrats und des Reichstags, was folgt:

§ 1. Bei dem Kaiserlichen Patentamte wird eine Liste der Patentanwälte geführt. In die Liste werden Personen, welche andere in Angelegenheiten, die zum Geschäftskreise des Patentamts gehören, vor demselben für eigene Rechnung berufsmäßig vertreten wollen, auf ihren Antrag eingetragen.

§ 2. Die Eintragung ist nur zulässig, wenn der Antragsteller gemäß den §§ 3, 4 seine technische Befähigung und den Besitz der erforderlichen Rechtskenntnisse nachweist.

Im übrigen ist die Eintragung zu versagen:

1. wenn der Antragsteller nicht im Inlande wohnt;
2. wenn er das fünfundzwanzigste Lebensjahr nicht vollendet hat;
3. wenn er in der Verfügung über sein Vermögen durch gerichtliche Anordnung beschränkt ist;

4. wenn er sich eines unwürdigen Verhaltens schuldig gemacht hat. Als ein unwürdiges Verhalten sind politische, wissenschaftliche und religiöse Ansichten oder Handlungen als solche nicht anzusehen.

Wird die Eintragung gemäß Abs. 2 Nr. 4 versagt, so ist ausschließlich eine Beschwerde nach Maßgabe der folgenden Bestimmungen zulässig. Die Beschwerde ist innerhalb eines Monats nach der Zustellung der Entscheidung schriftlich bei dem Patentamt anzumelden. Über die Beschwerde entscheidet das Ehrengericht. Auf das Verfahren finden die Vorschriften des § 9 Abs. 2, 3 und der der §§ 10, 11, 12 und 13 entsprechende Anwendung.

§ 3. Als technisch befähigt gilt, wer im Inland als ordentlicher Hörer einer Universität, einer technischen Hochschule oder einer Bergakademie sich dem Studium naturwissenschaftlicher und technischer Fächer gewidmet, alsdann eine staatliche oder akademische Fachprüfung bestanden, außerdem mindestens ein Jahr in praktischer gewerblicher Tätigkeit gearbeitet und hierauf mindestens zwei Jahre hindurch eine praktische Tätigkeit auf dem Gebiete des gewerblichen Rechtsschutzes ausgeübt hat.

Der Besuch ausländischer Universitäten oder Akademien und die Ausübung der praktischen Tätigkeit im Auslande kann durch Beschluß der Prüfungskommission (§ 4) als ausreichend anerkannt werden.

Die Fachprüfung (Abs. 1) muß auch in diesem Falle im Inland abgelegt werden.

§ 4. Der Besitz der erforderlichen Rechtskenntnisse ist durch Ablegung einer Prüfung nachzuweisen. Zu derselben darf nur zugelassen werden, wer die technische Befähigung (§ 3) dargetan hat. Die Prüfung ist eine schriftliche und eine mündliche; sie ist insbesondere auch darauf zu richten, ob der Bewerber die Fähigkeit zur praktischen Anwendung der auf dem Gebiete des gewerblichen Rechtsschutzes geltenden Vorschriften besitzt.

Die Prüfung wird vor einer Kommission abgelegt, in welche Mitglieder des Patentamts und Patentanwälte durch den Reichskanzler zu berufen sind.

Im Falle des Nichtbestehens kann die Prüfung nach Ablauf einer von der Prüfungskommission festzusetzenden Frist von mindestens sechs Monaten einmal wiederholt werden.

Die näheren Bestimmungen über die Zusammensetzung und den Geschäftsgang der Prüfungskommission und über das Prüfungsverfahren und die Prüfungsgebühr werden durch eine vom Bundesrate zu erlassende Prüfungsordnung getroffen.

§ 5. Der Patentanwalt ist verpflichtet, seine Berufstätigkeit gewissenhaft auszuüben und durch sein Verhalten in Ausübung des Berufs sowie außerhalb desselben sich der Achtung würdig zu zeigen, welche sein Beruf erfordert. Er wird auf die Erfüllung dieser Obliegenheiten durch Handschlag verpflichtet. Die Bestimmung des § 2 Abs. 2 Ziffer 4 findet Anwendung.

§ 6. Die Eintragung wird vom Patentamte gelöscht:

1. wenn der Eingetragene es beantragt;
2. wenn er gestorben ist;
3. wenn er keinen Wohnsitz im Inlande hat;
4. wenn er infolge gerichtlicher Anordnung in der Verfügung über sein Vermögen beschränkt ist.

§ 7. Die Eintragung ist ferner zu löschen, wenn nachträglich Tatsachen bekannt werden, welche nach § 2 Abs. 2 Nr. 4 die Versagung der Eintragung begründen, oder wenn der Eingetragene die ihm nach § 5 obliegenden Pflichten verletzt.

In leichteren Fällen der Pflichtverletzung kann statt der Löschung in der Liste als Ordnungsstrafe ein Verweis oder eine Geldstrafe bis zu dreitausend Mark verhängt werden. Geldstrafe kann mit Verweis verbunden werden.

§ 8. Die Entscheidung in den Fällen des § 7 erfolgt in einem ehrengerichtlichen Verfahren.

§ 9. Die Einleitung des Verfahrens wird vom Reichskanzler verfügt. Derselbe ernennt, falls er eine besondere Voruntersuchung für erforderlich hält, den untersuchungsführenden Beamten.

Der Angeschuldigte ist über die Anschuldigungspunkte zu hören.

In dem Verfahren kann jederzeit die Vernehmung von Zeugen und Sachverständigen angeordnet werden. Die Vorschriften der Strafprozeßordnung über die Beweisaufnahme und die Verteidigung finden entsprechende Anwendung. Als Verteidiger können Patentanwälte nicht zurückgewiesen werden.

§ 10. Zuständig zur Verhandlung und Entscheidung ist das Ehrengericht. Es besteht aus zwei Mitgliedern des Patentamts, einem rechtskundigen und einem technischen, sowie drei Patentanwälten. Den Vorsitz führt das rechtskundige Mitglied des Patentamts.

Zu der mündlichen Verhandlung der Sache ist der Angeschuldigte unter schriftlicher Mitteilung der Anschuldigungspunkte zu laden.

Die Vorschriften der Strafprozeßordnung über Ausschließung und Ablehnung der Gerichtspersonen finden entsprechende Anwendung.

Die mündliche Verhandlung ist nicht öffentlich. Das Ehrengericht kann die Öffentlichkeit der Verhandlung anordnen. Die Anordnung muß erfolgen, falls der Angeschuldigte es beantragt, sofern nicht die Voraussetzungen des § 173 des Gerichtsverfassungsgesetzes vorliegen.

§ 11. Die Entscheidung ist mit Gründen zu versehen, schriftlich auszufertigen und dem Angeschuldigten von Amts wegen zuzustellen.

Dem Angeschuldigten sind im Falle einer zu seinen Ungunsten ergehenden Entscheidung die baren Auslagen des Verfahrens zur Last zu legen.

§ 12. Gegen die Entscheidung steht dem Angeschuldigten die Berufung zu.

Die Berufung ist innerhalb eines Monats nach der Zustellung der Entscheidung schriftlich bei dem Patentamt einzulegen.

Über die Berufung entscheidet der Ehrengerichtshof. Er besteht aus drei Mitgliedern des Patentamts, von denen der Vorsitzende und ein Mitglied rechtskundig sein müssen, und vier Patentanwälten. Auf das Verfahren finden die Vorschriften des § 9 Abs. 2, 3 und der §§ 10, 11 entsprechende Anwendung.

§ 13. Stellt der Angeschuldigte vor rechtskräftiger Entscheidung den Antrag, seinen Namen in der Liste zu löschen, so ist das Verfahren einzustellen. Dem Angeschuldigten fallen die baren Auslagen des Verfahrens zur Last.

§ 14. Für jedes Jahr im voraus werden vom Reichskanzler diejenigen Mitglieder des Patentamts bestimmt, welche nach den §§ 10, 12 an dem Verfahren mitzuwirken haben, und zwanzig Patentanwälte bezeichnet, von welchen in einer öffentlichen Sitzung der Beschwerdeabteilung I des Patentamts für jede Spruchsitzung die erforderliche Anzahl von Beisitzern ausgelost wird.

§ 15. Die Eintragungen und Löschungen in der Liste der Patentanwälte sind zu veröffentlichen.

§ 16. Die Patentanwälte können für Personen, welche sie mit ihrer ständigen Vertretung im Verkehre mit dem Patentamte beauftragt haben, die Eintragung in eine besondere Spalte der Liste nachsuchen. Auf die Eintragung finden die Vorschriften der §§ 2 und 3 entsprechende Anwendung. Jedoch genügt es, wenn der Einzutragende das einundzwanzigste Lebensjahr vollendet und nach Ablegung der staatlichen oder akademischen Fachprüfung mindestens ein Jahr hindurch eine praktische Tätigkeit auf dem Gebiete des gewerblichen Rechtsschutzes ausgeübt hat. Im übrigen finden die Vorschriften der §§ 5 bis 13 auf diese Personen entsprechende Anwendung.

§ 17. Der Präsident des Patentamts ist befugt, Personen, welche, ohne in die Liste eingetragen zu sein, die Vertretung vor dem Patentamte berufsmäßig betreiben, von dem Vertretungsgeschäft auszuschließen. Auf Rechtsanwälte findet diese Vorschrift keine Anwendung.

§ 18. Die berufsmäßige Vertretung anderer Personen vor dem Patentamte darf Patentanwälten auf Grund der Vorschrift im § 35 Abs. 3 der Gewerbeordnung nicht untersagt werden.

§ 19. Mit Geldstrafe bis zu dreihundert Mark und im Unvermögensfalle mit Haft wird bestraft, wer, ohne als Patentanwalt eingetragen zu sein, sich als Patentanwalt bezeichnet oder sich einen ähnlichen Titel beilegt, durch den der Glaube erweckt wird, der Inhaber sei als Patentanwalt eingetragen.

§ 20. Auf diejenigen, welche zur Zeit des Inkrafttretens dieses Gesetzes das Vertretungsgeschäft für eigene Rechnung berufsmäßig betreiben, findet § 17 erst vom 1. April 1901 ab Anwendung. Wer von ihnen bis dahin die Erfüllung der im § 3 bezeichneten Voraussetzungen nachweist und die Zulassung zur Prüfung (§ 4) beantragt, kann, sofern nicht einer der im § 2 Abs. 2 bezeichneten Fälle vorliegt, bis zur endgültigen Entscheidung über seine Eintragung in die Liste vom Vertretungsgeschäfte nicht ausgeschlossen werden.

Wer zur Zeit des Inkrafttretens dieses Gesetzes des Vertretungsgeschäft für eigene Rechnung seit 1. Januar 1899 berufsmäßig betreibt, ist, sofern seine Geschäftsführung und sein Verhalten in Ausübung des Berufs sowie außerhalb desselben zu erheblichen Anständen keinen Anlaß gegeben hat, auf Antrag in die Liste der Patentanwälte einzutragen, auch wenn er die in den §§ 3 und 4 bezeichneten Voraussetzungen nicht erfüllt.

Der Antrag, über welchen die Prüfungskommission beschließt, ist spätestens bis zum 1. April 1901 zu stellen. Gegen eine den Antrag ablehnende Entscheidung steht dem Antragsteller die Beschwerde zu. Die Beschwerde ist innerhalb eines Monats nach der Zustellung der Entscheidung schriftlich bei dem Patentamt anzumelden. Über die Beschwerde entscheidet endgültig der Ehrengerichtshof (§ 12 Abs. 3). Auf das Verfahren finden die Vorschriften des § 9 Abs. 2, 3 und der §§ 10, 11 entsprechende Anwendung. Bis zur endgültigen Entscheidung kann der Antragsteller vom Vertretungsgeschäfte nicht ausgeschlossen werden.

§ 21. Wer seit dem 1. Januar 1899 das Vertretungsgeschäft berufsmäßig, wenn auch nicht auf eigene Rechnung, betreibt oder wer als technischer Beamter im Patentamte mindestens zwei Jahre hindurch tätig gewesen ist, kann, sofern er durch seine Tätigkeit und durch sein Verhalten zu erheblichen Anständen keinen Anlaß gegeben hat, auf seinen Antrag das Zeugnis über die Befähigung als ständiger Vertreter eines Patentanwalts (§ 16) erhalten, auch wenn er die Voraussetzungen des § 3 nicht erfüllt. Auf den Antrag und das weitere Verfahren finden die Vorschriften des § 20 Abs. 3 Anwendung.

Wer das Zeugnis erhalten hat, ist auf Antrag eines Patentanwalts, der ihn mit seiner ständigen Vertretung beauftragt hat, in die besondere Spalte der Liste (§ 16) einzutragen. Auf seinen eigenen Antrag ist er zur Prüfung (§ 4) zuzulassen und im

Falle des Bestehens der Prüfung, sofern nicht einer der im § 2 Abs. 2 vorgesehenen Hinderungsgründe vorliegt, als Patentanwalt einzutragen.

Eine Entbindung von der Prüfung kann durch einstimmigen Beschluß der Prüfungskommission erfolgen, wenn der Besitz der erforderlichen Kenntnisse durch die bisherige Tätigkeit dargetan ist. Ein hierauf bezüglicher Antrag ist spätestens bis zum 1. Oktober 1901 zu stellen.

§ 22. Dieses Gesetz tritt am 1. Oktober 1900 in Kraft.

Solange die zur Ausführung dieses Gesetzes erforderliche Anzahl von Patentanwälten in die Liste noch nicht eingetragen ist, werden an deren Stelle durch den Reichskanzler Personen bestellt, welche bisher andere in Angelegenheiten des gewerblichen Rechtsschutzes für eigene Rechnung berufsmäßig vertreten haben.

Urkundlich unter Unserer Höchsteigenhändigen Unterschrift und beigedrucktem Kaiserlichen Insiegel.

Gegeben Wiesbaden, den 21. Mai 1900.

(L. S.) **Wilhelm.**

Graf von Posadowsky.

Register.

(Die Zahlen bezeichnen die Seiten.)

A.

F.

G.

S.

T.

U.

Z.

Verzeichnis

der

Guttentag'schen Sammlung Deutscher Reichs- und Preussischer Gesetze

Text-Ausgaben

mit Anmerkungen u. Sachregister

Guttentag'sche Sammlung

Deutscher Reichsgesetze.

Text-Ausgaben mit Anmerkungen. Taschenformat.

1. **Verfassung** des Deutschen Reichs. Gegeben Berlin, den 16. April 1871. Von Dr. **L. von Rönne.** Neunte Auflage von Landrath **Paul von Rönne.** 2 M. 40 Pf.

2. **Strafgesetzbuch** für das Deutsche Reich. Nebst den gebräuchlichsten Reichs-Strafgesetzen: Presse, Entziehung elektrischer Arbeit, Kranken-, Unfall-, Invalidenversicherung, Gewerbeordnung, unlauterer Wettbewerb, Depot- und Börsengesetz, gewerbliche Kinderarbeit u. s. w. Von Dr. **H. Rüdorff.** Einundzwanzigste Auflage von Dr. **H. Appelius,** Kammergerichtsrath. 1 M. 20 Pf.

3. **Militärstrafgerichtsordnung** nebst Einführungsgesetz und Gesetz, betreffend die Dienstvergehen der richterlichen Militärjustizbeamten und die unfreiwillige Versetzung derselben in eine andere Stelle oder in den Ruhestand. Bearbeitet von Dr. **Paul Herz,** Senatspräsident am Reichsmilitärgericht. Dritte Auflage. 4 M.

   Militär-**Strafgesetzbuch** s. RG. Nr. 67.

4. **Handelsgesetzbuch vom 10. Mai 1897** unter Ausschluß des Seerechts. Mit den ergänzenden Vorschriften des Bürgerlichen Gesetzbuchs und Erläuterungen herausgegeben von **F. Litthauer,** Justizrath. Zwölfte Auflage. 2 M. 80 Pf.

5. Allgemeine Deutsche **Wechselordnung.** Achte Auflage von Justizrath Dr. **J. Stranz** und Rechtsanwalt Dr. **M. Stranz,** und das Reichsgesetz über die **Wechselstempelsteuer.** Von Regierungsrath **P. Loeck.** Siebente Auflage. 3 M.

6. **Gewerbeordnung** für das Deutsche Reich nebst allen Ausführungsbestimmungen. Ursprünglich herausgegeben von **T. Ph. Berger** und Dr. **L. Wilhelmi.** Sechszehnte Auflage bearbeitet von Oberverwaltungsgerichtsrath **H. Spangenberg.** 3 M.

7. Die deutsche **Post- und Telegraphen-Gesetzgebung.** Nebst dem Weltpostvertrag und dem internationalen Telegraphenvertrag. Von Wirkl. Geh. Rath Dr. **Fischer.** Fünfte Auflage bearbeitet von Geh. Postrath Dr. **M. König.** 3 M.

8. Die Reichsgesetze über den **Unterstützungswohnsitz** in der Fassung der Novelle vom 12. März 1894, **die Freizügigkeit, den Erwerb und Verlust der Bundes- und Staatsangehörigkeit,** nebst allen landesgesetzlichen Bestimmungen. Von Geheimrath Dr. **J. Krech,** Mitglied des Bundesamtes für das Heimathwesen. Fünfte Auflage. 2 M. 70 Pf.

9a. Sammlung **kleinerer privatrechtlicher Reichsgesetze.** Von **F. Vierhaus.** Zweite Auflage in Vorbereitung.

9. Sammlung **kleinerer strafrechtlicher Reichsgesetze.** Mit den Entscheidungen des Reichsgerichts bearbeitet von **M. Werner,** Geh. Ober-Regierungsrath. Zweite Auflage. 3 M.

Inhalt: Inhaberpapiere — Presse — Personenstand — Urheberrechtsgesetzgebung — Rinderpest — Nahrungs- und Genußmittel — Sprengstoff — Feingehalt von Gold- und Silberwaaren — Patentgesetz — Handfeuerwaffen — Gebrauchsmusterschutz — Militärische Geheimnisse — Waarenbezeichnung — unlauterer Wettbewerb — Auswanderung — Margarine — Wein — Sklavenraub — Fleischbeschau — Reichsseuchengesetz — Süßstoff — Reichskassenscheine.

10. Das **Reichsbeamtengesetz** vom 31. März 1873 und seine Ergänzungen. Erläutert von **J. Pieper,** Geh. Ober-Regierungsrath. Zweite Auflage. 4 M. 50 Pf.

11. **Civilprozeßordnung mit Gerichtsverfassungsgesetz** und den Einführungsgesetzen. Unter besonderer Berücksichtigung der Entscheidungen des Reichsgerichts herausgegeben mit Anmerkungen von **R. Sydow,** Unterstaatssekretär und **L. Busch,** Kammergerichtsrath. Neunte Auflage. 8°. 5 M.

Dieser Band ist in größerem Format erschienen!

12. **Strafprozeßordnung und Gerichtsverfassungsgesetz** nebst dem Gesetz, betreffend die Entschädigung der im Wiederaufnahmeverfahren freigesprochenen Personen. Von **A. Hellweg,** Reichsgerichtsrath. Zwölfte Auflage. 2 M.

13. **Konkursordnung und Anfechtungsgesetz.** Unter besonderer Berücksichtigung der Entscheidungen des Reichsgerichts herausgegeben mit Anmerkungen von **R. Sydow** u. **L. Busch.** Neunte Auflage. 2 M. 25 Pf.

14. **Gerichtsverfassungsgesetz** mit Einführungsgesetz, Nebengesetzen und Ergänzungen. Herausgegeben von **R. Sydow** u. **L. Busch.** Neunte Auflage in Vorbereitung.

15. Das **Deutsche Gerichtskostengesetz** nebst den Gebührenordnungen für Gerichtsvollzieher, Zeugen und Sachverständige. Herausgegeben mit Anmerkungen und Kostentabellen von **R. Sydow** u. **L. Busch.** Siebente Auflage. 1 M. 80 Pf.

16. **Rechtsanwaltsordnung.** Von **R. Sydow.** Vierte Auflage von Dr. **E. Mosler.** 1 M. 20 Pf.

17. Die **Deutsche Gebührenordnung für Rechtsanwälte und das Preußische Gebührengesetz** vom 27. September/6. Oktober 1899. Von **R. Sydow** und **L. Busch.** Siebente Auflage. 1 M. 60 Pf.

18. **Reichsstempelgesetz (Börsensteuergesetz)** v. 14. Juni 1900, mit den Ausführungsbestimmungen, einem Auszug aus den Gesetzes-Materialien und den Entscheidungen der Verwaltungsbehörden und des Reichsgerichts. Achte Auflage von **P. Loeck,** Regierungsrath. 3 M. 30 Pf.

19. Die **Seegesetzgebung.** Nebst den Entscheidungen des Reichsoberhandelsgerichts, des Reichsgerichts und der Seeämter. Von Dr. **W. E. Knitschky.** Dritte Auflage bearbeitet von Oberlandesgerichtsrath **Otto Rudorff** in Hamburg. 4 M. 50 Pf.

20. **Krankenversicherungsgesetz.** Von weil. Dr. **E. von Woedtke,** Direktor im Reichsamte des Innern. Zehnte Auflage bearbeitet von Dr. **G. Eucken-Addenhausen,** Geh. Reg.-Rath und vortr. Rat im Reichsamte des Innern. 3 M. 50 Pf.

21. Die **Konsulargesetzgebung.** Von Professor Dr. **Ph. Zorn.** Zweite Auflage. 3 M.

22a. **Patentgesetz.** Gesetz, betreffend den Schutz von Gebrauchsmustern. Gesetz, betreffend das Urheberrecht an Mustern und Modellen. Nebst Ausführungsbestimmungen unter Berücksichtigung der Rechtsprechung des Reichsgerichts und der Praxis des Patentamts. Erläutert von Dr. **R. Stephan,** Geh. Reg.-Rath, Mitglied des Kaiserlichen Patentamts. Sechste Auflage. ca. 2 M.

22b. Gesetz zum **Schutz der Waarenbezeichnungen.** Nebst Ausführungsbestimmungen. Von Dr. **R. Stephan,** Geh. Reg.-Rath, Mitglied des Kaiserlichen Patentamts. Vierte Auflage. 1 M.

23. **Gewerbe-Unfallversicherungsgesetz** und Gesetz, betr. die Abänderung der Unfallversicherungsgesetze vom 30. Juni 1900 nebst Ausführungsverordnungen. Von Dr. **E. v. Woedtke,** Präsident des Kaiserl. Aufsichtsamts für Privatversicherung. Siebente Auflage. 2 M. 50 Pf.

24. **Aktiengesellschaft und Kommanditgesellschaften auf Aktien.** (Handelsgesetzbuch, II. Buch, Abschnitt 3

und 4.) Mit Anmerkungen von **H. Keyssner,** Kammergerichtsrath und Dr. **H. Veit Simon,** Rechtsanwalt. Fünfte Auflage. Bearbeitet von Dr. **Hugo Keyssner** und **L. Keyssner.** 2 M. 25 Pf.

25. Reichsgesetz wegen **Erhebung der Brausteuer** vom 31. Mai 1872 mit Ausführungsvorschriften. Von **E. Bertho,** Regierungsrath. 1885. 1 M. 60 Pf.

26. Die Reichsgesetzgebung über **Münz- und Notenbankwesen,** Papiergeld, Prämienpapiere und Reichsschulden. Von Dr. jur. **R. Koch,** Präsident des Reichsbankdirektoriums. Vierte Auflage. 3 M.

27. Die Gesetzgebung, betr. das **Gesundheitswesen** im Deutschen Reich für Behörden, Aerzte 2c. Von Dr. jur. **C. Goesch** und Dr. med. **J. Karsten.** 1888. 1 M. 60 Pf.

28. **Bau-Unfallversicherungsgesetz.** Vom 30. Juni 1900. Von **R. Chrzescinski,** Kaiserl. Regierungsrath. Dritte Auflage. 2 M.

29. Reichsgesetz, betr. die **Erwerbs- und Wirthschaftsgenossenschaften.** Von **L. Parisius** und Dr. **H. Crüger.** Zehnte Auflage bearbeitet von Dr. **H. Crüger.** 1 M. 50 Pf.

30. **Invalidenversicherungsgesetz** vom 13. Juli 1899. Von Dr. **E. v. Woedtke,** Präsident des Kaiserlichen Aufsichtsamts für Privatversicherung. Neunte Auflage. 2 M. 50 Pf.

31. **Gewerbegerichtsgesetz.** Von Stadtrath **L. Mugdan.** Fünfte Auflage bearbeitet von **W. Cuno,** Erstem Bürgermeister zu Hagen i. W. 2 M.

32. Reichsgesetz, betr. die **Gesellschaften mit beschränkter Haftung.** Von **L. Parisius** und Dr. **H. Crüger.** Siebente Auflage. 1 M. 25 Pf.

33. Das **Vereins- und Versammlungsrecht** in Deutschland. Von Dr. **E. Ball,** Rechtsanwalt. 2 M. 25 Pf.

34. Reichsgesetz, betreffend die **Abzahlungsgeschäfte.** Vom 16. Mai 1894. Von **J. Hoffmann.** Zweite vermehrte Auflage besorgt von Dr. **E. Wilke,** Landgerichtsrath. 1 M. 20 Pf.

35. Die **Reichs-Eisenbahngesetzgebung.** Von **W. Coermann,** Kaiserl. Amtsrichter. 1895. 2 M. 25 Pf.

36. Gesetze, betr. die **privatrechtlichen Verhältnisse der Binnenschifffahrt und der Flößerei.** Erläutert von **H. Makower.** Dritte Auflage bearbeitet von **E. Löwe,** Landgerichtsrath. 3 M.

37. Gesetz zur **Bekämpfung des unlauteren Wettbewerbes.** Vom 27. Mai 1896. Von Dr. **R. Stephan,** Geh. Regierungsrath. Dritte Auflage. 1 M.

38/39. **Bürgerliches Gesetzbuch nebst Einführungsgesetz.** Nach dem Tode des ursprünglichen Herausgebers Reichsgerichtsraths a. D. Dr. **A. Achilles** in Verbindung mit Professor Dr **André,** Landrichter

Ritgen, Landrichter **Strecker,** Ober-Regierungsrath Dr. **Unzner** herausgegeben von Geh. Ober-Justizrath **Greiff.** Vierte Auflage. 8°. 6 M. 50 Pf.
Dieser Band ist in größerem Format erschienen!

40. Gesetz, betr. die **Pflichten der Kaufleute bei Aufbewahrung fremder Werthpapiere (Depotgesetz).** Mit Erläuterungen. Von **F. Lusensky,** Geh. Regierungsrath. 90 Pf.

41. **Börsengesetz.** Vom 22. Juni 1896. Nebst Ausführungsbestimmungen. Unter Mitwirkung des Direktors im Reichsamt des Innern **A. Wermuth** bearbeitet von Regierungsrath **H. Brendel.** 1 M. 50 Pf.

42. **Grundbuchordnung** nebst den preußischen Ausführungsbestimmungen. Mit Einleitung. Von Professor Dr. **O. Fischer.** Dritte Auflage. 2 M. 25 Pf.

43. Die Gesetzgebung, betr. die **Zwangsvollstreckung in das unbewegliche Vermögen** im Reiche und in Preußen. Mit Einleitung, Kosten- und Gebührentabellen. Von Dr. **J. Krech,** Kaiserl. Geh. Regierungsrath und Professor Dr. **O. Fischer.** Vierte Auflage. 2 M.

44. Das Reichsgesetz über das **Auswanderungswesen** vom 9. Juni 1897 nebst Ausführungsverordnungen und Anlagen. Unter Benutzung amtlicher Quellen. Von Professor Dr. **Felix Stoerk.** 2 M. 25 Pf.

45. Das **Entmündigungsrecht** unter Berücksichtigung der für Preußen geltenden Vorschriften nebst der preußischen Justiz-Ministerial-Verfügung vom 28. November 1899. Text der civil- und prozeßrechtlichen Bestimmungen mit Erläuterungen von Landgerichtsrath Dr. **P. Koll** in Cöln. 1 M. 50 Pf.

46. Die Gesetze des Reiches und Preußens über die **freiwillige Gerichtsbarkeit.** Mit Einleitung von **Herm. Jastrow,** Amtsgerichtsrath. Dritte Auflage. 3 M.

47. Das **deutsche Vormundschaftsrecht** und das preuß. Gesetz über die Fürsorgeerziehung Minderjähriger nebst den dazu gehörigen preußischen Nebengesetzen. Mit Einleitung und Erläuterungen von **Max Schultzenstein,** Oberverwaltungsgerichtsrath und Amtsgerichtsrath Dr. **Paul Köhne.** Zweite Auflage. 3 M.

48. Gesetze und Verordnungen, betr. den **Drogen-, Gift- und Farbenhandel** außerhalb der Apotheken. Von Dr. **Broh,** Rechtsanwalt. 1 M. 25 Pf.

49. Deutsche **Kolonialgesetzgebung.** Von Professor Dr. **Philipp Zorn.** 4 M. 50 Pf.

50. Der **Viehkauf** (Viehgewährschaft) nach dem Bürgerlichen Gesetzbuche. Mit Erläuterungen von Rechtsanwalt Dr. **H. Stölzle.** Nebst Verordn. betr. die Hauptmängel und Gewährsfristen beim Viehhandel. Von **H. Weiskopf,** Königl. Kreisthierarzt in Augsburg. Dritte Auflage. 3 M.

51. **Hypothekenbankgesetz** vom 13. Juli 1899. Von Dr. **H. Göppert,** Gerichts-Assessor. 1 M. 80 Pf.

52. Gesetz, betreffend die gemeinsamen **Rechte der Besitzer von Schuldverschreibungen.** Von Dr. **Heinrich Göppert,** Gerichts-Assessor. 2 M.

53. **Reichspreßgesetz** vom 7. Mai 1874 nebst den einschlägigen Bestimmungen des Strafgesetzbuchs, der Gewerbeordnung &c. Kommentar von **A. Born,** Polizeiassessor. 1 M. 50 Pf.

54. Die Reichsgesetzgebung über den Verkehr mit **Nahrungsmitteln, Genußmitteln** und **Gebrauchsgegenständen.** Von Dr. **Georg Lebbin,** Nahrungsmittelchemiker. 2 M. 25 Pf.

55. Das Recht der **Beschlagnahme von Lohn- und Gehaltsforderungen.** Auf Grundlage der Reichsgesetze vom 21. Juni 1869 u. 29. März 1897 und der Civilprozeßordnung. Von Rechtsanwalt **Georg Meyer.** 1 M. 50 Pf.

56. Gesetz, betr. die **Bekämpfung gemeingefährlicher Krankheiten.** Nebst Ausführungsbestimmungen. Von Dr. **Bruno Burkhardt,** Regierungsrath, Mitglied des Kais. Gesundheitsamts. 1 M. 40 Pf.

57. **See-Unfallversicherungsgesetz.** Von **Dr. Max Mittelstein,** Oberlandesgerichtsrath in Hamburg. 2 M.

58. **Das Recht der unehelichen Kinder.** Ausgabe aller einschlägigen Bestimmungen des B.G.B. Von **Hermann Jastrow,** Amtsgerichtsrath. 1 M. 80 Pf.

59. Reichsgesetz über die **Beurkundung des Personenstandes und die Eheschließung.** Von Dr. **F. Fidler,** Amtsgerichtsrath. 1 M. 80 Pf.

60. Gesetz, betreffend das **Urheberrecht an Werken der Litteratur und der Tonkunst.** Von Gerichtsassessor **Otto Lindemann.** 1 M. 50 Pf.

61. Gesetz über das **Verlagsrecht.** Von Justizrath **Ernst Heinitz.** 1 M. 50 Pf.

62. Gesetz über die **privaten Versicherungsunternehmungen.** Von **H. Königs,** Ob.-Landsger.-Rath. 3 M.

63. **Gesetzestafel des Deutschen Reichsrechts.** Systematisch geordnete Nachweisung des z. Z. geltenden Reichsrechts. Ergänzungsband zu der Guttentag'schen Sammlung Deutscher Reichsgesetze. Von **Hugo Bruhns,** Syndikus. 2 M. 50 Pf.

64. Gesetzsammlung betr. den **Handel mit Drogen und Giften.** Reichsgesetzl. Bestimmungen und Anhang mit den landesgesetzl. Verordnungen sämmtlicher Bundesstaaten. Von Rechtsanwalt **H. Sonnenfeld,** Syndikus der Berliner Drogisten-Innung. 3 M.

65. Das **Weingesetz** vom 24. Mai 1901. Mit Ausführungsbestimmungen erläutert von Dr. **Georg Lebbin,** Handels- und Gerichtschemiker zu Berlin. 1 M. 50 Pf.

66. Die **Eisenbahn-Gesetzgebung** des Deutschen Reichs. Von **W. Pietsch,** Geh. exp. Sekretär im Reichs-Eisenbahn-Amt. 5 M.

67. **Militär-Strafgesetzbuch** für das Deutsche Reich. Unter Berücksichtigung der Entscheidungen des Reichs-Militärgerichts bearbeitet von Dr. **Paul Herz,** Senats-Präsident am Reichs-Militärgericht und Kriegsgerichtsrath Dr. **Georg Ernst.** 3 M.

68. Das **Fleischbeschaugesetz.** Vom 3. Juni 1900. Mit den ergangenen Ausführungsgesetzen und Verordnungen im Reiche und in Preußen. Erläutert von Dr. **Georg Lebbin,** Gerichtschemiker und Rechtsanwalt Dr. **Georg Baum.** 4 M.

69. Reichsgesetz über die **Naturalleistungen der bewaffneten Macht im Frieden** nebst den zugehörigen in Preußen geltenden Bestimmungen. Von Regierungsassessor Dr. **Walter v. Hippel.** 1 M. 25 Pf.

70. Das **Reichs-Haftpflichtgesetz,** betr. die Verbindlichkeit zum Schadensersatz für die bei dem Betriebe von Eisenbahnen, Bergwerken, Steinbrüchen, Gräbereien und Fabriken herbeigeführten Tödtungen und Körperverletzungen, vom 7. Juni 1871. Von Regierungsrath Dr. **G. Eger.** Preis 3 M.

71. Reichsgesetz, betr. die **Kinderarbeit in gewerblichen Betrieben,** vom 30. März 1903. Nebst der Preuß.

Ausführ.-Anw. v. 30. Nov. 1903 u. d. Bekanntm. des Reichskanzlers v. 17. Dez. 1903. Text-Ausgabe mit Anmerkungen und Sachregister. Zweite vermehrte Auflage von **H. Spangenberg,** Oberverwaltungsgerichtsrath. 1 M. 60 Pf.

72. **Unfallversicherungsgesetz für Land- und Forstwirtschaft** vom wirkl. Geh. Rat Dr. **E. von Woedtke,** weil. Direktor im Reichsamt des Innern. Nach dessen Tode fortgesetzt und herausgegeben von Dr. **Alfred Radtke,** Geh. Regierungsrat und Senatspräs. im Reichsamt des Innern. Im Druck.

Guttentag'sche Sammlung Preußischer Gesetze.

Text-Ausgaben mit Anmerkungen. Taschenformat.

1. Die **Verfassungs-Urkunde** für den Preußischen Staat. Mit Einleitung, vollständigem Kommentar. Von Prof. Dr. **Adolf Arndt.** Fünfte Auflage. 3 M.

2. Preußische **Beamten-Gesetzgebung.** Enthaltend die wichtigsten Beamtengesetze in Preußen. Von **C. Pfafferoth.** Dritte Auflage. 1 M. 50 Pf.

3. Die **Zwangsvollstreckung in das unbewegliche Vermögen.** Von Dr. **J. Krech** und Prof. Dr. **O. Fischer.** Vergriffen. Siehe: Reichsgesetze Nr. 43.

4. **Gebührenordnung** für **Notare** vom 25. Juni 1895 nebst den einschlägigen Vorschriften des Preußischen Gerichtskostengesetzes. Von **R. Sydow.** Zweite Auflage bearbeitet von Dr. **E. Mosler,** Gerichtsassessor. 1 M. 50 Pf.

5. Gesetz vom **24. April 1854 (betr. die außereheliche Schwängerung).** Von Dr. **Schulze.** 75 Pf.
Seit dem 1. Januar 1900 gültiges Recht siehe: Reichsgesetze Nr. 58.

6. Die Preuß. **Ausführungsgesetze und Verordnungen zu den Reichs-Justizgesetzen.** Von **R. Sydow.** Dritte vermehrte Auflage. 1895. 2 M. 40 Pf.
Siehe Seite 21, Busch, Ausführungsgesetze.

7. **Allg. Gerichtsordnung** vom 6. Juli 1793 und Preuß. **Konkursordnung** vom 8. Mai 1885. Von **F. Vierhaus,** Geh. Ober-Justizrath. Vergriffen.

8. **Vormundschaftsordnung.** Von **F. Schultzenstein.** Gültiges Recht siehe: Reichsgesetze Nr. 47.

9. Die Preußische **Grundbuchgesetzgebung.** Von Prof. Dr. **Fischer.** Vergriffen. Siehe: Reichsgesetze Nr. 42.

10. **Einkommensteuergesetz.** Von **A. Fernow,** Geh. Finanzrath. Fünfte Auflage. 2 M. 50 Pf.

11. **Gewerbesteuergesetz.** Von **A. Fernow,** Geh. Finanzrath. Dritte Auflage. 1 M. 25 Pf.

12. **Allgemeines Berggesetz** für die preußischen Staaten und die auf dasselbe bezüglichen Gesetze und Verordnungen. Von **E. Engels.** Dritte Auflage. In Vorbereitung.

13. **Ergänzungssteuergesetz** (Vermögenssteuergesetz). Von **A. Fernow,** Geh. Finanzrath. Dritte vermehrte Auflage. 1 M. 50 Pf.

14. **Kommunalabgabengesetz.** Vom 14. Juli 1893 und Gesetz wegen Aufhebung direkter Staatssteuern. Von Dr. **F. Adickes,** Oberbürgermeister. Dritte Auflage. 1 M. 50 Pf.

15. Die **Kreisordnungen** für den Preußischen Staat. Von **O. Kolisch,** Landgerichtsrath. 1894. 4. M.

16. **Concessionirung gewerblicher Anlagen.** Preuß. Ausführungs-Anweisung zu §§. 16 u. ff. der Gewerbe-Ordnung. Von Dr. **W. v. Rüdiger,** Geh. Regierungs- u. Gewerberath. Zweite Auflage. 2 M.

17. Preußisches **Gerichtskostengesetz.** Mit Kostentabellen. Von Dr. **P. Siméon,** Landrichter. Vierte Auflage. 2 M. 25 Pf.

18. Preußisches **Stempelsteuergesetz** vom 31. Juli 1895. Mit den gesammten Ausführungsbestimmungen und vollständigen Tabellen. Von **P. Loeck,** Regierungsrath. Fünfte Auflage. 5 M.

Dieser Band ist in größerem Format erschienen.

19. Das **Jagdscheingesetz.** Mit ausführlichen Erläuterungen nebst der Ausführungsverfügung. Von **F. Kunze,** Wirklichem Geh. Ober-Regierungsrath. Zweite Auflage. 2 M.

20. Gesetz, betr. die **Erbschaftssteuer.** Unter Berücksichtigung der Novelle vom 31. Juli 1895. Von Regierungsrath **P. Loeck.** 1 M. 80 Pf.

21. Gesetz über die **Handelskammern.** Vom 19. August 1897. Mit Erläuterungen von **F. Lusensky,** Geh. Regierungsrath. 3 M.

22. Gesetz, betr. **Anstellung und Versorgung der Kommunalbeamten.** Mit Ausführungsanweisung. Von Dr. **W. Ledermann,** Magistratsassessor zu Berlin. 1 M. 25 Pf.

23. **Ausführungsgesetz zum Bürgerlichen Gesetzbuche.** Von Landrichter Dr. **P. Siméon.** 1 M. 60 Pf.

24. Die **Hinterlegungsordnung** in der Fassung des Ausführungsgesetzes z. B.G.B. v. 20. Sept. 1899 nebst Ausführungsbestimmungen. Von Regierungsassessor Dr. **Georg Bartels.** 1 M. 50 Pf.

25. **Preußische Kommunalbeamtengesetzgebung.** Von Magistratsassessor Dr. **Fr. Kremski,** Berlin. 3 M.

26. Die Preußischen Gesetze über das **Diensteinkommen der Lehrer und Lehrerinnen, ihren Ruhegehalt und die Fürsorge für ihre Hinterbliebenen,**

sowie einer Tabelle zur Berechnung der Ruhegehalts-, Wittwen- und Waisenbezüge. Von Dr. **Ed. Cremer,** Beigeordneter. 2 M. 40 Pf.

27. Gesetz, betreffend die **Waarenhaussteuer.** Von Geh. Ober-Finanzrath Dr. **G. Strutz.** 1 M. 20 Pf.

28 Gesetz über die **Fürsorgeerziehung Minderjähriger.** Nebst Ausführungsanweisungen. Von Landgerichtsrath Dr. **P. F. Aschrott.** 2 M. 80 Pf.

29. Gesetz, betr. **die ärztlichen Ehrengerichte, das Umlagerecht und die Kassen der Aerztekammern.** Von Amtsgerichtsrath Dr. **Fidler.** 1 M. 50 Pf.

30. Die das **Preußische Staatsschuldbuch** und **Reichsschuldbuch** betr. Gesetze nebst Ausführungsbestimmungen. Von Wirkl. Geh. Ober-Finanzrath **J. Mücke,** Mitglied der Staatsschuldenverwaltung. 2 M.

31 a. **Die geltenden Preußischen Gesindeordnungen.** Herausgegeben in zwei Bänden von **Stephan Gerhard,** Rechtsanwalt in Berlin.

Band I: Gesindeordnung für die altpreußischen Provinzen vom 8. XI. 1810, mit Erläuterungen unter Berücksichtigung der Ergänzungsgesetze und der Rechtsverhältnisse der Gesindevermiether, sowie die Gesindeordnung für Neuvorpommern und Rügen und für die Rheinprovinz. 2 M. 50 Pf.

31 b. **Band II:** Gesindeordnungen für Hannover, Schleswig-Holstein, Hessen-Nassau und den Regierungsbezirk Hohenzollern. 2 M. 50 Pf.

32. **Die Städteordnung für die sechs östlichen Provinzen** Preußens vom 30. Mai 1853 nebst ihren gesetzlichen Ergänzungen. Von **Dr. jur. Walter Ledermann,** Magistrats-Assessor zu Berlin. 6 M.

Dieser Band ist in größerem Format erschienen!

33. **Rentenguts- und Anerbenrechts-Gesetzgebung in Preußen.** Von Landgerichtsrath **M. Peltasohn** und Rechtsanwalt **Bruno Peltasohn.** 3 M.

34. Sammlung der wichtigsten **Preußischen Strafgesetze** nebst Anhang: Gesetz betr. polizeiliche Strafverfügungen vom 23. April 1883. Von **Otto Lindemann,** Amtsrichter. 2 M. 50 Pf.

Inhalt: Mobiliar-Feuerversicherung — Chausseegeld — Jagdpolizei — Jagdschein — Wild-Schonzeit — Fischerei — Versammlungs- u. Vereinigungsrecht — Belagerungszustand — Gesindedienstpflichten — Mineraliengewinnung und -Aneignung — Schlachthäuser — Dampfkesselbetrieb — Wandergewerbebetrieb — Reblausverbreitung — Forstdiebstahl — Wald- u. Wassergenossenschaften — Feld- u. Forstpolizei — Lotteriespiel — Verkehrsabgaben — Landestrauer.

35. **Geschäftsordnung für Gerichtsvollzieher.** Gerichtsvollzieherordnung und Gebührensätze von Amtsgerichtssekretär a. D. **Emil Exner.** Im Druck.

36. Die Gesetzgebung über **Polizeiverordnungen in Preußen** von **Otto Lindemann,** Amtsrichter in Köslin. Im Druck.

Guttentag'sche Sammlung von Text-Ausgaben mit Sachregister ohne Anmerkungen.

Taschenformat, elegant in Leinen gebunden.

Reichs-Justizgesetze:

Gerichtsverfassungsgesetz. Civilprozeßordnung. Konkursordnung. Strafprozeßordnung.

Zweite Auflage.

In einem Bande gebunden 3 M. 80 Pf.

Civilprozeßordnung mit **Gerichtsverfassungsgesetz** und **Einführungsgesetzen.** 2 M.

Konkursordnung mit **Einführungsgesetz.** 80 Pf.

Strafprozeßordnung nebst **Einführungsgesetz.** 1 M. 20 Pf.

Bürgerliches Gesetzbuch nebst **Einführungsgesetz.** Zehnter Abdruck. 2 M. 50 Pf.

Handelsgesetzbuch nebst **Einführungsgesetz** u. **Seerecht.** Siebenter Abdruck. 1 M. 80 Pf.

Gewerbeordnung für das Deutsche Reich. Zweite Auflage. 1 M. 20 Pf.

Militär-Strafgesetzbuch mit Abdruck der angezogenen Bestimmungen des Reichs-Strafgesetzbuchs. 1 M.

Beyendorff, Dr. R., Dozent der Staatswissenschaften. System der Reichs-Gewerbeordnung. Für den akademischen und praktischen Gebrauch dargestellt. 8°. Preis 4 M., geb. 4 M. 60 Pf.

Born, A., Polizei-Assessor in Königsberg i. Pr. Das preußische Baupolizeirecht nebst den einschlägigen Bestimmungen des Ansiedelungs-, Feld- und Forstpolizei-, Waldschutz- und Deichgesetzes, sowie dem Fluchtlinien-, Rayongesetz und dem Gesetz über die Zulässigkeit des Rechtsweges gegen polizeiliche Verfügungen. Kommentar. gr. 8°. Preis 10 M., geb. 11 M.

Delius, Dr. jur. H., Landgerichtsrath. Die Haftpflicht der Beamten. 8°. Preis geb. 2 M.

Delius, Dr. jur. H., Landgerichtsrath. Die Rechtsverhältnisse der geschlossenen Gesellschaften und Vereine nach Preußischem Recht unter besonderer Berücksichtigung der Befugnisse der Polizeibehörden. 8°. Preis in Leinenband 1 M. 60 Pf.

Das Gesetz betreffend die Anlegung und Veränderung von Straßen und Plätzen in Städten und ländlichen Ortschaften vom 2. Juli 1875. Des Kommentars von weil. Oberverwaltungsgerichtsrath **R. Friedrichs** fünfte völlig neubearbeitete Auflage bearbeitet von Dr. jur. **Hugo v. Strauß und Torney,** Senatspräsident am Oberverwaltungsgericht. 8°. Geb. Im Druck.

Holtgreven, Dr. A., Präsident des Oberlandesgerichts in Hamm und Dr. **Th. Wolff,** Oberlandesgerichtsrath. Das Wildschadengesetz vom 11. Juli 1891. Kommentar. Vierte Auflage. 8°. Geb. 4 M. 50 Pf.

Kautz, Dr. jur. Georg, Ober-Regierungsrath und **F. Appelius,** Landesrath. Preußisches Kommunalbeamtenrecht. Darstellung und Erläuterung der gesammten, die Rechtsverhältnisse der Kommunalbeamten regelnden gesetzlichen und sonstigen Bestimmungen. 8°. Geb. in ganz Leinen. Preis 4 M. 20 Pf.

Könige, H., Oberlandesgerichtsrath. Handelsgesetzbuch vom 10. Mai 1897 nebst Abdruck des Gesetzes über die Angelegenheiten der freiwilligen Gerichtsbarkeit und Gerichtsverfassungsgesetz (Titel 7, Kammern für Handelssachen). 8°. Geb. in ganz Leinen 4 M. 50 Pf.

Nußbaum, Dr. A., Die freiwillige Gerichtsbarkeit im Reiche und in Preußen. Ein Leitfaden. 8°. Geb. in ganz Leinen 4 M.

Ottermann, Carl, Stadtrath in Dortmund. Das Fluchtliniengesetz vom 2. Juli 1875. Erläuternde Abhandlung. 8°. 1 M. 25 Pf.

Telegraphenwege-Gesetz vom 18. Dezember 1899 nebst den vom Reichskanzler erlassenen Ausführungsbestimmungen vom 26. Januar 1900 und den Erläuterungen und Ausführungsanweisungen des Reichs-Postamts. Amtliche Ausgabe. 8°. Geb. in ganz Leinen 1 M.

Wilhelmi, Dr. L., Das Handwerkergesetz vom 26. Juli 1897. Mit Einleitung und Bemerkungen unter besonderer Berücksichtigung der Ausführungs-Anweisungen der größeren Bundesstaaten. Geb. in ganz Leinen 6 M.

Schlagwort-Register.

R. = Nummer der Sammlung Deutscher **Reichs**gesetze.
P. = Nummer der Sammlung **Preußischer** Gesetze.
S. = Seite.

FSC
www.fsc.org
MIX
Papier | Fördert
gute Waldnutzung
FSC® C083411

Kolibri 360 GmbH
Ferdinand-Jühlke-Straße 7
99095 Erfurt, Deutschland
produktsicherheit@kolibri360.de